新闻传播实践教学丛书编委会

新闻传播实践教学丛书
XINWEN CHUANBO SHIJIAN JIAOXUE CONGSHU

总主编：张晋升

品牌中国梦 广货行天下

边贸万里行大型调研报告

主编◎朱 磊

副主编◎李 苗 莫智勇 陈桂琴 叶培森

暨南大学出版社
JINAN UNIVERSITY PRESS

中国·广州

【内蒙古东部·黑龙江篇】

【内蒙古篇】

【吉林篇】

【广西·云南篇】

【西藏篇】

总 序

杨先顺

有一种梦想，凝聚了多少年来中华儿女浴血奋战、攻坚克难的共同期盼——这就是"中国梦"；

有一种理念，将抽象干枯的理论植根于鲜活滋润的社会实践中，从而产生强大的创造力——这就是"知行合一"。

2013，暨大新传追逐梦想，锐意行动！

为进一步加深对"中国梦"内涵的认识，了解各行各业的中国人（特别是边防战士和基层群众）如何为实现"中国梦"而恪尽职守、默默奉献，暨南大学新闻与传播学院以国家级大学生校外实践基地为支撑，创造性地将大型社会实践活动与专业实践教学活动、党建品牌活动有效结合起来，策划并实施了我行我动"中国梦"深度采访与调研活动，成功申报暨南大学党建品牌项目，并于2014年被评为暨南大学"十佳党建品牌项目"。

这堪称暨南新闻教育史上的一次壮举！

活动之广：纵横数十万公里！调研之深：边疆边贸和灾区都有大家的足迹！规模之大：8个子项目，14个团队，100多名师生。

这8个子项目为：

（1）"揭梦三沙"南海深度采访行；

（2）寻梦中国·海疆万里行；

（3）广货行天下·边贸万里行；

（4）寻访美丽中国——川藏行；

（5）基层深呼吸——湖北宜都县经济社会发展采访调研；

（6）寻梦廊桥深度采访行；

（7）我是记者——瑶乡行；

（8）"中国梦"海外华文媒体深度调研（伦敦行）。

我们惊讶："寻梦中国·海疆万里行"活动踏遍了中国沿海的重要口岸、

港湾、海岛，钩沉历史，洞察现实，思考未来。我们惊奇："广货行天下·边贸万里行"活动历时 3 个月，行程 4 万公里，零距离接触俄罗斯、朝鲜、蒙古国、越南、尼泊尔、老挝、缅甸 7 个国家，走访了 9 个一级边境口岸，完成了约 15 万字的调研报告。我们惊心："寻访美丽中国——川藏行"团队不辞劳苦、不畏颠簸赶往四川映秀镇、威州镇、水磨镇和西藏林芝地区，探寻汶川震后重建的精神力量，挖掘广东援藏的感人事迹。我们惊服："中国梦"海外华文媒体深度调研（伦敦行）团队，跨越国境，远赴海外，克服生活的不适，挑战文化的差异，就"外国人对中国国家形象的认知"、"海外华文传媒生存现状"、"海外华工生存现状"等问题进行了深入的采访和调研。

活动的成果令人瞩目：通过媒体传播，彰显了新闻与传播学院学子的专业素质和精神境界，赢得了良好的社会声誉。活动共发表纸媒报道 35 篇，广播电视媒体报道 20 多次，网络报道 1 000 多条，业界和学界好评如潮。总计撰写了 20 多万字调研报告。拍摄了《守·望》《强国风雨路》《揭梦三沙》3 部微电影，并获得广东省教育厅"最美中国"主题微电影创作大赛的一等奖和二等奖。与活动相关的挑战杯立项 3 项。在英国华文媒体《欧洲商报》建立了新闻与传播学院第一个海外实习基地。

有梦想，才有行动！有行动，才有体验！有体验，才有思考！

这套丛书汇聚了你们执着真切的梦想，见证了你们不畏艰辛的行动，渗透着你们刻骨铭心的体验，蕴藏着你们深邃缜密的思考！

感谢你们——带队的老师们！你们肩负重任，一路排忧解难，悉心指导，完成了比课堂教学更为艰巨的任务。

感谢你们——参与的同学们！你们冒着酷暑，扛着重物，忍着痛苦，经历了象牙塔里从未遇见的磨难，将新鲜的报道呈现于多样化的全媒体中，将严谨的调查报告汇聚成册，公开出版。

若干年后，你们是否还记起这激情燃烧、青春飞扬的岁月？

（作者系暨南大学新闻与传播学院党委书记兼副院长、教授）

前　言

　　我国开展边境贸易的省、自治区有广西、云南、西藏、新疆、内蒙古、黑龙江、吉林，分别与越南、老挝、缅甸、印度、尼泊尔、巴基斯坦、哈萨克斯坦、吉尔吉斯斯坦、塔吉克斯坦、俄罗斯、朝鲜、蒙古等国边境地区开展贸易活动，中国民族品牌（包含广货）也随着这些边贸活动对周边国家产生了积极的影响。作为经济重要形式的商品品牌是强大中国梦的有力武器。同时，在全国经济中占有举足轻重地位的广东省，其商品行达天下，享誉中外，因此深入了解广货及其品牌在中国边贸中的影响力和在中国边境城市的发展状况就显得尤为必要。

　　2013 年 7 月，依托"国家大学生校外实践教育基地"、"广东省大学生校外实践教育基地"建设项目，暨南大学新闻与传播学院着手开展大型暑期调研实践活动"广货行天下，边贸万里行"，拟通过实地考察、访谈、问卷调查等形式，了解中国边贸城市的品牌传播现状，在此基础上对中国品牌在中国周边国家的影响力进行深入分析，并提出可行性建议。

　　8 月 15 日，"广货行天下，边贸万里行"调研活动在暨南大学正式启动。随后，由 42 名本科生、研究生、教师、记者共同组成的 5 个调研团队，分赴吉林、黑龙江、内蒙古、西藏、广西、云南等边境贸易区开展实地调查，并于 9 月初成功完成任务安全返校。此次活动旨在通过了解中国边贸城市的品牌传播现状，广货及其品牌在边境贸易中的市场状况，广货在边境贸易区的品牌认知与认同情况等信息，对广货在边贸中的处境、品牌影响及局限性有一个客观、清晰、全面的认识，并在此基础上给予广货边贸发展建议，最终对边境贸易发展产生积极促进作用。

　　活动由暨南大学新闻与传播学院联合南方日报共同举办。5 个团队根据自身需要，开展了为期 8 至 15 天不等的实地调查，行走总里程达 4 万公里，走访了7个重要陆路口岸。调研队伍通过实地调研，深度走访了边贸地区，获得了大量珍贵的第一手资料，并形成了深度报道、人物专访、调研报告书、调研日志、影像记录等多种形式的调研成果。

黑龙江线团队（组长：李四方）的调研活动为期半个月，整个行程约9 500公里。6名学生在李苗、林少娴老师的带领下，深入内蒙古、黑龙江等边境省份，走进满洲里、哈尔滨市商场，通过发放问卷和随机在街头采访当地居民的方式，了解我国边境城市居民对广货（广东货物）品牌的态度和消费习惯，广货在边境居民心目中的态度倾向，收集边境居民对广货品牌反映的问题和意见。

由王天权老师带领的6名大学生组成的内蒙古线调研团队（组长：姚珺；指导教师：陈桂琴），行程约6 000公里，通过参加中国·二连浩特中蒙俄经贸合作洽谈会，从宏观上把握内蒙古市场的发展方向；通过访谈在内蒙古的广东商会商人，从微观角度了解广货在内蒙古的现状；结合走访市场的数据，全面了解广货在内蒙古市场的发展现状及品牌影响力。

吉林线5名学生（组长：焦何结）在莫智勇老师的带领下奔走于吉林省境内，先后走访了长春、延吉、珲春三个城市。在近8 000公里的10天调研行程中，师生们对吉林省广东商会、吉林广东工业园、延吉市政府外经贸处、工业与信息发展处、延边长白山印务有限公司、珲春口岸、珲春长德国际商贸城筹备处等相关的政府部门和企业，进行了深入采访与座谈，获得了大量的第一手资料。

由朱磊老师带领的广西、云南线小组（组长：王悦），行程6 000公里，途经两大省（云南、广西）、三邻国（缅甸、老挝、越南）、四个国家级口岸（瑞丽、打洛、磨憨、友谊关），并在结束之时参加第十届中国南宁"东盟博览会"，"走边贸之路，领异国风情"，由此感悟出千百年中国品牌和中国制造辐射东盟的厚重历史。

由叶培森、冯子铭老师带领的西藏线调研小组（组长：罗晓艺），历时16天，行程逾11 000公里，走访了拉萨、日喀则、樟木口岸等多个地方，通过观察、访谈、调查问卷等多种形式，多角度、全方位地了解广货在西藏地区市场上的销售、口岸进出口贸易、边境贸易市场上的销售、品牌分布和产品认知度等相关情况。

　　本次调研活动得到南方日报社的大力支持。南方日报社经济部前主任郭亦乐女士、副主任谢思佳女士、资深记者谢梦女士在调研活动的策划、实施、宣传等方面提供了宝贵的建议和具体的协助。南方日报社经济部彭国华、谢梦、钟啸三位资深记者随队采访并参与指导，谢梦、吴哲、刘熠三位记者为本次调研活动做了大量协调和指导工作。

　　本书为暨南大学党建品牌活动"'中国梦'深度采访与调研"成果之一。

　　暨南大学出版社张仲玲副社长及编辑张学颖女士为本书顺利出版做了大量工作。在此表示衷心的感谢。

编　者
2014 年 10 月

目 录
CONTENTS

总序 /1

前言 /1

绪论 广东经济转型下的"广货全国行" /1

内蒙古篇

摘要 /12

内蒙古广货现状调查 /16

中蒙边贸中的广货 /34

内蒙古东部·黑龙江篇

摘要 /53

繁荣、衰退与复兴:广货品牌满洲里市场分析 /57

黑龙江粤商商会分析 /74

广货品牌哈尔滨市场分析 /80

吉林篇

摘要 /110

粤企、广货在东北 /115

吉林广货发展情况评估 /125

政府、民间组织、企业——三驾马车共促广货在吉发展 /140

广西·云南篇

摘要　/162

牵手东盟第十载，民间边贸新观察　/165

隔阂、磨合、融合：广货与东盟贸易升级转型　/171

雾里看花：东盟边贸中的广货品牌传播　/185

西藏篇

摘要　/212

广货：西藏地区经济快速发展的"助推器"　/216

西藏地区广货消费现状扫描　/223

樟木口岸——西藏边贸的缩影　/246

探寻广货品牌在西藏地区及边境贸易中的未来　/252

课题组成员

内蒙古组

陈桂琴、王天权团队

组员：姚　珺　郑秋盈　于　磊　林敏琛　李颖超　付婧青

随队记者：钟　啸

内蒙古东部·黑龙江组

李苗、林少娴团队

组员：李四方　王　潜　陈思婕　郑艺莎　黄玮铮　郑嘉欣

吉林组

莫智勇团队

组员：焦何结　陈婉盈　陈云婷　李　洁　朱家豪

随队记者：谢　梦

广西·云南组

朱磊团队

组员：王　悦　邹　倩　李雪琳　崔嘉祺　张培超　郑仰芝

西藏组

叶培森、冯子铭团队

组员：罗晓艺　姚婷婷　易　婷　张柳静　兰忠伟　黄　敏

随队记者：彭国华

篇章摘要

内蒙古篇

在政府的大力支持下，"广货"开始北上。由出口转向内销的广货在中国的北方省份内蒙古具有怎样的市场地位和影响力，广货在内蒙古地区主要的竞争对手有哪些等问题都是值得调查和研究的。所以，2013年7—9月，由暨南大学新闻与传播学院1名老师、2名研究生、4名本科生组成的调研队伍来到了内蒙古自治区开展调研活动，在此期间调研队伍先后在呼和浩特和二连浩特，对内蒙古自治区的大型城市和边贸城市的市场经济状态进行了实地调查。同时，调研队伍参加了2013年中蒙俄经济贸易洽谈会，同内蒙古广东省商会成员和创维内蒙古生产基地的管理人员进行了深度访谈，进一步了解了广货在内蒙古以及中蒙边贸中的市场地位和特点。最后，调研队伍对调研结果进行分析，形成了一篇3万字的调研报告和《内蒙古广货现状调查》、《中蒙边贸中的广货》两篇文章。

内蒙古东部·黑龙江篇

随着近年来广东省政府广货北上和广货网上行活动的持续推进，广货在北方市场的发展也呈如火如荼之势。然而，在中国北方边境线上的内蒙古东部和黑龙江省，目前广货发展呈现何种景象、其品牌认知和认同情况如何等问题仍需具体考量。就此，2013年8月底，由暨南大学2位老师、2名研究生、4名本科生组成的8人调研队伍深入两地进行了实地调研。调研团队将满洲里、哈尔滨市场作为调查重点，通过问卷调查、实地观察、深度访谈等方法对两地广货消费者、经销商、商会进行了深入了解，获得了关于广货在两地市场发展现状、在中俄边境贸易发展概况、在当地居民中的态度倾向、相关商会组织等珍贵的第一手资料。调研活动为期半个月，一行人路遇洪灾大水辗转两地，总行程约9 500公里。目前通过对调研结果进行分析，形成了《繁荣、衰退与复兴：广货品牌满洲里市场分析》、《黑龙江粤商商会分析》、《广货品牌哈尔滨市场分析》三篇文章，总字数逾4万。

吉林篇

在广货北上及广货全国行的持续推进下，广货在北方市场及边境贸易中的具体发展情况受到了极大的关注。就此，2013年8月底，暨南大学新闻与传播学院的一支调研队伍奔赴吉林进行实地考察。调研团队吉林组由1名老师、5名学生组成，团队先后走访了长春、延吉、珲春三个城市。在近8 000公里的10天调研行程中，师生们对吉林省广东商会、吉林广东工业园、延吉市政府外经贸处、工业与信息发展处、延边长白山印务有限公司、珲春口岸、珲春长德国际商贸城筹备处等相关政府部门和企业，进行了深入采访与座谈，获得了大量的第一手资料。最后调研成果形成了《粤企、广货在东北》、《吉林广货发展情况评估》、《政府、民间组织、企业——三驾马车共促广货在吉发展》三篇文章，总字数逾3万。

广西·云南篇

2013年9月，第十届中国—东盟博览会、中国—东盟商务与投资峰会在广西南宁举行，中国与东盟地区各国的经贸合作正式走入第十个年头。值此时机，暨南大学新闻与传播学院师生组成调研小组，以边贸为出发点，走访广西、云南两省，观察中国与东盟地区的经贸发展状况和广货在该区域边贸中的品牌影响力现状。本次调查自2013年8月25日至2013年9月4日，历时11天；在朱磊老师的带队下，师生一行共7人，从广东广州出发，途经云南昆明、瑞丽、打洛、磨憨，广西南宁、凭祥等地，行程约5 820公里。在调研中，师生们深入云南、广西两大边贸省份，零距离观察中国与三国（缅甸、老挝、越南）民间边境贸易现状，走访五大国家级一类口岸（瑞丽口岸、打洛口岸、磨憨口岸、凭祥铁路口岸、友谊关口岸），目前已形成的报告包括《牵手东盟第十载，民间边贸新观察》、《隔阂、磨合、融合：广货与东盟贸易升级转型》、《雾里看花：东盟边贸中的广货品牌传播》等，共3万多字。

西藏篇

在"广货全国行"不断推进、西藏经济近年来快速发展的背景下，开拓广货西藏市场也是广货西进的一个重要战略。"广货行千里·边贸万里行"社会实践西藏分队一行8人（指导老师2人，学生6人），从广州出发，途经西宁，先后对拉萨、日喀则、樟木三地进行了历时10天关于广货在西藏地区和边境贸易中品牌形象与销售情况的调查。调研结束后，形成了西藏线《"广货"在西藏地区及边境贸易中的品牌形象调研报告》。报告由《广货：西藏地区经济快速发展的"助推器"》、《西藏地区广货消费现状扫描》、《樟木口岸——西藏边贸的缩影》、《探寻广货品牌在西藏地区及边境贸易中的未来》等四篇文章构成，共3万多字。

绪论 广东经济转型下的"广货全国行"

一、广东经济结构转型

自 2007 年底开始，全球经济危机席卷多个国家，受国际金融危机不断蔓延的影响，全球主要经济体经历了自第二次世界大战后的又一次冲击。经济危机的冲击使中国在前期经济快速增长中产生的一系列深层次的问题和矛盾显露出来，迫使中国同时面临国际经济危机带来的对外贸易冲击以及内部经济周期性调整的双重压力，而作为改革开放前沿地区的珠三角在经济危机中首当其冲。

2008 年 12 月，国家发展和改革委员会批复针对珠三角地区经济发展的《珠三角地区改革发展规划纲要（2008—2020 年）》，并出台一系列应对金融危机的政策，提出"三促进一保持"，即促进提高自主创新能力、促进传统产业转型升级、促进建立现代产业体系、保持经济社会平稳较快发展的政策措施。在一系列经济政策的推行实施中，广东经济平稳度过国际金融危机的冲击，进出口总额在经历了 2008 年前后的下滑以后，开始逐步回升，2010 年便已恢复经济危机前的水平，并逐年递增。

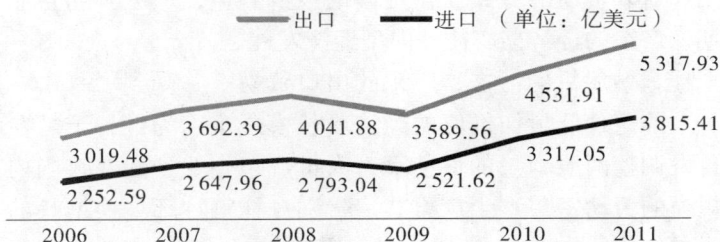

图 1 广东省进出口金额①

———————————

① 广东省统计局：《广东统计年鉴》，北京：中国统计出版社 2012 年版。

— 1 —

2011 年广东省社会科学院发布的《2010—2011 广东综合竞争力报告》指出，广东经济发展在整个"十一五"时期面临了改革开放以来最大的挑战，在国内外经济情况不乐观的前提下，坚持经济转型、坚持自主创新等策略，实现了平稳过渡。为保持广东经济持续增长，"十二五"将是广东经济战略发展的关键时期，必须继续推进经济结构转型。在广东"十二五"规划建议中的经济发展战略里，提出自主开发战略产品、创新资源、引向企业，深入推进国家技术创新工程试点，实施重大产业技术攻关计划，突破一批关键领域核心技术和行业共性技术，开发一批拥有自主知识产权的战略产品，提升企业和行业自主创新能力，推动我省由制造大省向创造大省转变。

自此，广东开始了以"创新"为核心的经济结构转型，从过去的粗放型进入集约型经济发展模式，从过去的以来料加工为主转变为鼓励自主创造，从过去的以出口为主转变为内销与出口并行。

二、"广货全国行"概述

（一）转型中的广货

所谓广货，即产自于广东的货物和商品。早在明清时期，国内商品经济萌芽，广东的丝货、糖、陶瓷等商品便已流向北方的市场，商人"走广"成为一种时尚；改革开放以后，广东着力发展轻工业，一时间以"广东粮、珠江水、粤家电、岭南衣"为代表的广货之风传遍全国，诞生了健力宝、珠江啤酒等颇具代表性的企业，这一时期的广东便已经开始尝到了内销带来的甜头；进入 20 世纪 80 年代中后期，国际环境更加开放，珠三角的经济开始通过来料加工、对外贸易的方式获得更高的经济利益，加上早期企业发展模式进入瓶颈期，广东的经济彻底往外向型经济发展。

直至全球金融危机的冲击，广东的出口贸易一并受到了打击，过往依附在洋品牌身上的这种低附加价值的经济增长模式难以为继，于是在政府调控以及市场自发调整两股力量的促使下，大批广东企业开始专攻国内市场，告别过往大规模的劳动密集型生产方式、告别过往牺牲环境换增长的方式、告别过往低附加价值的加工方式，"出口转内销"一时间频频见之于广东经济发展模式。

从依赖国际市场的外向型经济中转型，广东经济发展模式经历了一系列的调整，广货也随之开始了转型之路——从过去的"广东制造"变成"广东创造"，广货的概念逐步发生了改变。"新"广货不仅包括品牌质量效益型的优势传统产业产品，还包括战略性新兴产业产品和现代服务产品。自此，广东商品不再仅仅是欧美消费者心目中物美价廉、低技术含量的广东制造，而是开始了一条自主"创造"的道路，在这一系列的转化中，"品牌"是其中的关键。

品牌化的广货，意味着更多的自主性、创新性，有科技含量、核心技术、自己的产品线，不单是国际化生产工厂的一个环节，而且是作为一个独特的、能够区别于其他商品的认知存在于消费者心目中。

在广东经济整体转型的背景下，广货积极北上、西行寻找商机。2009 年 4 月 6 日"广东产品全国行"系列活动首站在西安启动，标志着广货全国行正式启动。为配合和支持在广东省范围内开展"打造广东优质制造活动"、推动广东优质制造商群体品牌的形成，环球市场集团将依托广东省政府及有关部门和机构的支持，投入 5 亿元，发起"启航计划"和"领航计划"两大行动。① 2013 年是广货北上西行的第五年，从刚开始为库存的产品和闲置的产能发现市场，寻找销路，到现在广货北上西行已经不仅是为了解决库存问题，而且是不断挖掘国内市场，帮助广东转型。转型中的广货主要有以下几个特点：

第一，政府、企业联手。过去广货走出广东，更多的是出于自发的市场性行为，然而，转型中的广货则离不开政府的扶持。广东政府是广货转型的推手，自 2008 年金融危机后省委省政府就不断出台政策帮助广货转型升级和拓宽销售渠道，如 2009 年广东省陆续制定出台《全省扩内需促消费保增长活动专项工作方案》、《关于印发广东产品全国行系列活动方案的通知》等文件支持广货。同时省委书记和省长多次亲自为企业"站台"、推广"广货全国行"等一系列活动。省政府也不断通过省际合作，与资源大省签订重大项目推进广货和省内企业发展。企业在政府扶持下，也不断进行产业升级，调整结构，提高广货的竞争力。

第二，不断扩大销售渠道。2008 年金融危机后，广货逐渐把目光投向国内的市场，从刚开始在东莞的外博会上帮助在广东投资的外资企业扩大内销，到声势浩大的"广货北上"活动，在北京、上海、南京、武汉等重要城市举办数百场"广货全国行"的活动。随着"广东产品全国行"的深入开展，越来越多的粤企意识到需要在省外投资开辟制造基地、打通自主贸易渠道。在这一过程中类似于重庆"优粤城"的项目应运而生。所谓优粤城，是通过

---

① 《环球市场：推动优质制造商群体品牌建设》，中国工业新闻网，http://www.cimm.cn/wzgk/wy/275382.shtml，2013 年 8 月 10 日。

"厂家直销、批零结合、展贸合一、专业推广"的模式打造广货北上西进的新渠道。首个优粤城在重庆建立，以广东名优产品为主打。继重庆之后，广东陆续根据各地需求和广东特色，在湖北地区建立广东农贸产品销售优粤城和广东家具销售优粤城，在吉林建立广东装饰材料销售优粤城，在黑龙江建立广东家具销售优粤城，在河北建立广东家具销售优粤城，在浙江建立广东装饰材料销售优粤城，在陕西建立广东建材销售优粤城。这一由政府主导的项目，旨在通过优粤城这一内销平台，加大对中等城市的市场开拓力度，加强广东产品的渠道开发。

第三，从旧广货到新广货。长期以来，广东的服装、家电、陶瓷、五金、家具装饰、建材等一直在国内有较好的声誉，现在这些为人所熟悉的旧广货逐渐走以名牌企业为龙头、以地域为特色的产业集群和区域品牌道路，已经形成了顺德家电、深圳珠宝、佛山陶瓷、南海铝材、虎门服装、狮岭皮具等100多个具有较强竞争力的品牌集群。但是在广东转型升级中，广货并不止步于旧广货的转型，而是开始发展以高新技术为主的现代新广货。新广货涉及了医药、航空航天器、电子及通信设备、电子计算机、汽车等产业。随着一批重大项目的引进和布局的基本完成，广东的现代产业体系总体框架已基本搭建。目前，广东的汽车、石化等重点行业产业规模位居全国前列，初步形成产业链，船舶和海洋工程装备、轨道交通装备、智能装备等产业已具备打造产业链的基础。新广货已经慢慢走入国际和国内市场，向高端发展。

第四，注重线上与线下结合。广东省作为世界制造业基地，传统的专业批发市场是广货行销全国乃至全球的重要渠道。但是在电子商务不断发展的今天，广货利用网络实现流通升级，是广货在网络时代销售的重要保障。不少业内人士和专家都认为把电子商务作为平台，把工业、农业、服务业都联系在一起，能为广东带来新的经济增长点，可以为广货开拓出更多的销售渠道。广东省政府正在大力推动广东企业、广东商品、广式服务更多地"上网触电"，销售广货。"广货网上行"就是在这样的大背景下产生的，"广货网上行"活动，既是促进网络销售、拓展"广货市场"、促进经济平稳发展的迫切需要，也是加快流通产业转型升级，降低流通成本，提升广货国际竞争力的战略选择。除了政府帮助企业搭建平台之外，不少广东企业也自行发展网络平台，如唯品会、腾讯、小熊电器等。

（二）广货品类和主要品牌

改革开放以来，除了珠江啤酒、健力宝等一批知名大企业以外，广东各个地区都形成了优势产业，形成了相对完备的产业链。利用浓厚的商业氛围、独特的地理位置、港澳商人的贸易资源，广东各个地区拼接自身的产业优势，成为世界级的制造业基地。

在全球经济危机发生之前，广东便已形成了以生产地域为"名牌"的制造业，例如佛山的瓷器、顺德的家电和家居用品、潮汕的玩具、虎门的服饰等，其产品远销国外，遍布国内大大小小的批发市场。随着国内市场经济的发展，这批最早发展起来的制造业从最初的不知名走到了今天的"广东名牌"，除了见证广东经济的发展、腾飞和波折，也在随着广东经济政策的调整而不断适应着。

广货主要品类、品牌

主要品类	主要品牌	主要集中地
家用电器	美的、格力、TCL、格兰仕、创维等	顺德、惠州
家饰	红苹果、健威家具、皇朝家私、尚品宅配等	佛山、顺德
灯饰	开元灯饰、华艺灯饰、琪朗灯饰等	佛山
五金制品	雅洁五金、阳江十八子等	中山
建材	日丰管等	佛山
日化	立白、蓝月亮、霸王、拉芳等	广州
陶瓷	东鹏瓷砖、蒙娜丽莎瓷砖、马可波罗瓷砖等	佛山
汽车	深圳比亚迪、广州广汽、深圳五洲龙等	广州、深圳

在广货北上西进的过程中，这些广东名牌发挥了重要的作用。不同于小商品，这些广东名牌拥有更完善的产业链、更庞大的销售渠道和网络、更多的品牌效应。这些企业不仅作为独立的品牌存在，更是从整体上作为一个广东的形象出现在国内的市场上。

面对全国其他品牌的竞争，广东名牌除了发挥原本的产业优势以外，还不得不提升产品质量、扩大渠道、应用新技术，以应对国内市场日益增长的消费需求。在这一过程中，广东产品自身也在不断地得到提升。

（三）"广货全国行"的机遇与瓶颈

自"广货全国行"提出以后，广东产品和企业走出广东省、走向全国的情况更加普遍也更加频繁。在政府的扶持下，广货北上西进的规模快速扩大。在这一进程中，经济较发达的沿海地区和华中、中南地区率先成了广货走出去的选择，重庆、浙江、湖北、河北地区的"优粤城"项目便是其中之一。

经济发达地区虽然为广货带来了广阔的市场和潜在消费者，但是其激烈的竞争、土地和矿产资源的短缺，以及相对高昂的生产销售成本，都使得广货需要进一步寻找更加具有发展性的市场，并且往边境省份渗透。在边境省份，正在发展并走向成熟的市场、正在形成的产业链、政府政策的支持、广阔的土地矿产资源，都为广货的进一步发展提供了平台；当然，也面临着配套不完善、政策不到位、消费者消费观念差异等问题。

在广货走向全国的过程中，粤企和粤商无不面临着困难和机遇，不管是较为成熟的沿海地区，还是发展相对较慢的边贸省份，粤企都在一波三折中发展着，广货向全国渗透的进程，时刻面临着机遇与瓶颈。

1. 瓶颈问题

在广货走向全国的过程中，面临着市场开拓、渠道网络的建设、消费者洞察、品牌自身的传播等一系列困难。

（1）市场的竞争。除了广东商品以外，还有江浙一带的小商品，以及福建的商品，它们都是广货的强大竞争对手。在广东企业成为世界制造业基地的同时，江浙商人以及福建商人已经开始渗透到全国。一方面，是产品的重合性和竞争性。温州义乌的小商品，与广东地区的玩具等小商品形成竞争；白色家电也是竞争的重点区域，虽然广东家电有其先天优势，但是浙江和山东地区的家电也已经发展起来，在市场上占有一定的份额；另一方面，是政府和商会的支撑。由于渗透得更早，江浙和福建的产品已经在各地有一定的发展基础，除了早期政府政策的支持，率先进入市场的企业家已建立起相对成熟的行会制度。

（2）销售渠道的问题。有再好的产品，如果无法建立通畅的销售渠道、庞大的内销市场，仍似一个"大泥潭"，让企业摸不着方向，"渠道为王"不言而喻。出口企业转向内销，需要突破的重要障碍之一就是"渠道"。如广东家电业作为"广货全国行"的龙头行业，并没有一家自成规模的连锁家电超市，而是依赖苏宁、国美作为销货渠道。由于国美的总部在北京，要想在国美门店销售广东家电，就必须到北京总部去洽谈，然后再把货物运送过去，才能进入国美的销售网络。一般大型连锁超市的销售网络都是以总部为中心，再呈网状扩散。广东家电企业将自己的产品配送到连锁超市，还需要一段很长的运输时间。广东企业有许多创新的优秀产品，但由于企业缺乏营销渠道，这些产品进入市场的速度很慢，在产品还没有获得更大利益时，已被其他企业的新产品取代了。与规模企业相比，中小型企业没有财力到全国市场建立自营店，大多选择经销商加盟。据部分企业主反映，即使是这种传统的渠道发展模式，仍然需要企业有足够的资金支持。但在金融危机下，许多企业没有更多的资金来铺设渠道。

（3）企业的品牌意识。广东流通业是全国规模最大也是发展最早的，改革开放以来，广东却用了很长时间来发展工业，流通业反而被遗忘，导致在相当长的时间里广东流通业相对落后。许多企业都曾是国内外知名品牌的代工，却没有正确地树立自己的品牌。因此，部分广货对消费者而言还是一些"不知名品牌"。如东莞是全球著名的鞋业制造中心，为了争夺国内市场，几乎每家鞋企都注册了一个以上的品牌。但品牌的平均寿命只有 1~2 年，其中时间最短的只有几个月，最长的也只有 9 年。大多鞋企品牌知名度不高，在激烈的国内市场竞争中很容易被淘汰。目前，珠三角企业仍在寻求多元化的突围之路，以加快进入国内市场的脚步。越来越多的企业开始意识到抱团的力量，并以此来突围渠道之困、品牌之困。

（4）广货的外销税务问题。广货北上需要把货物运输至当地进行异地销售，货物运到外地短时间存放，在广东是不收税的，但在国内许多城市需要交一定的税费。如广东企业接到外地企业 10 吨货物的订单，一个集装箱容量为 50 吨，发一个集装箱去外地，只装 10 吨会浪费运输空间，所以企业会选择装满，囤积的 40 吨货物会在外地再处理。但这样的处理却大大地提高了"广货全国行"的运输成本。按现下的规定，在异地销售要么设分公司，要么找销售代理。销售环节增加的同时，还需按营业额的 3%~5% 在当地交税，经营成本也增加不少。为了"避税"，部分企业把货运到当地后，会将卖不完的货偷偷找个仓库"藏"起来，或者在当地设个办事处，从事分公司的工作。但这种行为，在一些地方会被以"偷税漏税"的名义，将存放的货物查扣并重罚，导致企业主进退两难。

（5）进入门槛的问题。国内市场虽潜力巨大，可企业开拓内销市场会面临各种困难，与外贸相比，情况更复杂，风险更大。公司的经营理念和策略都需要作出较大调整，而生产出来的产品不能立刻变现收益，会遇上市场销售、库存成本和违约等风险。企业拓宽销售渠道成本高、时间长，客服和广告等的投入也较大，一般中小企业吃不消。国内"卖场"还有一些潜规则，如进入零售商店要交进场费，会要求企业先垫付成本生产；大型连锁超市处于强势地位，不仅拖延货款，还经常收取产品费、店庆费、促销费等，让粤商很不适应。加上国内地区之间仍存在"壁垒"问题，一个地区保护本土品牌，常借助市场监管的强制手段打击广货。

（6）电子商务发展缓慢。电子商务平台是粤商的机遇，也是粤商的瓶颈。网购俨然成了消费者重要的购物方式之一，将销售的渠道从线下延伸到线上。电子商务可以低成本快速覆盖传统渠道所不及的地理区域，这是"广货全国行"的新机遇，但也充满挑战。把传统知名广货原封不动地搬到网上销售，缺乏消费者、地区等针对性。货物在网上的价格与实体店价格无异的话，会降低消费者的购买欲望，从而影响线上销量。但网上价格一旦较多地低于实体店的价格，从实体渠道购买的顾客就会抱怨。网站变成官方实体店原价目录和长期网销瘫痪的状态等是电商渠道需要解决的问题。

2. 机遇

广货在北上西进的过程中，遇到过各种困难，但是在这些困难和逆境中，不乏可以利用的机遇，也正是这些机遇，使得广商和广货在全国范围内成规模地发展。

一方面是政府政策的支持。中共广东省委、广东省人民政府在《关于实施扩大内需战略的决定》中对"继续推动'广货全国行'，努力扩大内销市场"作出了重要指示——"创新展销方式，加大财政支持力度，组织、支持企业参加各类展会"①。敢为人先的粤企应乘此"东风"在内销市场的据点好好"扎根"，培育销售地的"广东制造"和广东服务，更好地深入开拓市场，传播粤货品牌。

为保证广货全国行的持续健康发展，2010年5月11日中共广东省委、广东省人民政府发布了《关于加快经济发展方式转变的若干意见》，其中重点强调要"努力扩大国内市场，深入推进'广货全国行'。支持企业在国内主要城市建立'广东商贸城'、'广东商品直销中心'等内销平台，并加大对中等城市的市场开拓力度。开展'广东名品进名店'和广货网上销售试点活动。继续办好'外博会'"②。广东省经信委在2011年9月发布的《推动广东省工业企业品牌建设实施方案》中更明确指出要"开拓工业企业产品销售渠道"，"打通粤货在省外流通途径"③。

而根据《广东省"十二五"规划纲要》第一篇第三章"指导思想"中提到的"六个必须"之一——"必须加快提升自主创新能力。坚持把科技进步和创新作为加快转变经济发展方式的重要支撑，充分发挥科技第一生产力和人才第一资源作用，以制度创新推动科技创新……建设创新型广东。"广货全国行的后继着力点应落在形成"广东产品全国行"的销售网络和长效机制，探索、研究和构建新型消费需求体制机制，创新政府合作机制，形成以"广东产品全国行"为试点带动内需发展，进而促进转型升级、加快转变经济发

① 《中共广东省委、广东省人民政府关于实施扩大内需战略的决定》，2010年。
② 《中共广东省委、广东省人民政府关于加快经济发展方式转变的若干意见》，2010年。
③ 广东省经信委：《推动广东省工业企业品牌建设实施方案》，2011年。

展方式等宏观经济目标的全面推进。①

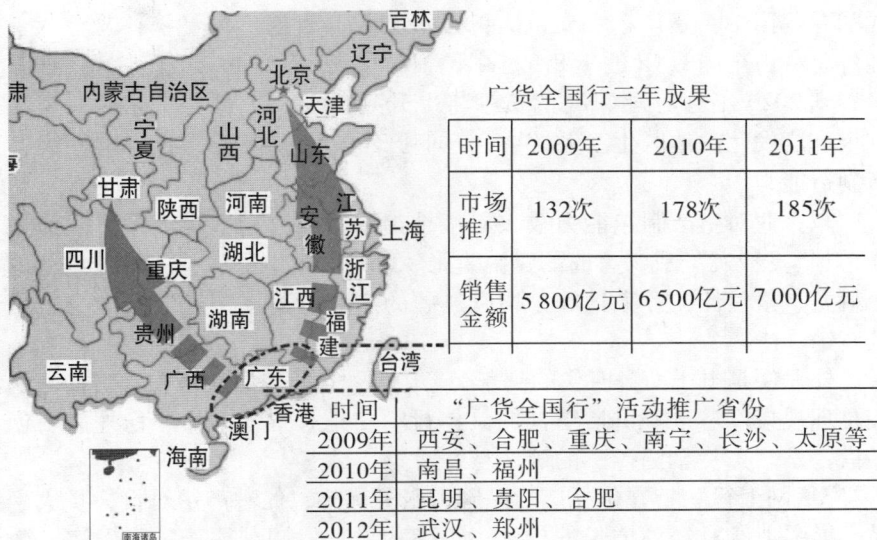

广货全国行三年成果

时间	2009年	2010年	2011年
市场推广	132次	178次	185次
销售金额	5 800亿元	6 500亿元	7 000亿元

时间	"广货全国行"活动推广省份
2009年	西安、合肥、重庆、南宁、长沙、太原等
2010年	南昌、福州
2011年	昆明、贵阳、合肥
2012年	武汉、郑州

图2 广货全国行三年成果②

通过政府的一系列政策支持，从2009年"广货全国行"已经开始逐步得到推广，从图2"广货全国行"三年的成果来看，直至2011年，"广货全国行"的销售金额已经达到7 000亿元。但是，从过去四年"广货全国行"活动的推广省份来看，更多地集中在中部省份，而在内蒙古、云南、西藏、东北三省等边境省份的"广货全国行"推广情况还是比较落后的。

另一方面是广东本身产业发展和产品质量的优势。1978年，中国的改革开放是以广东为试点展开的。80年代"广货北伐"，"珠江水、广东粮、粤家电、岭南服"风行全国。太阳神、健力宝、顺德家电、珠江啤酒等一批企业脱颖而出，由此奠定了今日广东经济的竞争优势。珠三角借助香港的贸易和信息通道获得制造业前端所需的资源，迅速形成了制造业优势，在家电、IT等领域积累了相当强的实力，并形成了广东6个大都市圈超级产业集群：珠江东岸IT工业走廊，珠江西岸家电集群，珠三角纺织服装集群，汽车集群，石化集群，装备制造业集群。珠三角逐渐成为世界级制造业基地。

---

① 广东省人民政府：《广东省"十二五"规划纲要》，2011年。
② IUD中国政务舆情监测中心：《"广货全国行"开拓大省关系新模式》，《领导决策信息》2012年第22期。

经过 30 多年的奋斗，广东已步入工业化的中后期，与其他省市的最显著区别是制造业分量巨大。目前广东省民营企业有数百万家，主要集中在各种形式的专业镇中，是广东一支巨大的发展力量。目前广东经济体量巨大。广东经济总量占全国 GNP 的 1/8。据中国科学院曾经做的一个预测，仅珠三角地区，到 2020 年对全国 GNP 的贡献将提升到 20%；大部分广东企业就集中在这个高度发达的地区生产系统中，它们已经具有或接近具有"世界级"的生产制造能力。①

广东企业对生产制造能力孜孜不倦地追求，在营销上也表现出实力主义作风，"货真价实"成为粤商的营销主张。广东的家电品牌，如地处顺德的美的、科龙、格兰仕、万家乐等，均以过硬的产品为支撑，好产品本身就是最好的营销。

此外，便是电子商务时代的到来。"广货网上行"活动是我省贯彻落实温家宝总理视察广东重要讲话精神的具体行动，是我省强内需、稳外需的创新性举措，是"广货全国行"的延伸与发展。

"广货网上行"旨在依托广货品牌和服务优势，促进产销对接，扩大网络交易，增强消费对经济增长的拉动力，为稳增长、调结构、惠民生注入新的强大动力。2012 年，全省电子商务交易额达到 12 000 亿元，约占全国的18%，为全省经济平稳较快发展作出了积极贡献。② 目前，广东互联网的普及率、上网用户数、网购普及率、市场交易规模、电子商务市场份额等多项指标均居全国第一，95% 以上的大中型企业都已全面开展了电子商务交易管理。

民营经济是国民经济中最富活力、最有创造力和最具潜力的组成部分，是促进经济创新驱动、内生发展的重要力量，是吸纳就业的主要载体，也是这次"广货网上行"活动的中坚力量。民营企业与电子商务平台对接是"广货网上行"活动的一项重要内容，是"政府搭台"创造条件、让更多的民营企业上网"触电"的重要举措。

广东拥有广货和广式服务两个优势行业，也是非常大的特点和优点。拥有发展服务类电商的区域品牌优势，借助"广货网上行"活动，广东可以发挥广式服务的优势，力争从网购第一省变成电商领头羊。

本次活动受到了南方日报社的大力支持。

① 广东决策研究院：《广货北上的历史与现状》，http://wenku.baidu.com/view/2670ff640b1c59-eef8c7b461.html，2013 年 9 月 20 日。
② 谢建超、李明春：《"广货网上行"打造电商强省拓内需》，中国经济新闻网，http://www.cet.com.cn/ycpd/sdyd/604534.shtml，2013 年 9 月 20 日。

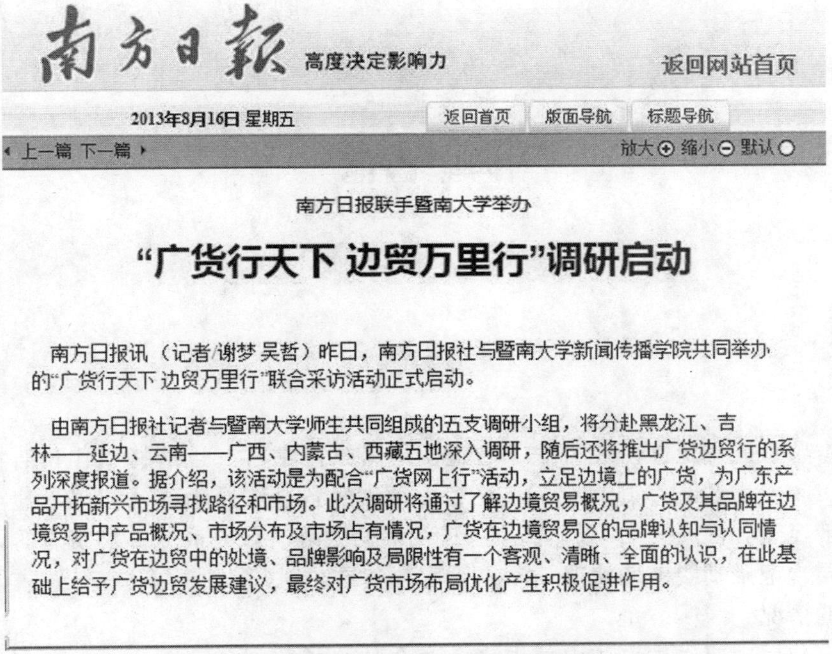

南方日報　高度决定影响力　　返回网站首页

2013年8月16日 星期五　　返回首页　版面导航　标题导航

◀ 上一篇 下一篇 ▶　　　　　　　放大 ⊕ 缩小 ⊖ 默认 ○

南方日报联手暨南大学举办

"广货行天下 边贸万里行"调研启动

南方日报讯（记者 谢梦 吴哲）昨日，南方日报社与暨南大学新闻传播学院共同举办的"广货行天下 边贸万里行"联合采访活动正式启动。

由南方日报社记者与暨南大学师生共同组成的五支调研小组，将分赴黑龙江、吉林——延边、云南——广西、内蒙古、西藏五地深入调研，随后还将推出广货边贸行的系列深度报道。据介绍，该活动是为配合"广货网上行"活动，立足边境上的广货，为广东产品开拓新兴市场寻找路径和市场。此次调研将通过了解边境贸易概况，广货及其品牌在边境贸易中产品概况、市场分布及市场占有情况，广货在边境贸易区的品牌认知与认同情况，对广货在边贸中的处境、品牌影响及局限性有一个客观、清晰、全面的认识，在此基础上给予广货边贸发展建议，最终对广货市场布局优化产生积极促进作用。

图3　《南方日报》有关调研活动的报道①

————————

① 《南方日报》，http://epaper.nfdaily.cn/html/2013-08/16/content_7217446.htm,2013 年 8 月 16日。

内蒙古篇

摘 要

本项目采用定性研究方法，通过实地考察内蒙古二连浩特、呼和浩特两个城市，参加"2013中国·二连浩特中蒙俄经贸合作洽谈会"和"二连浩特中蒙俄经贸合作展会"，采访商家、广商商会代表、广东商人、消费者等，走访基层，记录基层市场状况，深入了解广货在内蒙古及在内蒙古与蒙古国边贸中的情况。

本项目主要通过采访内蒙古广东商会的会长和部分理事，了解广东企业和广货在内蒙古发展的机遇与挑战；通过对内蒙古不同年龄段的消费者的调查，了解广货在内蒙古市场的影响力；通过对创维电子（内蒙古）有限公司的总经理、营销负责人的采访，了解广东家电行业在内蒙古的实际情况。

在项目分析的基础上得出以下几个结论：

（1）随着内蒙古经济的崛起，政府和民间越来越重视广东与内蒙古的经贸交流合作，内蒙古与广东的经贸交流合作将会越来越深入，内蒙古将是"广货北上"、"广货全国行"的一个重要市场，内蒙古在广东国内贸易中的地位将会越来越重要。

（2）广东商品在一些品类上虽然不如其他地区商品的市场占有率大，但是广东的陶瓷、汽车等产业在内蒙古的市场占有率很高，而且凭借着其质量和品牌上的优势将逐步占据内蒙古市场的首位。

（3）厂家、经销商、门店依然是广货在内蒙古销售的主要渠道，而近几年兴起的电子商务还未能成为广货在内蒙古销售的主要渠道，"广货网上行"的宣传不到位。

（4）广东家电行业在内蒙古市场已经基本呈现独占鳌头的形势，但是随着国际品牌慢慢走入内蒙古市场，广东家电的竞争优势将会下降，而且广东家电在售后服务等方面有待加强。

（5）广货在中蒙边境贸易中已经占有一定的市场份额，但是占有率不及浙江等地的商品。

在项目进行过程中发现，经过多年的发展，广货已经在内蒙古市场上占有一定的比例，并且以其独特的优势、在特定的品类中占有绝对的影响力。在中蒙边贸中，广货同样充当了不可或缺的角色。但是；无论是在内蒙古市场上的广货，还是在中蒙边境贸易中的广货，在发展壮大的过程中，都面临着不少困难和瓶颈问题，不仅存在着自身转型升级、质量优化、产业管理、产能提升等一系列问题，还需要应对生产环境的改变、市场环境的调整、竞争者的追赶、政府政策的变迁等一系列挑战。面对这些问题和挑战，广东企业、民间组织、政府等需要共同为广货抢占内蒙古市场而努力。

关键词： 广货全国行　广货　内蒙古　家电　消费者　边贸

内蒙古篇　目录
CONTENTS

———◇内蒙古广货现状调查◇———

一、广东与内蒙古贸易的过去和现在 ················· 16
　（一）内蒙古在广东省国内贸易中的地位 ·········· 16
　（二）广货在内蒙古市场中的地位 ··············· 18
　（三）广东与内蒙古贸易存在的问题 ············· 19

二、广货在内蒙古市场的地位 ····················· 20
　（一）广货的结构与比重 ······················· 20
　（二）广货在内蒙古市场的品类与品牌 ·········· 20
　　　1. 家用电器 ····························· 21
　　　2. 陶瓷 ······························· 21
　　　3. 服饰箱包 ··························· 22
　（三）广货在内蒙古的竞争力分析 ··············· 23
　　　1. 产品质量 ··························· 23
　　　2. 品牌 ······························· 23

三、内蒙古广货的销售渠道 ····················· 24
　（一）厂家 ································· 24
　（二）经销商 ······························· 24
　（三）销售终端 ····························· 25
　（四）电子商务 ····························· 26
　（五）其他 ································· 26

四、内蒙古广货的影响力 ······················· 26
　（一）消费者认知 ··························· 27
　（二）消费者态度 ··························· 27
　（三）消费者行为 ··························· 28

五、广东家电行业在内蒙古 ………………………… 29

　　（一）产品本身的发展情况 …………………… 29

　　（二）销售渠道 ………………………………… 30

　　（三）影响力 …………………………………… 30

六、科技先行，发挥品牌效应 …………………… 32

───◇中蒙边贸中的广货◇───

一、中蒙边境贸易中的广货发展情况 ………… 34

　　（一）中蒙边境贸易发展进程 ………………… 34

　　（二）中蒙边贸的现状 ………………………… 35

二、二连浩特：从中蒙口岸城市看广货 ……… 36

　　（一）展会 ……………………………………… 36

　　（二）批发市场 ………………………………… 38

　　（三）其他 ……………………………………… 39

三、广货在中蒙边贸中的竞争力 ……………… 39

四、广货在中蒙边贸中的机遇与挑战 ………… 40

五、调整出口市场结构 …………………………… 42

采访实录 ………………………………………………… 46

调查感想 ………………………………………………… 49

组长手记 ………………………………………………… 50

内蒙古广货现状调查

一、广东与内蒙古贸易的过去和现在

（一）内蒙古在广东省国内贸易中的地位

改革开放三十多年以来，广东省对外贸易总额不断增长、结构逐步优化。但是由于国际形势的多变和2008年以来全球市场受到的巨大经济冲击，广东省贸易面临着国内市场支持不足、国外市场销量下降等诸多问题。因此，广东在积极发展对外贸易的同时，还必须积极开拓国内贸易市场，充分发掘国内贸易需求，促进内外需的平衡发展。为此，广东省人民政府颁发了《关于大力开拓国内市场的若干意见》等相关文件。文件强调了开拓西北市场，在省外组织一定规模的名特优广货展销会、博览会以及各种专业订货会等问题。[①]

在"广货全国行"政策还未开启之前，广东货物就已经进入内蒙古市场了，内蒙古市场的产品从家电、建材、汽配到陶瓷等很多都是广东货物。内蒙古市场是广东省国内贸易的一个重要地区。

而近几年来，广东跟内蒙古的合作不再限制于产品贸易方面，因为广东有较充足的创新条件，内蒙古有广阔的资源和应用空间。科技合作成为近几年来粤蒙两省区开展合作的最佳切入点。在2011年广东省内蒙古商会协办内蒙古乌海（广东）招商引资推介会上，主要围绕PVC深加工、模具、装备制造业、汽车配件、LED、精细化工、日化洗涤用品、节能环保设备、高档陶瓷、新材料、新能源、光伏产业、硅化工、商业、旅游、葡萄酒深加工及酒庄、金融机构、物流、酒店、餐饮等项目进行有针对性的招商。其中广东与

---

① 《广东省人民政府关于大力开拓国内市场的若干意见》，http://china.findlaw.cn/fagui/p_1/318349.html，2013年8月10日。

内蒙古也在医药上进行合作，如广州中医药大学和广东海大畜牧兽医研究院就将分别与内蒙古方面签订几个有发展前景的科研合作项目。广州中医药大学正以"防治骨质疏松的蒙药有效部位筛选评价关键技术攻关及其新药开发"的项目申报"省部产学研结合项目"。广东海大畜牧兽医研究院与内蒙古有着特殊的联系，该院有十几位科技人员均来自内蒙古，因此其研究项目有不少是解决草原畜牧业问题。该院还与内蒙古有关单位合作，研发了一种奶牛乳腺炎治疗仪，可治愈80%以上的病牛，从而大大提高牛奶质量、降低抗生素残留。这一获得国家专利奖的成果已经由广东企业生产，在内蒙古等地应用。①

内蒙古在广东省国内贸易中的经济形式，除了上述以广东省的产品贸易、技术、人才、科研创新的优势，结合内蒙古的市场需求，有针对性地开发市场外，还有关于资源方面的开发利用。内蒙古矿产资源丰富，尤其内蒙古自治区包头市白云鄂博矿区是世界上最大的稀土伴生矿，包钢稀土公司更是北方稀土行业的领军企业。稀土具有"工业黄金"之称，在冶金工业、石油化工、玻璃陶瓷、新材料等行业中具有重要作用。同时，反观南方的稀土行业，虽然六家南方的稀土公司（中铝公司、中国五矿、中国有色、赣州稀土、江西铜业、广晟有色）实力都比较强，但是更多的是从事有色金属的贸易，稀土只是其很小的一个部分。南方的稀土行业多为中重稀土，价格高于内蒙古的轻稀土。所以，在蒙粤两省的贸易交流中，稀土等矿产资源也成为近年来内蒙古与广东的合作突破点。

另外，内蒙古经济正在迅速崛起。数据显示，从2000年到2009年，内蒙古自治区GDP年均增速达到惊人的18.7%，内蒙古目前的人均GDP已经接近7 000美元，超过了沿海的山东、福建、辽宁，直逼广东。② 2011年6月出台的《关于促进内蒙古自治区经济社会又好又快发展若干意见》，以及即将出台的蒙陕甘宁能源金三角发展战略，将为内蒙古加快产业升级、转型以及环境资源保护提供强有力的政策支持，内蒙古将成为我国经济发展的新引擎。2013年由广东政府牵头的首届"内蒙古·广东科技合作活动周"在广州市白云国际会议中心正式启动，迎合双方产业转型升级背景，利用改革开放前沿地——广东的资金优势、产业优势、科技优势，结合内蒙古的政策优势、土

---

① 林亚著：《广东人才科技为内蒙古草原添活力》，南方报网——南方日报，http://news.hexun.com/2013－05－25/154505284.html，2013年8月10日。

② 何勇：《内蒙古：未来十年中国经济新引擎》，中国经营报——中国经营网，http://news.hexun.com/2011－08－20/132639513.html，2013年8月10日。

地优势、资源优势，实现双方合作共赢。

随着内蒙古经济的崛起，两地的省委、省政府越来越重视广东与内蒙古的合作和经贸，内蒙古市场的开发，内蒙古与广东的合作和贸易将会越来越深入，内蒙古将是"广货全国行"、"广货北上"的一个重要市场。内蒙古在广东省国内贸易中的地位将会越来越重要。

（二）广货在内蒙古市场中的地位

广东企业在内蒙古的投资和发展以呼和浩特、包头、鄂尔多斯、乌海为中心，不断向周边扩展，广东企业经营项目涉及房地产开发、餐饮、酒店、化工、木材、陶瓷、电气机械和器材制造、能源、医药器械、食品、建材、矿产、环保、通信设备、计算机及其他电子设备制造业、旅游、批发零售、地质勘探、装饰装潢、商贸、文化等 20 多个行业。据不完全统计，仅 2007 年到 2009 年粤企在内蒙古的投资项目就多达 126 项。这些投资项目，按三大产业划分为农业 4 项、工业 110 项、三产 12 项，金额达 550 多亿元。

广东省各企业除了开窗口、设网点之外，还组织一定规模的名特优广货展销会、博览会以及各种专业订货会，通过大型展销展示活动，树立广货在内蒙古的整体形象。2013 年 6 月，作为广货的重要生产销售基地之一的惠州在内蒙古呼和浩特举办了展销会，共有 287 家企业参展。本次展销会是惠州自 2009 年以来开展"惠货全国行"的第 12 场展销会，参展企业和参展种类为历次展销会之最。此次惠州展销会以"惠州制造，名品展销"为主题，展位面积 1.3 万平方米，全方位展示惠州产品特色，主要有电子电器、服装服饰、鞋帽箱包、玩具工艺、食品药品、家居灯饰、运动休闲、日用化工等 8 大类产品。同时，目前惠州市 TCL 集团、雷士、富绅、九惠制药等已在呼和浩特建立了销售公司、运营中心等。其中，TCL 已在内蒙古呼和浩特工业园区建立了工业基地和年产能 300 万台的液晶模组生产线，这条生产线是 TCL 集团全球液晶产业战略布局的重要组成部分。"随着这一项目的完成，TCL 将打造北方地区最大的液晶模组整机一体化基地，完善中国市场液晶产业链布局，成为辐射带动'呼包鄂金三角'及周边地区电子工业的标志性企业，同时也为 TCL 集团产业链延伸至俄罗斯、蒙古国、欧洲等地奠定了基础。"TCL 集团董事长、CEO 李东生表示。

广东企业在内蒙古除了积极开设销售网点、举办大型广东产品展销会外，还在政府的带领下积极参加内蒙古市场的各种展销会。如 2012 年 7 月，广东省副省长刘志庚率广东经贸代表团参加了在内蒙古呼和浩特市内蒙古国际会展中心举行的第七届民族商品交易会（简称"民交会"）。本次民交会广东展区面积 369 平方米（A 馆 A1 展区），以汕头市民营企业为主，重点展示高新技术的电子产品，以及广东现代、古典家具等省内部分名优产品，有服装、玩具、家具、家电、珠宝等行业的知名企业参展。共有广州、深圳、珠海、汕头、佛山、惠州、东莞、中山、阳江、茂名、潮州、广业、广晟等 13 个分团参加民交会，参会总人数约 200 人。广东参展企业优质的品牌影响力和独具特色的产品深受当地群众和广大采购商的青睐，现场人气火爆、商洽活跃，成为最受欢迎的展区之一。

2013 年 5 月 25 日首届"内蒙古·广东科技合作活动周"就双方的现代农业、工业和信息化、资源能源、商贸物流、旅游、科技合作及合作机制签署总体框架协议，签约项目共计有 37 项，包括两省区间战略合作框架协议 1 项、两省区缔结友好城市协议 4 项、厅局合作项目 9 项、盟市招商引资与科技合作协议 16 项、高校合作协议 7 项。为期 7 天的活动周主要采取"大会主题推介，小会专题对接，特色分类展示，宣传营造氛围"的组织模式，突出项目对接，注重产业承接与转移，强化人才交流与培养，通过产业项目合作，引资、引技、引才等方式，促进双方多层次、全方位合作。

广货和广东企业从早年就以"润物细无声"的姿态进入内蒙古市场，从刚开始的单打独斗，到现在政府和商会的扶持，广货已经慢慢全面覆盖内蒙古市场，对内蒙古人民日常生活的影响将会越来越大。

（三）广东与内蒙古贸易存在的问题

广东与内蒙古虽然分处祖国的南北疆，但双方优势互补，科技等方面的合作由来已久。20 世纪 90 年代初期许多广东商人来到内蒙古从事物流、煤炭及酒店行业的投资和运营，如内蒙古广东商会现任会长尤永全先生就是早期在内蒙古进行物流、煤炭及酒店等行业运营的代表人物。受到广东商贸活跃性的影响，内蒙古地区的商人也逐渐开始从广东批发商品。90 年代初，内蒙古地区的商人多从广东批发港澳、海外商品，后来在广东省本土品牌日渐强大的基础上，更多的内蒙古商人选择批发性价比较高的广货。

广东和内蒙古贸易往来虽然逐渐成熟，但是广东与内蒙古贸易也存在不少问题。

第一是假冒伪劣产品。在广货日渐在内蒙古市场畅销之时，部分假冒伪劣产品在内蒙古市场中鱼目混珠，甚至在内蒙古—蒙古国边境贸易中也出现了部分的假冒伪劣产品。这些假冒伪劣产品严重破坏了广货在内蒙古市场的知名度和美誉度。

第二是部分广东产品在内蒙古宣传力度不足。在走访市场时发现，海信、海尔等品牌在内蒙古的宣传铺天盖地，反观广东品牌美的、格兰仕等宣传甚少。在汽车销售行业广汽的汽车不如福特等牌子销售得好，通过访谈得到的原因主要是广东的产品宣传得太少了。

二、广货在内蒙古市场的地位

（一）广货的结构与比重

在小商品方面，广东小商品在内蒙古市场的占有率远不及已在内蒙古发展多年的温州小商品。内蒙古著名的维多利商城就是温商多年经营小商品生意积累的最显著的成果。究其历史原因，主要是广东改革开放初期，正是温商迫于生活压力北上内蒙古经商的时期，从摆地摊等小生意做起，联合乡友形成气候，白手起家。而这时的广东发展机会遍地可拾，广东人更愿意往东莞、深圳走，往北发展的少之又少。等到20世纪90年代初中期，广东商人北上开拓市场至内蒙古，小商品行业已经被温商垄断，生存环境恶劣。广东小商品在内蒙古市场占据的比重没有明显的优势。

但是，在家用电器、家具、灯饰、五金制品、建材、服装服饰、陶瓷、玩具、汽车等品类上，凭借着广东创新的科学技术和部分行业的生产基础，广东产品在内蒙古市场仍占有一定份额。其中，广东的家用电器在内蒙古市场中有着良好的声誉和绝对的占有率，成为广货在内蒙古的龙头行业，广东的服装服饰和北京的服装在内蒙古市场也是各占据半壁江山。而广东的家具、灯饰、五金制品、建材等，由于广东商人投身于内蒙古的房地产和装修行业，在内蒙古市场也有三成的占有率。

（二）广货在内蒙古市场的品类与品牌

广货在内蒙古市场的销售主要集中在家用电器、家具、五金制品、日化、服装服饰、陶瓷、食品饮料、汽车、医药化工等。

内蒙古市场上广货品类

内蒙古市场上广货品类	主要品牌（排名不分先后）
家用电器	美的、格力、TCL、万家乐、格兰仕、创维、志高、容声、华帝、樱雪等
家具	皇朝家私、红苹果、索菲亚、好莱客、优派、耀邦等

（续上表）

内蒙古市场上广货品类	主要品牌（排名不分先后）
五金制品	雅洁五金、阳江十八子、固力锁具、汇泰龙等
日化	立白、蓝月亮、霸王、拉芳等
服装服饰	以纯、曼妮芬、嘉莉诗、戴安娜等
陶瓷	蒙娜丽莎瓷砖、新中源陶瓷、东鹏瓷砖、马可波罗瓷砖、金舵陶瓷、博德陶瓷等
食品饮料	王老吉、徐福记、海天等
汽车	深圳比亚迪、广州广汽、东风日产等
医药化工	广药集团、华润三九、香雪制药、白云山制药、广州陈李济等

在这次的调查中主要对家用电器、陶瓷、服饰箱包进行了重点走访。

1. 家用电器

家电是广东的王牌产品，在全国家电行业中具有举足轻重的地位。广东家电从生产规模、市场份额、出口数额等诸方面都在全国名列前茅，大、小家电产品门类品种齐全，配套产业发达，家电产品质量总体上处在国内外领先行列，新产品推出速度快，大量产品远销海内外。据走访调查观察，在内蒙古部分批发城和大卖场内，产自广东的家电所占比例高达70%～80%，其中小家电主要有美的、三角、樱雪等牌子，而彩电主要有创维、TCL等牌子。

根据调查，白电行业在内蒙古市场销售处于第一位的是美的，美的是从2000年夏季正式进驻被看好的内蒙古市场。美的在内蒙古没有设立工厂，而是由经销商经营，第一年美的在内蒙古市场的销售额达1.8亿元。2012年的世界经济下滑，美的家用电器在内蒙古的销售额还能达到2.3亿元，2013年达到3.8亿元，这是广货北上一个成功的典型例子。

在彩电行业，广东的创维集团在内蒙古市场的占有率是最高的。2005年创维敏锐地捕捉到了中国彩电产业格局将发生变化的契机，将生产基地由南向西、向北转移，加速了其在内蒙古布局制造基地的步伐，以此辐射中国西北部的广大市场。而广东的TCL集团也紧跟其后，占有率为内蒙古市场第二。

2. 陶瓷

内蒙古进入新世纪后，开始大力发展建筑陶瓷产业，其陶瓷产区主要分布在包头、赤峰、鄂尔多斯、乌海等地。事实上，早在20世纪90年代，包头市就曾有鹿峰、绿茵、欧艺、西湖、大华等十几家建陶企业，但是由于配套设施不完备等种种原因，到目前，只有鹿峰企业还在生产。赤峰、鄂尔多斯、乌海等地的一些20世纪80、90年代发展起来的建陶企业进入新世纪后，大都已经倒闭、破产。为了把产业做大做强，2009年4月，内蒙古自治区政府确定了承接产业转移的六项重点，其中的重点之一是利用呼伦贝尔市、包头市、鄂尔多斯市等地区丰富的陶瓷原料资源，重点引进广东佛山、河北唐山等地著名陶瓷企业的先进技术、工艺和装备，建设北方重要的陶瓷生产基地。经过两年多时间的建设，内蒙古振兴、发展陶瓷产业的蓝图已经取得了一定的成效。

调查走访中发现广东的陶瓷品牌在内蒙古市场的销售情况也较好，不少广东知名品牌如新中源、蒙娜丽莎等在内蒙古市场都能找到经销店和代理商。但据访谈得知在内蒙古从事陶瓷业的不仅有广东企业主，还有福建的企业。福建商人不生产陶瓷，而是到佛山、潮汕等地代理陶瓷，成了佛山某两个著名陶瓷品牌的代理商，而且规模发展得很快，甚至超越了广东企业。总体上广东的陶瓷品牌销售在内蒙古销售排名前三。

（注：内蒙古产区瓷砖日产量14.3万平方米。其中，抛光砖生产线7条，日产量7万平方米；瓷片生产线3条，日产量4.6万平方米；外墙砖生产线1条，日产量1.2万平方米；耐磨砖生产线2条，日产量1.5万平方米。）[①]

3. 服饰箱包

在走访卖场过程中发现，内蒙古市场的部分服饰几乎都没有明显的产地标识，但仔细观察还是能发现服装主要来自广州、北京、河北，广东与北京、河北共分内蒙古市场。其中广东的以纯等品牌在内蒙古也有专卖店，销售情况良好。在调研中发现广东的服装在内蒙古的销售价格是广东本地价格的2~4倍，所以当地代理商以获得广东服装的代理权为荣。内蒙古的维多利商场是广东服装销售的集中点，服装的价格是广东本地服装的几倍，但很多都是贴着广东的品牌售卖而已，市面上50%~60%都是依靠这种经营手段，成本较低，对于内蒙古很多经销商来说，这是常用的手段。

而在箱包区几乎95%标注的产地为广东，大部分都有品牌。例如东莞的莎米特箱包，在国贸批发城的店内找到其在内蒙古地区的独家代理，但是从价格上说，相对于其他地区的产品并没有特别大的优势。

---

① 《内蒙古陶瓷生产线已建成13条 规划内待建76条》，中国陶瓷网，http://www.taoci365.com/html/news/2011-08/info-101718-261.htm，2013年8月10日。

（三）广货在内蒙古的竞争力分析

1. 产品质量

广东经济体量巨大，大部分广东企业集中在这个高度发达的地区生产系统中，具有或接近具有"世界级"的生产制造能力，对生产制造的能力孜孜不倦地追求，在营销上表现出实力主义派的作风。广东制造的设计理念、技术质量、产品性价比等均得到内地消费者的高度认同，用"货真价实"来概括粤商的营销主张一点不为过。

广东产品以高技术含量闻名全国，因此广东产品在内蒙古市场上，同样具有竞争优势。其中家电在内蒙古最具有竞争力，如美的、科龙、格兰仕、万家乐、创维等品牌都是以产品为支撑的。内蒙古的呼和浩特市场中，彩电的份额最大的是创维集团——这个来自广东的企业。创维集团之所以能在呼和浩特甚至内蒙古的市场上占有的份额排在前列，主要原因跟产品质量有关系。创维集团总经理介绍，创维从2005年进入内蒙古市场后就积极进行产品创新和质量把关，首创国内第一部4K极清电视后，4K彩电迅速占据市场。从创维的例子可以看出产品的质量和创新力是广东商品竞争中的一大优势。

2. 品牌

广东产品和品牌在国际和国内都享有一定的口碑。部分广东品牌在国内有较大的知名度，像电器行业的美的、洗涤行业的立白、服装行业的以纯等牌子。而广东纺织服装、食品饮料、建筑材料、家具制造、家用电器、金属制品、轻工造纸及中成药制造8个优势行业，在国内都有一定的美誉度，在内蒙古市场的销售和评价都很好。虽然广东品牌在国内市场的竞争力有相当的优势，但是品牌不够响亮、集聚程度不高等问题仍未得到有效解决，这将影响广东品牌的竞争力。

总体上看，广东产品和品牌在内蒙古市场有明显的竞争优势，但是也有不少销售人员和商家反映，广东产品存在售后服务不完善、部分产品宣传力度不够、产品价格偏高等问题，这些问题会影响到广货在内蒙古市场的竞争力。

从市场调查中可以看出，广东商品在一些品类上虽然不如浙江等商品的市场占有率大，但是广东的家电、陶瓷、汽车等产业在内蒙古的市场占有率不低，而且凭借着其质量和品牌优势将逐步占据内蒙古同行业/同类产品市场的首位。

三、内蒙古广货的销售渠道

（一）厂家

内蒙古横跨东北、华北和西北三个经济圈，同时享有东北老工业基地、环渤海经济圈以及西部大开发三大优惠政策，所以内蒙古在招商引资方面有相当多的优惠政策，这也为广东厂家进入内蒙古市场提供了机会。

在内蒙古市场上很多广货都是采用工厂直销制，由于直销直接面对客户，减少了仓储面积，并且没有经销商和相应的库存带来的额外成本，因而可以保障公司及客户利益，加快成长步伐。广东商家采用企业直接营销模式的优点是易于管理、服务跟踪和利润最大化，不过因为广东与内蒙古地理距离远，直销的产品覆盖面较窄，而且"浙江制造"进入内蒙古市场较早，浙江工厂也在内蒙古都有直销，竞争十分激烈。在走访内蒙古国际商贸城和部分大的批发市场时，发现广东的玩具以及箱包类主要采取厂家直销的方式，其中玩具类广东商品与浙江商品基本持平，各占市场份额的40%，其他20%则由全国其他地区组合而成。而箱包类广东品牌几乎占据了95%的市场份额，并且基本采用厂家直销的方式。

（二）经销商

广东品牌在内蒙古的经销商作为广东货物销售渠道中重要的组成部分，在实践中起了很大作用。例如格力、创维、TCL等家电品牌多采用经销商的销售渠道，代表创维集团经销彩电的中间商，与创维有时间和地域的合同约定，并且对企业在这个市场的发展和建设负有责任。创维的办事处就设置在各个市场的经销商处。

通过走访当地经销商发现，由于零售商在渠道结构中仅靠顾客，所以经销商在进行渠道管理时，把对零售商的管理从整个渠道管理中分离出来，使销售终端管理的重要性日益突出，同时在内蒙古的广货经销商也日益重视与自己的渠道上级——制造商的联系，即加强与广东生产总部的及时沟通。

经销商渠道管理同其他影响渠道一样，也是把产品从厂商转移到消费者受众的活动过程与内容，经销商渠道的主要流程为实物流、所有权流、促销流、谈判流、资金流、市场信息流等。实物流就是产品从厂商处转移到经销商，经销商再将它转移到下游客户，最终到达最终消费者和用户的过程。在走访内蒙古市场时发现，广东建材产业，如日丰等品牌多采用实物流方式，由日丰内蒙古总代理统一负责，直接与广东日丰对接。

图1　内蒙古呼和浩特创维生产基地的新品展示区

（三）销售终端

　　大型百货超市、商店、各类电器卖场等是消费群通过接触产生交换行为的场所。在内蒙古大中城市中，广东的电器和食品等都是通过大型百货、超市进行销售的。例如创维每个分部直接面向各零售商，也就是大中型商场、各类电器专卖店、量贩店等，在小城市和广大农村地区，则每个办事处直接负责面向乡镇一级的零售商店，进行销售、促销活动等的运作。创维这种遍布内蒙古市场、深入到县市的销售网络，强化了对终端的控制，业务人员与零售商建立了深入的联系。原来这个网络仅用来销售创维彩电及显示设备，在企业的产品线慢慢扩张时，销售网络的作用就更加明显。创维自建的网络像一个即插即用的平台，各种产品如插件一样插进去，新产品以最快的速度通过网络到达终端，更加有利于创维手机、白电等产品的流通和销售。

　　同样来自广东的日化类品牌则采用传统的销售终端方式，通过在大型百货超市、商场中的销售占领内蒙古市场。其中广东本土日化霸王国际以及飘影集团纷纷准备转向高端，寻求新的利润增长点，提高抗风险能力。通过走访市场发现霸王的新品已经陆续进驻内蒙古各大卖场，在日化行业的新兴领域洗衣液市场，广东本土的蓝月亮、立白等在内蒙古大型超市和商场销售情况良好，市场销售份额稳步提升。

（四）电子商务

2012 年 8 月 31 日，广东省举办了"2012 年广货网上行"活动启动仪式，该活动以"促消费、扩内需、调结构、稳增长"为目标，按照"政府搭台、企业唱戏"的原则，依托广货品牌和服务优势，通过统一组织、统一标识、统一宣传、统一行动，发展广东产品的电子商务平台，促进产销对接，扩大网络交易，增强消费对经济增长的拉动力，集中推介广东电子商务平台、网上商城和广货网店形象，打造电子商务强省，建设优质品牌和电商厂商协同发展信息化平台，培育和壮大网络消费群体，提高广货网购市场占有率，为稳增长、调结构、惠民生注入新的强大动力。

但在走访内蒙古市场时发现，"广货网上行"的宣传力度较弱，没有在全国电商产业发展中发出"广东声音"，电子商务对广货在内蒙古的销售影响不大。

（五）其他

在调查中发现也有部分企业自建销售渠道，多数以专卖店的形式出现。如家电行业的格力、成衣行业的以纯等。在内蒙古市场上，格力专卖店遍布市区几大重要街道和商业区，通过格力自身品牌和品质做支撑的格力专卖店渠道模式不仅有利于提升厂家品牌形象，而且专店专营的营销模式有利于整合优势资源，为消费者提供更为周到和专业的售前、售中、售后服务，从根本上保障了厂家、商家、消费者三方利益。

从调查和访谈中可以看出，厂家、经销商、门店依然是广货在内蒙古销售的主要渠道，而近几年兴起的电子商务还未能成为广货的内蒙古销售的主要渠道，"广货网上行"的宣传不到位。

四、内蒙古广货的影响力

本部分主要采用深度访谈的方法，深入了解内蒙古地区的消费者对广货、广东品牌的消费态度和消费行为，并与已有的商家信息和采访所得数据等资料进行比较分析，从而得出内蒙古广货的影响力调查结果。深度访谈中，在受访者的选择上考虑了年龄结构的因素，因此受访者分别位于 18 ~ 23 岁、24 ~ 33 岁、34 ~ 43 岁、44 ~ 53 岁四个年龄段，每个年龄段各选择 3 ~ 5 名受访者，整个访谈共有 13 名受访者。

（一）消费者认知

广东货物在内蒙古市场主要针对消费者市场，又称生活资料市场，即由为了满足生活消费而购买商品和服务的个人或家庭构成的市场。通过与内蒙古消费者的半结构式访谈可以了解到，广货最为消费者所熟知的是非耐用品类别的商品，如洗涤用品、食品等。同时，广东的小商品系列，尤其是电器类的小商品也为消费者所熟知。

内蒙古市场的消费者对广货的印象随着年龄段的不同而不同。34～43 岁、44～53 岁这两个阶段的受访者习惯把广货和国外的商品进行对比，受访者坦言一般会在没有外国商品可以选择或者外国商品的选择不够理想的时候考虑购买广货。例如，在手机行业，受访者会优先考虑苹果、三星等国际品牌，只有当苹果、三星等品牌不能满足受访者现时购买需要的时候，受访者才会对华为等手机产生购买需要。与此不同的是，18～23 岁、24～33 岁的受访者则认为广货的主要特点是山寨，家电等小商品的生产都是照搬国际品牌的一些功能和特性，很少自主设计和开发新产品。所以，较年轻的消费者群体认为广货的自主创新能力不是很好，但模仿能力比较高。

（二）消费者态度

在十几位受访者中，只有 1 位受访者表示经过采访后，会因为对广货产生了一定的好奇心理而在购买商品时产生倾向性的选择，其他受访者都表示不会对广货产生明显的倾向性的选择。一方面的原因是内蒙古市场的消费者在购买商品的时候，很少会把商品的产地作为购买行为的主要动机；另一方面的原因就是内蒙古市场的消费者对广货的认知能力还不是很高。因为江浙等东部沿海地区的商品进驻内蒙古市场的时间早于广东商品，所以在内蒙古市场中形成了很多大型的以江浙商品为主的商场。虽然如此，江浙商品在内蒙古市场消费者心理中没有形成良好的地域效应，受访者在谈及江浙商品时普遍表现出不信任的态度和心理；相反，消费者更愿意相信广货的质量，对广东品牌产生信任感。

不过，内蒙古市场的消费者对广货的品牌熟悉度仍然不是很高，基本上受访者都是有过对商品的使用经验之后才了解到商品是广东生产的，属于广东品牌。在访谈中，34～43 岁、44～53 岁受访者对广货品牌的认知度比18～23 岁、24～33 岁的受访者高很多。一般 34～43 岁、44～53 岁受访者较为熟悉的广货品牌包括：格力、美的、TCL、创维等家电产品，华为等电子科技产品，王老吉、加多宝等食品，蓝月亮等日化产品。而 18～23 岁的受访者不仅很少能说出广货的品牌，甚至在提及格力、美的、创维等国内知名品牌时表示，他们并不知道这些品牌出自广东。

（三）消费者行为

通过与受访者的结构式访谈，可以得知 24～33 岁、34～43 岁、44～53 岁这三个年龄段的消费者在购买商品的时候首先会考虑需要和动机因素，即购买需要决定购买行为。其次，这类受访者会考虑商品的质量、性价比等因素。然而 18～23 岁的受访者产生购买行为的主要驱动因素是商品外观的吸引力。这一现象主要源于 18～23 岁的受访者还没有自主获得消费收入的能力，其消费收入主要来源于家庭。而内蒙古地区的家庭结构多为一家三口的独生子女式，即形成了父母双方的收入都成为 18～23 岁消费者的消费收入，再加上这类消费群体年轻化、时尚化，容易接受新潮并且美好的事物，所以其购买需要的关注点集中在商品的外观上。

内蒙古市场的消费者主要基于对商品的使用体验而提高对商品的关注度。在对广货的使用体验中，受访者普遍认为在快消品方面很难对商品的质量作出评断，所以受访者对广货的使用体验多集中于对家电产品的体验，但是由于 18～23 岁的消费群体很少有独立的家电产品使用体验，所以主要收集了其他三个年龄段受访者的体验信息。其他三个年龄段的受访者都表示，广东的家电产品质量是上乘的，使用期限较长，性价比较高，应用的技术也较为先进。因此，良好的使用体验容易促使这类消费者群体对广货产生消费惯性，同时可以形成口头传播，在人际沟通中扩大品牌和广货的影响力，从而增强广货在内蒙古市场的影响力。

从采访中可以看出，广货在内蒙古市场的影响力虽然比较大，但是知名度却不高。内蒙古市场的商场中服装、箱包、食品、家电等品牌很多都是广货，但是消费者的心理很少存在明显的购买广货的倾向。因为内蒙古市场的消费者对广货的了解和深度认知基本上都产生于购买行为之后，即在有产品的使用体验基础之上。其次，内蒙古市场中广货的知名度虽然没有江浙商品的知名度高，但是广货的美誉度却超过了江浙商品，甚至是仅次于国际品牌的地位。很多内蒙古市场的消费者，都会在无法选择国际品牌的前提下，退而求其次选择广货。因为消费者认为，广货因其独特的地理位置和悠久的开放传统而具有高质量、高技术的特点，在国内商品中居于领先地位。

五、广东家电行业在内蒙古

本部分主要采用深度访谈的方法，深入了解广东家电品牌对内蒙古市场和对内蒙古消费者的影响，并对已有的商家信息和采访所获得的数据资料进行比较分析，从而得出广东家电商品在内蒙古市场影响力的调查结果。深度访谈中，在受访者的选择上考虑了年龄结构的因素，因此受访者分别位于18～23岁、24～33岁、34～43岁、44～53岁四个年龄段，每个年龄段各选择3～5名受访者，整个访谈共有受访者13名。

（一）产品本身的发展情况

20世纪80年代以来，广东省凭借改革开放的政策优势，毗邻港澳，华侨众多和沿海地区信息灵通等综合优势形成良好的投资环境，在全国抢得先机，使传统家电产业在珠江三角洲地区获得空前的发展；加上省内特别是内地大量廉价劳动力创造的巨大的劳动价值，珠江三角洲地区的家电企业在迅速发展的同时，形成了多家享有盛名的大中型家电企业。在这样的形势下，广东家电企业在生产和经营方面发生着迅速的变化，一方面，广东家电企业已经打响了自己的品牌，完成了资本的原始积累，在相当一部分企业内，大量的资金需要寻找出路；另一方面，随着知识经济时代的到来，这些家电企业又面临着第二次产业技术升级的高潮。从事这些产业的有美的、科龙、格力、威力、金铃、华凌、万宝等家电品牌，它们早期已取得巨大效益，后期TCL、康佳、创维等也加入了传统家电的行列。广东传统家电的实力在全国已名列前茅，产值达1 000亿元，业绩十分突出。总的来说，广东已经成为一个家电大省，产值、产量均在全国排名第一，建立了TCL、康佳、创维、美的、科龙等全国知名集团，形成了规模化生产，并开始向西部及国外辐射。由于内蒙古市场有原天鹅电视机厂的技术基础和西部大开发的税率优惠政策，TCL、创维纷纷选择在内蒙古自治区呼和浩特市建立生产基地，并且创维在内蒙古成立的生产基地是创维集团在广东省外成立的第一个生产基地，影响力覆盖华北地区。

虽然广东的家电品牌发展速度快，并且基本上大的家电品牌都形成了覆盖全国的销售网络，但是随着中国加入WTO，伊莱克斯、西门子、松下、东芝、声宝等跨国家电集团进入中国市场，并逐渐在消费者心中形成购买优势，对广东家电集团构成了巨大威胁。同时，内蒙古市场的消费者在接受深度访谈时曾表示，在形成购买需要之后，会优先考虑国外的家电品牌，广东的家电品牌只能作为第二选择，由此可以确定跨国家电集团对广东的家电品牌形成了较大的冲击，广东的家电品牌面临着国际市场竞争带来的巨大挑战。

（二）销售渠道

虽然"广货全国行"中的一部分就是"广货网上行"，并且创维、TCL等全国知名的家电品牌都设立有电销部等部门专门负责电子商务平台的销售和服务，但是在内蒙古市场，消费者更倾向于在实体店购买家电产品。如据创维集团内蒙古生产基地的负责人介绍，创维集团在内蒙古市场的销售渠道主要有三种：自己的品牌专卖店、传统的经销商、客户的直接订购。内蒙古呼和浩特市场上，广东省的家电品牌主要的实体销售地点为国美电器、苏宁电器、东鸽电器、民族商场、维多利商场。

内蒙古市场的消费者在谈到实体店购买和网络购买两种购买渠道的时候，所有年龄段的受访者都会选择实体店购买的方式，尤其是大件的家电产品。受访者选择实体店购买的原因主要有三点：第一，实体店购买是"眼见为实"的购买方式，消费者能够接触到商品，并且能够对商品的某一性能进行具体的了解，购买行为发生时以及行为发生之后，消费者都会产生满足、踏实的感觉；第二，就价格而言，实体店在节假日或者店庆等具有特殊意义的日子会有大促销或者力度较大的折扣，有时候实体店的价格甚至会低于电子商务平台的价格；第三，在家电产品的售后服务和退换货等方面，网购的家电产品还是没有实体店购买的家电产品方便、可靠。

（三）影响力

广东家电产品凭借品牌多、种类多、技术好、价格低、质量高等优势在内蒙古家电市场占据了主要份额，同时，深圳的创维集团更是占领着内蒙古家电市场第一的位置。但是，内蒙古家电市场目前竞争的主导是"价格战"，消费者在产生购买需要之后主要关注的还是商品的价格。例如家电企业中的瘦狗产品属于赔钱商品，但是需求量却很高，其最关键的优势在于价格较低。内蒙古家电市场的主要特点是消费者对产品尺寸的需求比较大，而以创维为首的广东家电品牌迎合内蒙古市场消费者的心理特点，将大型号、大尺寸的商品投放在内蒙古市场，以稳固已有的市场地位或拓展更多的市场销售份额。

同时，由于内蒙古自治区鄂尔多斯市的"泡沫经济"，内蒙古整个家电市场业绩下滑，竞争力和需求量都产生了危机，广东省家电品牌的销售能力也有所下降。不过，内蒙古家电行业的刚性需求仍然存在，普通消费者的生活仍然要继续，因此由于结婚、买新房等产生的针对家电的购买需要还是存在的。所以，今后为了继续提高内蒙古市场广东家电品牌的影响力，就要在满足消费者刚性需求的基础上，采取技术创新、产业链优化、降低成本等措施，为消费者提供更完善的产品和服务。

从采访调查中可以看出：一是广东家电行业在内蒙古市场已经基本呈现独占鳌头的形势，尤其是在创维、TCL两大品牌对产品的不断优化，对市场变化的灵敏感知和相应措施的实施下，内蒙古市场对广东家电品牌的认知度越来越高。但是，面对国内品牌海尔和国外品牌西门子等强大的竞争格局，广东家电品牌的未来也是令人担忧的。二是在传统家电行业中，广东家电品牌已经形成覆盖全国的销售网络，在内蒙古市场也形成了较为完善的销售体系。但是，在小家电商品方面，广东企业存在规模小、较分散等劣势，无法形成大型的小家电集团。因此，在内蒙古市场，广东的小家电商品多分布在小商品批发市场等，很难进驻大型商场，更难以在消费者心中形成良好的地域效应。三是由于家电商品的特殊性，考虑到售后服务等因素，内蒙古市场的消费者多倾向于选择实体店购买的方式，网购家电的发展仍然需要企业和经销商对服务进行进一步优化。

图2　内蒙古呼和浩特批发市场内的家电区

六、科技先行，发挥品牌效应

从广货自发走出广东、走向全国，到"广货全国行"的号召，经过多年的积累，广货已经在内蒙古市场占有一定比例，并以其独特优势在特定的品类中占有绝对影响力。但是，广货企业产品自主创新能力和品牌形象影响力仍然有一定缺陷，根据目前广货在全国市场存在的问题，有以下几点建议：

第一，广东省产业升级迫在眉睫。改革开放三十多年以来，国家加大了对长三角的政策支持，珠三角的政策优势逐渐丧失。由于腹地狭小、工业基础薄弱、科技力量不强，珠三角的经济发展停滞不前。第二产业中的轻工业是珠三角的支柱产业，却位于产业链低端。其次，广东服务业发展较慢，2007年广东服务业比重为43.2%，高于40.1%的全国平均值，可是横向比较，北京服务业所占比重为71.3%，上海51.9%，台湾为71.7%。尤其是北京，其70%以上的生产总值由服务业贡献，远远高出广东省。

第二，广东省产品科技含量不高。广东省科技对外依存度为155%，其中高新技术产品来自发达国家的专利占70%以上，信息技术占90%，移动通信占92.5%，IT占85%。在高新技术领域，广东省严重依赖进口，缺乏核心技术。例如：广东出口的箱包产品，仿造的多，创新的少；大路货多，自有品牌少，更多的是以价格优势与国外同行业竞争市场，依靠低廉的价格挤占欧盟、美国等国际市场份额。据报载，目前，我国输欧箱包产品的价格，几乎是欧盟区外供应国中箱包价格最低的，甚至还不到印度同类产品价格的零头。再如，作为全球最大的玩具生产基地，广东所生产的芭比玩具在美国市场卖9.9美元，自己仅得加工费0.35美元；广东组装的电脑，只获得不到3%的利润，而拥有电脑芯片制造技术的国外公司，税后利润却高达20%。即使有部分企业进入高科技跨国公司分工，但基本上处于"品牌商—关键技术零部件供应商—零部件分包商"链条的最后一个环节。

第三，广东省知名品牌为消费者所熟知，可是大部分消费者对其产地为广东却并不知情。以内蒙古呼和浩特—二连浩特调研小组为例，经过市场走访和企业专访，调研组发现对于格力、美的、TCL、创维等广东知名品牌，人们都十分熟悉，但对其产地并不了解。而且广货中杂牌、无牌现象严重，品牌效应并不显著。

综上所述，延长产业链、加快产业转型升级步伐是广东经济大局的发展方向。广货应当不断强化产业发展导向，优化政策资源配置；着力优化产业结构和布局；着力推动服务业加快发展。增加产品科技含量、增加产品附加值才能真正从根本上拯救商品，提高利润。此外，大力宣传也是必不可少的营销手段。广货全国行的必经之路上必然需要传统媒体、新媒体等多方面的共同努力。

中蒙边贸中的广货

中蒙边境贸易是内蒙古经济的重要组成部分。内蒙古与蒙古国边境线绵长，这样的地缘关系，加上原本存在的民族优势，两地的边境贸易更为便利和频繁。在内蒙古与蒙古国的边境贸易中，由于蒙古国受经济发展结构的制约，两地的互市更多地集中在日用品和建筑类用品，而广货在日用品品类，特别是家电、箱包等特定品类中，向来占有较大的优势。因此，了解广货在内蒙古边境贸易中的发展情况，对了解广货在内蒙古，甚至在全国的销售情况，具有一定的参考意义。

一、中蒙边境贸易中的广货发展情况

（一） 中蒙边境贸易发展进程

中蒙两国于 1951 年建立国际贸易关系，但是由于两地特殊的历史发展情况，中蒙边境贸易直到 80 年代末才得以稳定正常地发展。若从中蒙两国正式建立国际贸易关系开始计算，自 1951 年至今两地贸易仅有半个多世纪的发展历程，并且直至近数十年间才得到了大规模的发展。

一方面，两地贸易的基础设施得到了极大的建设。2004 年中蒙两国签署了《中华人民共和国政府和蒙古国政府关于中蒙边境口岸及其管理制度的协定》，开放了 13 对边境口岸，其中 9 对分布在中国内蒙古自治区与蒙古国的接壤边界地区，4 对分布在中国新疆维吾尔自治区和蒙古国的接壤边界地区。在中蒙边境的 13 对口岸中有 7 对口岸为季节性开放，6 对口岸为常年性开放。随着双边贸易的发展，现在中蒙边界开放的常年和季节性口岸增加至 18 个，其中海拉尔、呼和浩特和满洲里是空港。而作为中蒙边贸中最大的陆路口岸，二连浩特也在口岸建设、道路和其他交通设施建设上大规模投入，加强边贸城市通关能力。

另一方面，为了促进边境经贸关系旳发展，中国政府出台了一系列相关法规和优惠政策。如 2005 年国务院出台了《关于促进东北老工业基地进一步扩大对外开放的实施意见》；2007 年的《东北地区振兴规划》，使与蒙古国相邻的呼伦贝尔市、兴安盟、通辽市、赤峰市和锡林郭勒盟等地区的区域优势得到重视和开发，为中蒙边境贸易的发展提供了强大动力。2010 年两国又签订了《中蒙政府间边境管理制度条约》，用制度和法律管理规范两国之间的贸易，为两国边贸的正常发展提供了新机遇。

在基础设施建设、两国经济发展以及政府政策的支持下，中国连续多年保持蒙古国第一大投资国地位，自 1998 年起连续多年成为蒙古国第一大贸易伙伴国。

（二）中蒙边贸的现状

中蒙边境贸易从正常化以来，两地贸易额一直呈现上升的势头。这不仅是因为中蒙两国各自的经济发展，也与中蒙边境贸易的基础设施完善以及政府政策的扶持有关。从统计数据来看，中蒙贸易和中蒙边境贸易的总额一直在增长，尽管在 2008 年经济危机前后，增长速度有所放缓，但总体仍呈增长的趋势。

中蒙边境贸易金额

年份	中蒙贸易总额（万美元）	中蒙边境贸易额（万美元）	边境贸易额占总贸易额的比例（%）
2006	158 098	21 877	13.8
2007	203 048	34 518	17.0
2008	323 531	77 647	24.0
2009	382 134	106 998	28.0
2010	396 531	114 994	29.0
2011	402 184	144 786	36.0

资料来源：《中国商务年鉴》

从中蒙边境贸易中的商品结构来看，中国从蒙古国进口的以自然资源型、畜牧产品等初级产品为主，蒙古国从中国进口的以制造和服务业等劳动力和技术及资本密集型商品居多，主要集中在粮食、蔬菜、水果、服装、鞋帽箱包等基本生活用品，以及水泥、油漆、涂料等建筑材料上。

二、二连浩特：从中蒙口岸城市看广货

二连浩特和满洲里，是内蒙古边境上两个最大的口岸城市，分别承载着中蒙边境和中俄边境的贸易。根据二连浩特政府的统计数据，二连浩特对蒙古国的贸易额，一直占中蒙贸易额的64%以上，最高的年份曾达到90%，而边贸也成了这北疆小城赖以生存发展的主要手段。

为了更好地发展中蒙经贸关系，二连浩特政府在加强口岸基础设施建设的同时，对交通运输也加大了投入力度，要将二连浩特口岸打造成铁路、公路、航空一体，连接华北、东北、西北的通江达海大通道，提升口岸综合承载能力。另外，大力支持城市的基础设施建设以及产业经济发展，加快发展国际贸易物流和进出口加工制造业，建成辐射陆桥沿线的国际贸易物流基地，建成北方重要的外向型加工制造业工业基地。

在这些政策的背景下，二连浩特政府便开始一系列招商引资计划，2005年完成温州国际商贸城和义乌国际商贸城的招商引资计划，建成了二连浩特规模最大的集批发、零售为一体的对外综合商业服务机构。

二连浩特中蒙俄经贸合作洽谈会也在这一背景下应运而生。自2009年以来，每年都会在这个城市举办中蒙俄经贸洽谈会，力求形成一个常规性的、大型的经贸展示平台，成为连接中蒙俄三国经济贸易的纽带。

随着广东企业和广东商人的北上西进，广货在全国市场，甚至是边贸市场上的销售，在二连浩特也开始看到广货和广商的踪迹。

（一）展会

第五届二连浩特中蒙俄经贸合作洽谈会于2013年8月举办，从本次经贸合作洽谈会的情况来看，国内的49家参展企业中，有7家广东企业，占总参展企业的14%。从数量上看，广东企业并不算少，与浙江商团几乎平分秋色；从参展企业的类型来看，由科技公司、制造业、工业设备和建材公司组成；从参展企业的性质来看，来参加经贸合作洽谈会的，除了厂家外，还有经销商和代理商。

第一类是以厂家身份参加经贸合作洽谈会。这类企业规模较小、知名度较低，以科技型企业为主，在中蒙边境贸易中处于刚进入或尚未进入的状态。

深圳市日多实业发展有限公司便是以厂家的身份首次参与二连浩特的展会。由于处于刚进入或尚未进入的阶段，并且在蒙古国市场上知名度低、占有率低，因此，厂家更期待通过展会这个平台，展示自己的企业和产品，寻找蒙古国的经销商或者代理商，由此打开通往蒙古国市场的道路。

但是，对这类粤企来说，要打开蒙古国市场有两个问题：一是出于自身发展的考虑。蒙古国市场虽然有需求，但是与中东、欧美市场的规模和市场成熟度都是无法比拟的。在蒙古国的边境贸易中，也更偏向于初级的、日常生活类和建材类的用品，科技公司进入蒙古国是一个机遇也是一个挑战。二是展会对粤企的作用和影响力。纵观展会，无论是参展品类还是企业，都属于较为初级的贸易阶段，是一个传统互市的升级版，虽有政府主导的大型贸易达成协议，但是参展的仍多数是日常生活用品，进入展会的普通消费者多于寻找商机的经销商。由此，与科技相关的厂家更乏人问津了。

第二类是已经在蒙古国和二连浩特市场上拥有一定知名度的代理商或经销商。其本身已经有一定的市场占有率，有固定的合作经销商，参展的目的更多是出于展示产品及企业形象。

以生产建材为主的佛山市日丰企业有限公司，便是由日丰企业在内蒙古的总代理商参加本次展会。日丰企业作为广东企业，在内蒙古并没有设立生产园区，但是凭借代理商和经销商，日丰管（佛山市日丰企业有限公司的铝塑复合管产品）在内蒙古乃至全国范围内都有相当高的市场占有率。在展会上的日丰企业便是在二连浩特的总代理商。这一类本地代理商参加展会的经验比较丰富，一般都不是首次参加。但是代理商并不期待通过展会大幅度地提高知名度或销量。这是由于代理商或经销商本身已经在本地设立门店，并与蒙古国的经销商建立联系，另外，真正购买建材的蒙古国商人并不会通过展会这一渠道建立合作关系。因此，参加展会更像是一个可有可无的展示和宣传平台。

总体上看，参展的广东企业并未达到预期目标。虽然数量占优，但是出现了缺席的企业。此外，还有名不副实的商家混杂其中。而真正参展的企业，如以生产电子零件为主的深圳市日多实业发展有限公司，其规模较小，知名度较低，对蒙古国市场保持观望态度。

造成这一情况的原因，一方面是展会的影响力不够大，虽然在大型项目，如矿产、能源方面达成了多项协议，但是对于较小规模的交易仍是相对较少的，展会并不是粤企选择的优先渠道。另一方面，是广货在边贸中的情况不理想，较大的企业无须通过展会拓展渠道，较小的企业不愿意通过展会这一平台拓展市场。

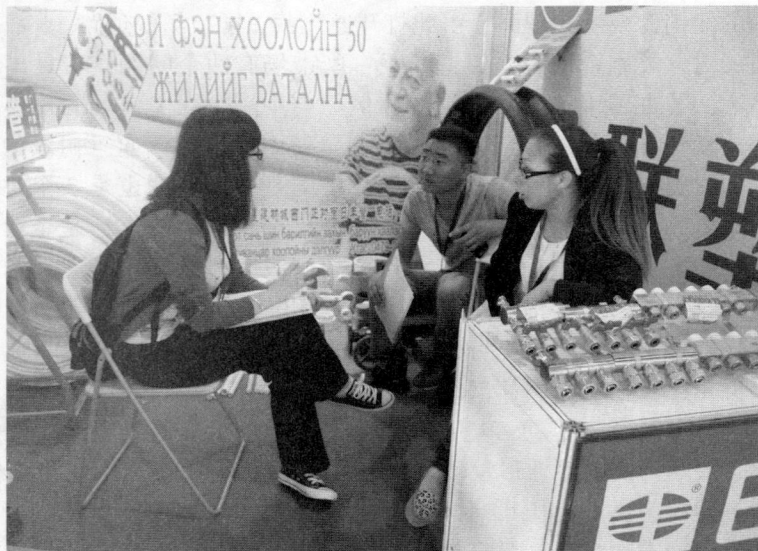

二连浩特中蒙俄洽谈会现场采访佛山日丰企业的工作人员

(二) 批发市场

为了更好地拉动中蒙边贸，二连浩特政府 2005 年完成重点招商引资项目，建成了二连浩特规模最大的集批发、零售为一体的对外综合商业服务机构——温州国际商贸城和义乌国际贸易城。

在中蒙边境贸易中，虽然存在着能源、房地产等大型项目的合作，但是从数量上占优势的还是衣食住行这类比较基本的日常生活商品交易，因此，在这两个边境贸易中颇具代表性的批发市场上，足可以窥见广货在边贸中的影响力。

第一，广货占比少。在二连浩特最大的批发市场上，温州、义乌的小商品居多。其中也有少量广东的小商品和小家电，如电器店内的 TCL 和格兰仕等白色家电产品，在箱包店内有来自广东的箱包皮鞋，五金类也多是广货，但是从总体上看广货占的比例与江浙一带的产品相比，数量要少得多。

第二，商品无品牌。在批发市场上，不管是独立商铺，还是在过道上的商铺，几乎都很难发现品牌和商标。不仅是批发店面无品牌，产品也没有产地或者品牌标识，甚至没有任何包装。在二连浩特的中蒙批发贸易中，品牌因素几乎不发挥作用。

第三，经商者本土化。在温州、义乌批发城内，经商的仍有少部分江浙商人，但是更多的是本地或本省的商人，从江浙或广东一带买货，再在边贸批发城将商品批发零售到蒙古国。

第四，最大的品牌便是温州、义乌。由于产品无品牌，在批发城中最大的品牌效应便来自于地域。温州货、义乌货成为这些无标签产品最大的标签。由于批发城最初引入的政策性原因，广东商品在批发城内更是难以发挥影响力。

第五，蒙古国的消费者习惯与国内不同。中国为蒙古国提供了绝大部分的日用消费品。对批发城内的蒙古国消费者来说，他们更看重产品的价格优势。对于品牌、产地、产品附加价值的要求相当低。但是这仅仅限于无伤大雅的日用消费品，对于建筑材料一类，蒙古国的消费者对品牌、质量的要求则十分严格。

（三）其他

除了经贸洽谈会和小商品批发市场外，在二连浩特的市场上，广货凭借其优势产品，还是占据了一定的地位，譬如家电。在综合性大商场和批发城内，都能看到广东家电的商品。在内蒙古设立生产基地的创维集团和 TCL 集团，更是在对蒙古国的贸易中占据一定优势。根据创维集团的资料，二连浩特是创维对蒙古国出口的一个重要口岸，每年创维彩电在二连浩特的销售额约 600 万元，其中 400 万元属于对外贸易，并且还有 400 万元的冰洗贸易，总额近千万元。创维在蒙古国和俄罗斯的市场占有率达到 50% 以上。

另一个优势行业是家饰。在二连浩特最繁华商业街的家具城内，并未发现广东有规模的家饰品牌，如建威、红苹果等比较有影响力的。但是在一些杂牌的家具店内，相当一部分产品的产地是广东地区，与来自北京、四川等地的产品并存，出现了有产品、无品牌的情况。

箱包皮鞋也是同样的情况。在商业街的箱包皮鞋店内，来自广东的箱包皮鞋与其他地区的产品混杂在一起，并称"广东鞋城"。这类店铺多是外地经营者从广东地区进货，然后在本地销售。虽然产品并非全部来自广东，但是从其"广东"的标识上，仍然可以看到广货中的强势商品在边境贸易城市的影响力。

三、广货在中蒙边贸中的竞争力

政府搭台，企业唱戏，为广货在边境贸易中的渗透提供了强大的支撑力。2009 年 5 月，广东省委书记汪洋、省长黄华华亲自挂帅，吹响了"广货北上"的进军号。2009 年，广东省在巩固传统的泛珠三角区域市场的基础上，提出开拓东北、中部、西北、东部沿海、粤东西北地区以及农村市场，要求深度挖掘潜在市场，实现多形式、多层次、宽领域、全方位地推动区域经济协作和市场开拓。广东省政府从政策上促成了广货北上西进，促进广货以及广东商人在内蒙古地区的扎根、发展，这为内蒙古地区的广货打下了基础，也促进了广货在中蒙边境贸易中的渗透。以家电为例，广东的创维集团在内蒙古呼和浩特建立生产基地，直接面向中蒙边境贸易城市二连浩特，大幅度提升了其在中蒙边贸中家电产品的市场占有率。

此外，珠三角地区凭借着早先的积累，在生产理念、生产技艺、行业发展、产品质量、渠道甚至是营销方式上都有先天的优势。

广东抓住改革开放先走一步的契机，大量利用外资、引进先进设备和管理经验，兴办三资企业和"三来一补"企业，使加工工业快速发展。广货因此以款式新、花样多、包装好、价格适宜而在边境贸易中获得了很强的竞争力，迅速拓宽市场，形成了国外、省外、省内各占 1/3 的格局。从二连浩特的消费市场中可以看出，当地人对广东产品的印象很多还是"远看似洋货，近看是广货"的 80 年代的印象，因此有较好的口碑基础。

因此当日丰等五金类品牌以及广汽等汽车品牌进入二连浩特甚至打开蒙古国市场的时候，更容易使名牌产品深入人心，在当地市场更好地树立起良好的形象，这与产品质量、性价比以及适合当地的营销策略、完善的售后服务关系密切。

开发当地资源、扩大广货市场，利用广东的资金、技术、人才、信息、品牌、管理经验优势，通过广东房地产、建筑材料等优势行业，利用中国对蒙古国的关系，抓住蒙古国加紧基础设施建设和矿产开发的有利时机，更好更快地提升广东企业和商品的形象，形成品牌软实力。

四、广货在中蒙边贸中的机遇与挑战

广东货物在边境贸易中面临两个强有力的对手，一个是不断崛起的内地品牌，一个是来势汹汹的国际品牌。在夹缝中寻求出路的广货面对许多问题，首先是品牌意识薄弱。广东是全国最大的服装、钟表、玩具、箱包生产基地，出口产品在全国名列前茅，可这些行业在二连浩特地区及蒙古国的知名品牌却屈指可数；另外，一些风靡二连浩特和蒙古国的国际品牌仅是广东企业加工，这种不创品牌的做法使得广东企业过分依赖国际品牌，缺乏自主品牌优势，广东产品品牌知名度不高。即使是传祺这种性价比和专业评价良好的广汽自主品牌汽车，也因品牌知名度不够而在贸易中处于不利地位。

其次是品牌形象缺乏，品牌创新力不够。例如在日化市场中，"立白"等品牌在有一定知名度的基础上，却因为"碧浪"、"汰渍"将能全面瓦解普通洗衣粉不能瓦解的无渍特点加以宣传后，销量开始落后于二者。广东品牌因其文化与北方地区草原文化始终有所区别，无法良好地解决文化问题，因此很难培养顾客的忠诚度，市场地位容易被其他品牌取代。

与此同时，金融危机以来，与广东有着相似经济结构的浙江，在外销不景气的情况下悄悄拓展国内市场，如今"浙江制造"已是遍地开花。作为边贸产品，广货最大的优势是产能充足，最大的制约是缺少品牌和渠道。广东企业转战内销市场关键在于转变思路。广货北上以及提升在内蒙古边境贸易中的份额，是为库存的产品和闲置的产能发现市场，寻找销路，但更重要的是通过北上，熟悉内蒙古地区及蒙古国市场环境和营销等商业模式，为进一步增强广货在边境贸易中的实力奠定基础。

国家扩大内需的政策为广东企业和产品北上提供了良机。广东企业如果能抓住机遇，趁势而上，抢占内需的制高点，不仅有利于促进广东经济平稳较快发展，还将推动广东经济转型和产业升级。

在政策上，为化解"广货北上"遇到的问题，广东省也在积极研究出台相关政策，《广东省关于实施扩大内需战略的决定》已经出台。广东省经贸委计划，今年将争取在全国范围内建设 8 个或以上广东商品销售基地或销售中心。广货的北上西行，虽然现在是卖产品，但广东企业一旦发现了市场，下一步就会进行投资，这会给当地带来更大的效益。汪洋指出："转变发展要继续发挥外向的产品优势，克服外需市场受限的劣势，向内外需协调拉动转变。"

经过多年的积累，广货在中蒙边境贸易中已经占有一定的市场份额。特别是中蒙边境贸易中对于日常生活用品的偏重，使得广货在这一部分的优势更加明显。此外，政策的支撑、"广货全国行"的发展、广东商人和商品的既有优势，以及深入边境地区的广东企业，都将进一步加大广货在中蒙边境贸易中的比重。

同时，也应当看到广货在中蒙边境贸易中存在的弱势和困难。与蓬勃发展的内蒙古市场上的广货不一样，中蒙边境贸易中的广货仍处于缓慢发展的阶段。从展会、批发城以及其他商城中都可以看到广货和广商的身影，但是并未在中蒙边境贸易市场上占有绝对优势。这一方面与广货对中蒙边贸市场的重视程度有关，另一方面也与蒙古国的消费观念有关，消费者更注重物美价廉而并非产品品牌或质量。此外，广货在中蒙边贸中，还受到来自浙江、福建等地商品的冲击，三者在中蒙边境贸易中平分秋色，甚至由于先来后到的原因，广货在某些特定品类上，落后于江浙商品。

五、调整出口市场结构

在中蒙边贸中，广货充当了不可缺少的角色。但是，在广货发展壮大的过程中，仍面临着不少困难和瓶颈，不仅面临着自身的转型升级、质量优化、产业管理、产能提升等一系列问题，还需要应对生产环境的改变、市场环境的调整、竞争者的追赶、政府政策的变迁等一系列挑战。

在拉动广东经济的三驾马车——投资、消费、出口中，出口起主要作用。2008年，广东省外贸依赖程度高达155%。由此可以看出，广东经济的显著特点是外贸依存度高。从《广东省对外经济主要指标》年鉴中可以看出，广东出口存在问题，在边境贸易中亦如是。

第一，出口产品的低技术、低附加值，使企业获利甚微。广东企业出口的产品以劳动密集型的纺织、轻工和农副产品为主，附加值低，而且大多属于中低端产品，缺少具有自主知识产权的技术和产品，产品雷同，没有形成独特的优势和竞争力，在市场竞争中很容易陷入价格战，也使得很多企业在保本或亏本的边缘上经营。以内蒙古二连浩特—呼和浩特调研小组调研内容为例，在走访市场时，调研小组发现边贸市场中多是家电、皮包、衣服等广东轻工业产品，科技含量较低。中小企业是中蒙贸易的主体，大型企业的贸易往来较少，再加上蒙古国消费水平较低，一些高科技产品得不到认可。在相同价格下，蒙古国的消费者更认可发达国家的高新科技产品，这使中蒙国家贸易的工业产品仅限于机械类和机电类，中国出口到蒙古国的高端产品规模很小，这也在很大程度上限制了中蒙的贸易合作。[①]

第二，社会服务不配套影响了广东产品的出口。一方面，政府提供的相关服务不充足、制定相关政策不充足，给企业带来重重阻碍。中国从2004年起取消了边境小额贸易的"双倍抵扣"政策，进口环节减半征收的增值税在国内销售环节又被补了回来，致使进口增值税减半，优惠吸引力下降。[②] 除此之外，政府配套服务也应加强完善。创维在2005年进驻内蒙古的时候，政府并未提供相关基础设施，仅仅在创维工厂门口建设了一条马路以方便运输。也并无相关配套企业提供零件，几乎所有零件都需从外地运输，增加了产品

---

① 巴达玛：《论蒙中贸易的发展现状及其发展前景》，吉林大学博士学位论文，2013年。
② 巴达玛：《论蒙中贸易的发展现状及其发展前景》，吉林大学博士学位论文，2013年。

成本。另一方面，出口组织化程度低，缺乏行业协调自律，也是广东产品出口的一大困扰。目前，越来越多的企业跨部门从事进出口业务，但由于没有对这些企业进行有效管理，使产品出口处于一种无序状态。与温州等地的企业相比，广东企业的合作机制较差，在进入国际市场时习惯单打独斗，缺乏协同作战的意识。造成这种状况的原因是广东还缺少协调功能强大的商会组织，商会、行业协会未充分发挥其行业、企业联合体的集群优势和整合作用。在促进出口方面，很少提供有价值的信息服务和业务培训，当企业遇到国际贸易纠纷时，也不能发挥其组织功能。

第三，广东产品数量多但品牌不响亮。在边贸市场中，广东产品往往面临着品牌响亮可是不知道这是广东产的，或者完全无牌、杂牌现象。以二连浩特为例，在二连浩特最大的两个商场——温州国际商贸城和义乌国际贸易城中，许多鞋、帽、电器等产品均来自广东，可是并无品牌标识。

第四，产品声誉、质量以及信誉度较差。在中蒙边贸中，由于蒙古国的市场资源丰富，市场前景广阔，使得许多中国企业纷纷进驻。有些企业为了在蒙古国立足，不惜打压同行产品，以价格低的产品占据蒙古国市场，但是质量却不合格，使得蒙古国对中国的一些产品恶评如潮。调研组经过走访发现，蒙古国的消费者在二连浩特的商场中购买的大多为日常用品，对于高科技产品，只信赖三星、西门子等韩国、欧洲品牌。国内多次出现假冒伪劣产品造成重大损失的事件，使蒙古国的消费者逐渐失去对中国货的信心，而作为中国货的重要组成部分，广货的品牌形象也在下降。

第五，许多广东企业不太重视北方市场或边贸市场。在开拓国外市场方面，浙江企业已经走在前面，积累了不少经验。近年来，浙江民营企业在俄罗斯创办"海宁楼"，在南非创办"中华门"，在巴西创办"中华商城"，在阿联酋创办"中国日用品商品城分市场"，这些境外市场已成为浙江民营企业生产的小商品集散中心，并逐渐成为浙江产品出口当地并辐射周边国家的根据地。在呼和浩特，最著名的商场是温州人创建的维多利商场；在二连浩特，其商场分别以义乌和温州为名，温州商人携家带口自南向北创业；在整个内蒙古，温州商会力量强大。造成这种现象的原因是自改革开放以来，广东经济迅速发展，人们生活水平提高，认为广东是机遇最多的地方，忽视了较为落后的北方。这种封闭的思想观念导致了广东在对外贸易和北方市场中的被动地位。

针对以上现象，广东产品有以下出路和对策。

第一，调整出口市场结构，开拓国际市场。目前，广东企业出口市场大多集中在欧洲、美国、日本等传统市场。由于出口市场过于集中，出口量巨大，容易引起贸易摩擦，遭受贸易壁垒（许多国家的反倾销法规定，进口商品数量明显增加是考虑倾销构成或工业损害存在的重要因素）。因此，广东企业应实施市场多元化战略。除了向传统的欧洲、美国、日本等市场出口外，还应大力拓展新的国际市场，加大对非洲、拉丁美洲、东欧、东盟、俄罗斯等新兴市场的开拓力度。政府应对民营企业开发新市场给予支持，促进民营企业扩大出口。

第二，充分发挥行业组织的贸易拓展作用和优势。实践证明，在一些国际经贸活动中，以商会的名义比以政府的名义开展工作更为顺畅，也更容易为国外工商界所接受。而且面对进口国或地区设置的重重关卡、程序繁琐的贸易壁垒调查，政府和单个企业作为提诉人，或有主体越位之嫌，或势单力薄，而通过民间商会组织的协调作用，制定会员企业统一的对外策略，可以实现组织整体力量的低成本优势。

第三，广东企业要树立国际化、战略化的经营理念，加大宣传力度。一方面，企业要树立品牌意识，增加技术投入。广东民营企业中拥有知识产权的很少，拥有技术开发中心的更少，企业品牌意识不强，大多热衷于贴牌、模仿，这就使得广东民营企业出口产品在国际市场上处于一种非常尴尬的局面：质优、价低、利润薄。所以，只有创立自主品牌，提升产品的质量档次，以高附加值的产品进军国际市场，才是出路。另一方面，规范企业贸易行为，提高出口产品质量，保证出口产品安全。政府要加强监督，广东企业自身要遵守法律法规、行业规则。当产品出现质量问题时，要及时与贸易对象进行沟通，而不是一味逃避责任。

参考文献

［1］《"广货全国行"尚存诸多难题　全国人大代表支招》，《羊城晚报》，http://www.ycwb.com/news_special/2012－03/12/content_3741725_2.htm，2013年9月20日。

［2］广东省内蒙古商会网，商会新闻，http://www.gdsnmgsh.com/newsinfo.asp？id=573，2013年9月20日。

［3］《粤蒙科技合作活动周今日开幕》，广东政府资助网，http://www.shenbao.org/foshan/pub/info9295.aspx，2013年9月20日。

［4］《刘志庚率团参加民族商品交易会　积极开展广货全国行》，广东人民政府网，http://www.gd.gov.cn/gdgk/gdyw/201307/t20130722_182376.htm，2013年9月20日。

［5］《首届内蒙古·广东科技合作活动周拉开帷幕》，光明网——光明日

报，http://politics. gmw. cn/2013 － 05/26/content＿7750498. htm，2013 年 9 月 20 日。

　　［6］广东省统计局：《广东统计年鉴》，北京：中国统计出版社 2012 年版。

　　［7］中国商务年鉴编辑委员会编：《中国商务年鉴》，北京：中国商务出版社 2012 年版。

采 访 实 录

◇采访内蒙古广东商会成员◇

采访时间：2013 年 8 月 24 日

采访地点：呼和浩特

采访者：边贸行内蒙古小组成员、《南方日报》记者钟啸

采访对象：内蒙古广东商会成员　王炳焜

记录整理者：林敏琛

对话人物说明：

王：内蒙古广东商会成员　王炳焜

钟：《南方日报》记者　钟啸

钟：您是什么时候来内蒙古发展的？

王：2005 年到内蒙古，原来在北京，也去过武汉。在北京是做房地产销售。来内蒙古也是机缘巧合，先是过来帮朋友的，后来发现内蒙古的环境不错。加上 2005 年北京市场有变化，近几年的变化更大，2007、2008 年最明显。2005 年我没想长留内蒙古，而 2007 年想要回北京发展也不现实。因为市场变化很大，跟当时的金融危机有一定的关系，但主要还是走的地方多也不太好，变来变去，人脉资源容易中断，圈子就没有了。像当年我在武汉读书工作，积累下来的东西，一走就全没了。

地产是个比较特殊的行业，需要当地的人脉和地域关系，小的公司走不出来。武汉还没有，北京就有了新河湾、珠江、富力，做高端的、大项目投资，几十万平方米以上。进入内蒙古的广东地产企业有恒大、中海。多年前，珠江地产也来过呼市，但开发不成功。新河湾去过鄂尔多斯也不成功，现在的经验说明当时的选择是错误的。本地人做占优势，竞争不合理，尤其是在低端市场，本土资源更丰富，更有优势。

钟：内蒙古的广商发展得如何？

王：广东在内蒙古的制造业不多，制造业需要一定的环境因素，不是说想做就能做。2006、2007 年已经开始关注瓷砖行业，研究制造业，内蒙古有高岭土，有煤，最好的资源是二层釉。但还是没有做这个行业，是因为经济因素，还有这里的服务意识不高，技术欠缺。2006 年参观佛山瓷砖厂，当时主要做欧洲市场，工业线有两公里长。在南方停水停电是绝对不允许的，在

北方就不好说了。瓷砖业作为广东比较有代表性的行业也尝试北上，去了一次山东，但不成功。因为产业配套很重要，不是随便选址。之后TCL、康佳、创维也来了，但不好做，例如零配件的供给，在北方需要一个礼拜才能运到，在广东打电话几个小时就运到了。2006年是流动配件，配件厂相邻，物流方便，互相利用。北方物流发展缓慢，产业形成也很慢。例如房地产需要竹子景观，也没法配置得到。对于瓷砖业，内蒙古政府也没有相关支持政策，广东改革开放，从2005年到现在，投资方向改变，想赚快钱，不做实体项目，首先是环境不好，第二是赚快钱少，做实业辛苦。但没有实体经济，一个地区是没有基础、没有发展前景的，所以政府也在呼吁做实业，做实体经济。

钟：浙江一带的商人在内蒙古也发展得不错，具体情况如何？

王：有历史原因，前十年或者更早，温州来的商人做小生意，摆地摊是为了生存。而当时广东人就不会过来，因珠三角和周边城市有更好的市场。温州小商品是由一拨人经过长时间积累成气候的，像维多利也是从小柜台做起来的。温州商人对口的就过来，带动了整个行业的发展。广东改革开放，八九十年代去东莞、深圳的多，往北走的非常少。广东企业也有来的，比较庞大，投资模式也发生了变化。蒙牛股东是潮州人，早期是做业务的，在蒙牛公司不景气的时候收购股份。广东人在内蒙古也做药，如双歧因子、赤峰中药。广商和温商的投资方向不同，温商做的一部分是低端市场，广商做的是地产、装修业。广商也有做低端的，如数码市场、内衣、针织品，但比较晚，在火车站附近，2009、2010年来的。广东人也有做煤矿业、物流、餐饮的，这边最多的是厨师，在星级饭店、高端酒店做粤菜。

◇采访创维集团内蒙古分公司◇

采访时间：2013年8月26日

采访地点：呼和浩特创维生产园区

采访者：边贸行内蒙古小组成员、《南方日报》记者钟啸

采访对象：创维电子（内蒙古）有限公司总经理　张弘

创维集团中国区域营销总部内蒙古分公司市场部总经理　李志刚

创维集团中国区域营销总部内蒙古分公司市场部经理　崔学辉

记录整理者：李颖超

对话人物说明：

张：创维电子（内蒙古）有限公司总经理　张弘

李：创维集团中国区域营销总部内蒙古分公司市场部总经理　李志刚
崔：创维集团中国区域营销总部内蒙古分公司市场部经理　崔学辉
钟：《南方日报》记者　钟啸

钟：看了一下相关的材料，跑经济圈的都知道，创维是家电三雄，一个班出来都做了老板，经历了国内起起伏伏的洗礼发展到了现在，很不容易。创维是 2005 年进来的，好像大家都是在 2005 年前后进来的，为什么 2005 年会选择在呼和浩特建厂？

张：康佳全国布点比较多，创维还没有在广东以外的工厂。当时政府老领导弘毅先生找到张主席，在内蒙古呼和浩特政府招商，创维就在呼和浩特建厂，规划北方市场运输和市场布局。

钟：您当时说附近配套设备不是很好，首先要解决哪些问题？

张：当时的生产条件，虽然显像管比较紧缺，但可以简单做起来。1999 年内蒙古创建了自己的电视天鹅，所以还有一定的基础。当时来的时候，呼和浩特是能源城市，其他产业都有进来，但是对于我们这种做电视的配套设备一般，和珠三角、长三角更是没法比。

钟：有差距的地方，能举个例子吗？

张：电视机的零部件基本上都是从广东运来的，比如说简单的螺丝，都是从东莞运来的，当时是，现在也是。

崔：这种东西量小的话养活不了一个企业，这边始终没有那么大的需求量，所以一直用广东的。

张：后壳、机壳的螺丝钉都是从东莞运来的，不能独立生产。

钟：那现在创维在北方有哪些生产基地？

张：现在除内蒙古外还有南京。

钟：规模有多大？

张：很小，南京地理位置辐射比较大，内蒙古相对北方而言市场容量有限。

钟：我听说原来 TCL 有个工厂？

张：TCL 是兼并了内蒙古电视机厂，当时显像管镜像紧张，后来给陕西彩虹显像管厂经营，再后来市场逐渐放开，显像管不紧俏了，就划归给了惠州的 TCL，它们生产了一年，老工厂就搬到了市政府的对面。

钟：是因为市场定位还是其他什么？

张：因素比较多，去年 TCL 在宏盛建了一个 TCL 宏盛科技，把老厂停掉，进入那个工厂需要重新入职，做 LED 这一块，因为我原来就是内蒙古电视机厂的，不过在被 TCL 兼并之前就离开了。

钟：广东的 LED 是新兴战略产业，在这里它有进一步扩大投资和发展的机遇吗？

张：政府也关注我们的配套企业，试图通过创维和 TCL 让相关配套产业来内蒙古投资，广州和内蒙古的合作也在进行，政府承诺为配套企业提供一些相应的政策支持，政府也在落实这些事情。

钟：有没有一些配套企业过来？

李：这几个月正在谈，如果需求量比较小，就没办法让企业存活下去。

钟：那归根结底还是需求问题？

李：需求是最重要的，如果没有我们和 TCL 在这里，再好的条件，没有市场，都没法操作，所以前提一定要有市场需求。

钟：也就是说要先把核心龙头企业吸引过来。

李：政府也采用以商招商，比如说我们上游的供应商有一千多家，其中规模较大的份额也不少，我们带过来的也不止一家，它也有它的上游。内蒙古是有其自身优势的，电力比较便宜，工业基础是有的。

调查感想

在这次调研活动中我主要是跟组长姚珺一起安排整个调研活动，在出发前因为要联系采访人员花费了大量的精力和时间。而在调研过程中我以郑老师的名义参与了整个调研，安排住宿、安排吃饭、安排每天的调研内容，我跟姚珺两个人每天晚上都很晚才睡，处于极度紧张的状态。虽然这次的调研活动比自己一个人出去调研还要累，每天带着一班人，但是确实很快乐，学到很多东西。

——郑秋盈

这次远行调研，估计是我大学四年中最深刻的经历之一了。由一开始的调研准备到实地考察再到近一个月的报告撰写，在指导老师和研究生师姐们的带领下，我更好地将大学学到的甚至学不到的知识都进行实践了，着实是成长路上的一门好课。另外，这趟远门也让我见识到更多不同的风土人情和社会面目，为我大四实习和踏入社会走上工作岗位奠定基础。感谢学院组织此次活动，这样的机会我往后估计很难再遇上了，还有就是感谢当初自己的勇敢和坚持。

——林敏琛

这次的边贸行活动，让我们接触到了很多之前从来没有接触过的采访对象，在每次采访之后都觉得自己对于某一行业或者广东商品在内蒙古的情况有了更深入、更全面的了解。同时，这次我们还有幸参加了中蒙俄经济贸易洽谈会，顿时觉得这次的活动高端、大气、上档次，在洽谈会上我们有幸对几位大人物进行采访，过程也进行得很顺利，虽然我本身不是新闻学专业的学生，但还是因此对自己更有信心了。这次活动中我们跟着三个学姐学到了很多东西，我和我的小伙伴们都很开心！

——于磊

通过参加这次广货行天下的调研活动，我把课本上学的知识真正应用于社会实践中。通过前期的收集资料，以及到当地走访市场，有针对性地做采访，后期回来撰写报告，做了许多之前学过而没有亲自去做的事。最大的收获就是学会了思考，转变了自己的思维，之前上课学的内容，就只是学学，考前背背，而到了自己做项目的时候，就要把学过的许多科目综合起来，结合当地的实际情况去思考，怎样做最好，怎样才能更好地得到想要的效果。而且跟着师姐出去，在团队中看到了其他人的优秀之处，知道了怎么更好地去全面考虑问题。

——李颖超

在参加调研前，看到别人做调研，觉得很高端大气，我总在想，如果哪天自己做调研会怎样，会不会像无头苍蝇一样不知所措。终于，暑假有了这个机会，才知道调研的过程有多么艰辛。

在整个调研活动中，我觉得最重要的是团队合作和坚持不懈的精神。有很多时候，在必须进行采访时可能很多人会拒绝你、回避你。这个时候，你必须硬着头皮、采用多种方式进行采访。调研工作十分繁杂，只有团队协作才能达到最好的效果。

实践是最好的老师，这次暑期调研让我深刻体会到这一点。

——付婧青

组 长 手 记

从最初接到任务，到出发前的准备工作，再到实地调研阶段，直至最终报告成文，整个过程历经了将近三个月的时间，也横跨了暑假时段和开学时段。战线的拉长使得整个团队包括老师和队员，都需要时刻准备参与，排除万难地兼顾项目，也需要付出更多的精力去推动项目的诞生、进行和结果，直至九月末成果展示的那天，看着台上掠过的一张张展示的图片，全部组员悬着的心才总算在那一刻得到缓解，也终于体会到痛苦过后收获的喜悦。

作为组长，看着小组从无到有，从陌生到熟悉，从无所适从到应对自如的整个过程，不可谓不感慨。从最初接到任务，到正式出发这段时间，是整个项目中最困难的时候。团队如何建设、资金和路线如何安排、调研如何进行等一系列的难题，都在同一时间蜂拥而至。由于假期已经开始，来自不同专业方向、不同年级的队员已经离校，如何确保团队团结稳定，并且有清晰一致的目标，是当时最大的困难。最终按照指导老师的提示，要求队员每周开网络会议，汇报进度和分配任务，并且由在校的队员主导项目，经过多次协调和沟通交流，队员都对整个项目有相当的期待，并且对于调研的积极性颇为强烈。直到在内蒙古第一天全体队员集中时，大家都有一种胜利会师的感觉。

前期的工作做得越稳妥，调研中遇到的困难就会越少，这是全体队员包括老师的一致认识。因而，内蒙古队前期便开始了大量的准备工作，包括多次跟老师协商、见面沟通交流、修改报告、确定主题等，确定了两条主线、多条采访任务，并最终在学院老师以及指导老师的协助下，联系到当地的政府机构、企业代表以及商会。

在克服了人员更替、资金申请等一系列的困难后，内蒙古队最终确定了出发时间。至此，最煎熬的阶段已经过去。

内蒙古小组由三位南方的队员和三位北方的队员组成，一共六位女同学，这是内蒙古小组的弱势也是优势。正是因为这种微妙的平衡，使得整个调研过程中，内蒙古小组都十分团结，并且迸发出一种意料之外的强势。

第一天便流血不止。由于不适应当地的气候，第一天便出现队员流鼻血的情况。另一个状况是交通的不便利，前往边境城市二连浩特便耗去了调研队整整一天的时间。然而也正是在这个荒芜的北方小边城，看到了内蒙古队队员们的耐力和执行力——采访。

二连浩特的边贸展会是由当地政府主导举办的，除了调研队，还包括凤凰卫视、中央电视台等大型媒体参与其中，一连三天的展会、成果发布会、媒体发布会等一系列活动，让我们六个队员有种疲于奔命的感觉。白天采访，晚上开会，凌晨写稿整理资料，便是内蒙古队这三天的常规状态。为了得到更多有用的资讯，采访到更多不同层次的人，并且形成差异化的报道，内蒙古队的小超人们抢先专业媒体争取到了对包括蒙古国议员、驻蒙古国前大使、经贸促进委员会会长等与会人员的采访，从政府官员、商人、消费者多个层次多个角度获得信息。

走访商场也是获得市场资料的最佳方式。除了既定的采访，其余时间都在走访市场中度过，批发城、高档商场、小商店，都是搜集资料的目标，一天天走下来，虽然累，但也是硕果累累。身体累、心不累，在采访之余，队员们仍饶有兴致地体验了一下当地的生活。

实地调研是将前期准备的预演正式走一遍，将资料和信息填充到前期的框架之中，功夫在前，报告撰写阶段就相对轻松了许多。饶是如此，内蒙古队还是在报告形成阶段发生了分歧。由于报告形成阶段已经进入了新学期之初，队员们各自担负了原本学业的任务，因而都忙碌了起来。对于报告处理方式的不同也是分歧的原因。在经过多次修改和一次又一次的沟通之后，凝聚了六个队员、半个月的调研、三个月的努力的三万字报告最终完成。

在出发前，我们预设了很多困难，产生了很多情绪；在调研中，我们同样在未知中遇到了很多难关；在形成最终成果之前，我们依然在协调和沟通，以期达成最好的结果。我总是说队员们都是小超人，我们在一起是一个组队去打怪的过程，一起遇到、一起发功、一起打怪、一起升级、一起获得装备……确实，回头一看，那些困难都不是困难了，当时的情绪也已经淡去，不管如何，这个副本我们克服了！

——姚珺

内蒙古东部·黑龙江篇

摘要

内蒙古东部·黑龙江组将内蒙古满洲里和黑龙江哈尔滨两地作为调研重点，调研采取定性与定量相结合的方法。调研团队通过问卷调查、实地观察、深度访谈、商会走访等方法对两地广货消费者、经销商、商会进行了深入了解，获得了关于广货在两地市场的发展现状、在中俄边境贸易中的发展概况、在当地居民中的态度倾向，以及相关商会组织等珍贵的第一手资料。

调研过程中主要采用直接对当地消费者和商人进行问卷调查、深度采访、实地观察并记录等调研方法。在得到黑龙江省广东商会和潮汕商会资料的基础上，综合问卷调查的数据以及人物采访的深入资料，详细分析了广货在两地的消费发展情况和开展的营销活动，以及品牌对当地人和市场的影响力。

研究的对象围绕商会组织、企业商人、消费者、小商店老板等进行探索性调查，分析如下：

（1）在观察两地的广货商品类型占有率情况之后，发现以家具、卫浴和灯饰居多。凭借自身质量高、款式多样和价格便宜，还有宣传形式多样，使得广货在边贸市场中占有主要份额。

（2）广货在边境地区的优势：品牌知名度较高、认可度较高，形成了一个良好的竞争环境，并很少出现假冒货。广东及黑龙江两地政府的支持促进了广货的发展。

（3）广货在边境地区的劣势：灯饰品牌在哈尔滨的市场占有率不大，网络平台构建可进一步改善，中俄边贸地区的广东企业之间没有太多联系。

关键词： 广货　满洲里　哈尔滨　品牌　家具　陶瓷

内蒙古东部·黑龙江篇　目录
CONTENTS

────◇繁荣、衰退与复兴：广货品牌满洲里市场分析◇────

一、满洲里广货发展历程 …………………………………………… 57
　（一）满洲里口岸概况 ……………………………………………… 57
　　　1. 地理优势 …………………………………………………… 58
　　　2. 政策支持 …………………………………………………… 58
　　　3. 运输优势 …………………………………………………… 58
　　　4. 资源优势 …………………………………………………… 58
　（二）满洲里口岸贸易现存问题 …………………………………… 59
　　　1. 近几年口岸贸易份额持续下降 ………………………… 59
　　　2. 双边贸易结构不尽合理 ………………………………… 59
　　　3. 部分传统出口产品在俄罗斯市场优势渐失 …………… 59
　　　4. 俄罗斯贸易政策制约双边贸易 ………………………… 60
　（三）满洲里市场广货品牌状况概述 ……………………………… 60
　　　1. 家具行业 …………………………………………………… 60
　　　2. 灯饰行业 …………………………………………………… 61
　　　3. 卫浴行业 …………………………………………………… 62

二、满洲里市场广货品牌分析 …………………………………… 62
　（一）广货品牌在满洲里市场的认知度分析 ……………………… 62
　（二）广货品牌在满洲里市场的购买率分析 ……………………… 64
　（三）广货品牌在满洲里市场的购买因素分析 …………………… 65
　（四）广货在满洲里市场的满意度分析 …………………………… 67
　（五）广货品牌在满洲里市场的认知渠道分析 …………………… 69

三、广货品牌在满洲里市场的问题诊断 ………………………… 70
　（一）涉及领域广，在各级别市场内没有形成规模效益 ………… 70
　（二）初步形成品牌区域化，但面临同质化及品牌形象模糊的问题 … 71

（三）网络在广货品牌传播中仅发挥信息渠道的功能 ················ 71

（四）广货网上行并未推广至满洲里市场，广货需要政府进一步支持
·· 72

（五）总结 ·· 73

——◇黑龙江粤商商会分析◇——

一、现状与趋势：广东商会 ·· 74
（一）设计和管理服务 ·· 75
（二）传播企业价值 ·· 76

二、优势与挑战：潮汕商会 ·· 76
（一）商会搭台开拓地市级市场 ·· 77
（二）开展公关活动，传播企业文化 ···································· 78

——◇广货品牌哈尔滨市场分析◇——

一、广货在哈尔滨市场的发展与品牌认同 ································ 82
（一）哈尔滨市贸易概况 ·· 82
（二）广货在哈尔滨市场发展概述 ······································ 83
（三）广货在哈尔滨市场的品牌认同 ···································· 84
　　1. 广货概念在消费者脑海中具有缺失性和模糊性 ················ 84
　　2. 广货品类齐全，消费者各取所需 ······························ 84
　　3. 市场认知度高，鲜有假冒现象 ································ 84

二、广货家具品牌在哈尔滨 ·· 85
（一）哈尔滨广货家具重点集聚地——红旗家具城 ···················· 85
（二）广货家具品牌在哈尔滨发展势头良好 ···························· 86
　　1. 广货儿童家具、办公家具在同类市场中独占鳌头 ·············· 86
　　2. 广货品牌宣传手段多样，推广效果良好 ······················ 87
　　3. 创新营销方式：广货品牌的团购与品牌联盟 ·················· 88

三、广货陶瓷、卫浴品牌在哈尔滨 ·· 88
（一）在陶瓷、卫浴市场，地域品牌"广东生产"深入人心 ·········· 88

（二）广货陶瓷、卫浴产品销售以品牌省级代理为主要渠道 ………… 89

（三）对外贸易形式固定 ……………………………………… 89

（四）成熟市场，良性竞争 …………………………………… 89

四、哈尔滨市场广货问题及建议 …………………………………… 90

（一）渠道优化：广货在东北市场销售渠道存在短板 ………………… 90

（二）品牌清晰化：广货地区品牌概念初具，但形象模糊 ………… 91

（三）创建龙头品牌：强势企业不突出，第一梯队品牌缺失 ……… 91

（四）树立现代营销新理念：经营个体与组织均缺乏专业意识和理论
　　　指导 ………………………………………………………… 92

采访实录 …………………………………………………………… 95

新闻报道 …………………………………………………………… 100

调查感言 …………………………………………………………… 108

组长手记 …………………………………………………………… 109

繁荣、衰退与复兴：广货品牌满洲里市场分析

一、满洲里广货发展历程

（一）满洲里口岸概况

满洲里市地处内蒙古自治区呼伦贝尔市的西部，背靠我国东北和华北经济区，北邻俄罗斯，西连蒙古国。土地面积 730 平方公里，所辖 5 个区，人口约 30 万，居住着蒙古、汉、回、朝鲜、鄂温克、鄂伦春、俄罗斯族等 20 多个民族。

2012 年，满洲里市外贸进出口总值达 38 亿美元，增长 8.6%。口岸过货量达 2 817 万吨，增长 5.9%。口岸外贸进出口总值达 56.6 亿美元，经满洲里口岸对俄进出口总值达 76.3 亿美元，同比下降 7.1%，贸易值占同期中俄贸易总值的 8.7%，中俄陆路口岸贸易总值的 25.2%，贸易值居对俄口岸第三位，陆路口岸第二位（如去除漠河口岸管道运输方式进口的原油贸易值，则满洲里口岸贸易值占中俄陆路口岸贸易总值的 43%，贸易值居对俄罗斯口岸第二位、中俄陆路口岸第一位）。①

据海关最新统计数据，2013 年 1—7 月，满洲里关区轻工产品出口保持增长势头，出口贸易值为 2.84 亿美元，占同期满洲里关区出口总值的 30.77%，贸易值较上年同期增长 14.67%；同期，满洲里关区出口总体呈下降趋势。②

满洲里是我国最大的陆路口岸，素有"东亚之窗"、"欧亚门户"之称。作为我国通往俄罗斯及欧洲最重要、最便捷的陆海联运大通道，满洲里具备

---

① 金首文、李怀清、宋景臣：《当前满洲里口岸对俄贸易发展现状问题》，《边贸金融》2013 年第 7 期。

② 《满洲里关区轻工产品出口逆增长》，http://www.caop.org.cn/show_article.jsp? article_millseconds = 1377134786800，2013 年 10 月 22 日。

以下四点优势。

1. 地理优势

满洲里有着独特的地理优势，位于东北亚地理位置的关键处，对内背靠中国东北三省、与环渤海地区相贯通，经济腹地辽阔；对外连接俄罗斯西伯利亚大铁路直至荷兰鹿特丹，所经沿线是俄罗斯人口最多、资源最富集的地区，是连接亚欧两大洲最便捷的通道。

2. 政策支持

新中国成立以后，满洲里发挥了我国对外贸易节点城市作用，有力地支持了我国的经济建设。20 世纪 90 年代，随着我国改革开放的深入，1992 年满洲里被国务院批准为首批沿边开放城市，成为自治区计划单列市。同年，国务院批准满洲里设立唯一跨国界的国家级开发区——中俄互市贸易区和边境经济合作区，满洲里经济和社会各项事业实现了历史性跨越。进入新世纪以后，内蒙古东部地区已经被纳入到《国家振兴东北老工业基地规划》的地域范畴之内，加强了满洲里地区与东北经济区的经济联系，为实现宽领域、高层次的经济合作，资源有效利用与整合提供了千载难逢的机会。近年来中俄总理定期会晤，也为两国口岸运输、航空口岸客货营运、跨境桥梁建设等事项创造了良机。[①]

3. 运输优势

作为中国最大的陆路口岸，满洲里铁路口岸具有仓储、转运、换装等多种功能，口岸宽轨站、准轨站存车能力分别为 2 020 辆、1 712 辆，综合换装能力可达 3 000 万吨，居全国沿边口岸之首。2004 年，满洲里机场投入使用后，满洲里国际航空口岸正式建立，满洲里口岸铁路、公路和航空立体化运输体系正式形成。[②]

4. 资源优势

满洲里资源富集，下辖扎赉诺尔矿区蕴藏百亿吨的优质褐煤、石灰石、硅石等矿藏。中蒙相连的呼伦湖，盛产鱼虾，更有呼伦贝尔大草原的丰饶乳肉资源，这成为满洲里经济发展不可缺少的资源。随着第五代国门的建成，满洲里可以利用在革命年代作为联系共产国际的重要地点的红色旅游景点发展旅游业，如俄罗斯套娃广场、欧式旅游观光婚礼宫等。借助毗邻俄罗斯西伯利亚地区的优势，经满洲里口岸可进口俄罗斯的石油、有色金属、木材等

---

① 盛志君、梁振民、谷雨：《内蒙古满洲里口岸经济发展战略探讨》，《区域经济》2012 年第 4 期。

② 《满洲里市市情简介》，http://www.manzhouli.gov.cn/Contents/Channel_161/2008/0710/877/content_877.htm，2013 年 12 月 8 日。

资源，进而促进口岸矿产加工业的发展。

（二）满洲里口岸贸易现存问题

1. 近几年口岸贸易份额持续下降

随着近年来中俄原油管道项目正式启用、绥芬河综合保税区封关运作、同江中俄铁路建成通车，满洲里口岸对俄罗斯贸易结构发生了重大变化，贸易份额持续下降，中俄最大陆路口岸的地位动摇值得关注。

据海关统计，至 2008 年经满洲里口岸对俄罗斯贸易值达 130.3 亿美元，创历史最高，占中俄贸易总值的 22.9%，占中俄陆路口岸贸易总值的 56.9%。2009 年受金融危机影响满洲里口岸对俄罗斯贸易出现回落。2010 年满洲里口岸对俄罗斯贸易有所回升，贸易值达 111.9 亿美元，居历史第二高位，占中俄贸易总值的 20.2%、中俄陆路口岸贸易总值的 56.6%。贸易值居对俄罗斯各类口岸第一位。2011 年，随着中俄输油管道的启用，占口岸外贸值近五成的原油全部转移至漠河口岸以管道形式进境，满洲里口岸对俄罗斯进出口贸易值锐减。2012 年，口岸外贸进出口总值达 56.6 亿美元，下降 10.6%。上缴关税及代征税 27.3 亿元，下降 30.4%。贸易值占同期中俄贸易总值的 6.46%，占中俄陆路口岸贸易总值的 25.2%，贸易值居对俄口岸第三位、陆路口岸第二位（如去除漠河口岸管道运输方式进口的原油贸易值，则贸易值占中俄陆路口岸贸易总值的 43%，贸易值居对俄罗斯口岸第二位、中俄陆路口岸第一位）。[①]

2. 双边贸易结构不尽合理

满洲里口岸对俄罗斯贸易是以劳动密集型商品与资源密集型商品对应为特色，进口以资源性产品为主，出口则以机电产品、农产品、纺织轻工产品为主，机电产品的比重虽然有所上升，但是仍以低端产品为主，缺乏高科技产品支撑，2012 年满洲里口岸对俄高新技术出口值为 1.5 亿美元，仅占同期口岸出口总值的 4.4%。与此同时，高技术产品进口规模也较小，全年实现 2.5 亿美元，仅占同期口岸进口总值的 6%，外贸商品结构对满洲里及周边产业升级贡献有限，持续发展后劲不足。[②]

3. 部分传统出口产品在俄罗斯市场优势渐失

数据显示，满洲里口岸部分轻工产品、农产品出口值出现下降。2012 年，

[①] 《满洲里市 2012 年国民经济和社会发展统计公报》，满洲里国际物流产业园区，2013 年 12 月 10 日。

[②] 《中俄最大陆路口岸贸易份额持续下降　制约因素亟待解决》，http://caop.org.cn/show_article.jsp?article_millseconds=1358907602125，2013 年 11 月 1 日。

满洲里口岸对俄罗斯出口纺织纱线、织物及其制品 1.8 亿美元，同比下降 12.9%；出口服装及衣着附件 0.7 亿美元，同比下降 59.8%。近年来，随着俄罗斯经济的发展，居民收入快速增长，购买力显著提升，对消费品的品质、款式要求日益提高。欧洲主要生产国正依靠其先进的经营手段和较高的产品质量与我国企业抢夺俄罗斯市场。而我国产品质量问题相对严重，售后服务严重滞后，加之受人民币持续升值、用工成本不断上升、原材料价格不断上涨等因素的影响，企业经营成本不断增加，产品价格不断提高，竞争优势渐失。①

4. 俄罗斯贸易政策制约双边贸易

2008 年以来，俄罗斯出于保护其国内市场及相关产业的目的，经常对部分商品进出口税率、政策进行调整。我国对其出口的纺织品、机电产品、鞋靴等大宗商品关税水平已居高位；蔬菜、水果等农产品检验检疫力度不断加大，标准不断严格，还限制化肥出口数量，并通过提高进口汽车关税和对进口机械设备重新认证的方式限制进口。近期，俄罗斯又采取措施加强对原木出口的管理。一方面，俄罗斯加入世界贸易组织后，虽然下调了原木出口税率，但是开始实行限制性出口配额管理政策，其中松木此前税率为 25%，但每立方米不低于 15 欧元。俄罗斯入世后，松木在出口配额以内享受优惠税率，超出配额的税率达 80%。② 另一方面，企业在俄罗斯申报原木出口采用提前预申报数量的同时，限制原木类商品出口装车数量，国内木材进口企业在实际装车数量小的情况下，仍需向俄罗斯海关缴纳足额关税，这样就压缩了企业原木进口利润，影响了进口积极性。③

与满洲里口岸边贸环境相对应，满洲里的广货总体发展也呈现出最初繁荣—金融危机导致市场萧条—2013 年开始复兴的趋势。下面就满洲里市场广货品牌的发展现状作出具体分析。

（三）满洲里市场广货品牌状况概述

1. 家具行业

满洲里共有发达家具城、阳光家居装饰建材城和大龙国际家居城三家家

① 《中俄最大陆路口岸贸易份额持续下降　制约因素亟待解决》，http://caop.org.cn/show_article.jsp? article_millseconds = 1358907602125，2013 年 12 月 1 日。

② 《2012 年满洲里口岸原木进口形势低迷》，http://www.caop.org.cn/show_ article.jsp? article_millseconds = 1353374091803，2013 年 12 月 7 日。

③ 《2012 年 1—10 月满洲里口岸原木进口形势低迷　相关因素制约原木进口》，http://www.caop.org.cn/show_article.jsp? article_millseconds = 1353374091803，2013 年 10 月 23 日。

具城，其中发达家具城定位中高端消费者，主体为商人、公务员和白领；大龙国际家居城定位低端消费者，主体为城乡居民；中高端消费者品牌意识强，价格敏感度低，注重高质量和新颖款式；低端消费者品牌意识弱，价格敏感度高，注重低价格和新颖款式。

据满洲里家具行业人士反映，广东品牌属于家具行业的传统优势品牌，其中佛山、东莞、深圳等地聚集了大量有一定规模和实力的家具生产商，广东家具逐渐形成质量较高、款式新颖的地域品牌，消费者和进货商对广东品牌的认可度非常高。

2. 灯饰行业

满洲里的灯饰店铺主要集中在二道街至五道街。调研组通过对灯饰店面的观察和研究，得知灯饰行业在满洲里市并没有形成一个庞大的系统，也没有一个特定的大卖场或者商场使相关店面聚集在一起。我们看到的多是规模较小的店铺，且各自之间相对分散和独立。同时，各家灯饰店里面都有高档、中档和低档的灯具出售，因此灯饰行业在满洲里市并不会按照档次的不同分在不同的区域，每家店铺都是三个档次都有。

满洲里的灯饰市场比较单一，不同店铺之间的进货模式、售卖方式和对象以及经营状况都十分相似，具有如下特点：在我们采访的 13 家灯饰店铺里，每一家都有超过 95% 的灯饰是从广东进货，也就是属于广货。灯饰产品大多来自中山古镇，其次是来自深圳和广州。据三友灯饰的余老板介绍，"来自深圳的灯饰档次最高，其次是广州的，中山古镇的灯饰相对来说档次要低一些"。

在我们采访的 13 家灯饰店铺里，有 12 家店铺的商家表示，从广东进货不会计较品牌，都是专门挑些小牌子或者没有挂牌的厂家进货，因为从这些厂家进货相对会比较便宜，款式也会比较多，在他们店里购买的人一般都不会计较品牌，而会看中价钱和款式。另外，鑫会灯饰的老板娘说，除了挑些小牌子的厂家，她的店铺也会专门从广东的万亿达和晶丽进货，因为这两家是她的老客户，合作多年，一直有比较好的口碑，价格合理，质量信得过。总的来说，13 家店铺的商家都表示，"不用太计较牌子，从广东进的货本身就代表了是比较好的货"。

关于为什么大量进广货，广东的韩泉灯饰店的老板补充说："除了款式和质量优势，广东市场相对比较开放，制度也比较完善，售后服务和信誉会比其他省份的要好，这对买卖来说是十分重要的。这是我从广东进货的一个很重要的原因。"

关于销售对象和行情，位于五道街偏机场方向的两家灯饰店和二、三、四道街的灯饰店都是主要面向俄罗斯的游客和商人，五道街偏国门方向的俗称"灯饰建材一条街"的店铺则都面向中国消费者（包括本地居民）和俄罗斯商人。从商家的口中得知，俄罗斯的经济低迷，卢布持续跌价，以及俄罗斯人的消费水平和消费力日益下降，对他们的店铺影响特别大，可以说是重创。在采访期间，有 2 家灯饰店铺只有几个客人选购，其他 11 家都门可罗雀，有一家在二楼比较偏僻处的店铺索性把灯全关了，看上去如倒闭了一样。

关于订货和送货方式，有 10 家店铺的商家表示，他们会直接打电话给广东的厂家，直接运货至满洲里。有时需要数量比较少或者在比较特殊的情况下，就会从周边的城市，比如北京和哈尔滨运货至满洲里，但是来自北京和哈尔滨的灯饰里广货的比例占了一大半，这两个城市至满洲里的货运，往往只起到中间商或者经销商的作用。有 3 家店铺表示会选择网订的方式，但与其说是网订，不如说是从网上搜索到灯饰行业相关的联系方式，再通过传统的模式如电话等进行订货。

3. 卫浴行业

满洲里的卫浴产品主要集中在阳光家居装饰建材城销售。

阳光家居装饰建材城位于满洲里市区东面，所售卖的主要有中低端的家私、卫浴、床垫、橱柜、办公室用品等。

据调研组的走访统计，家具城约有商铺 30 家，以独立经营的商家为主，并没发现有经营连锁品牌的商铺。在家具城的所有商铺中，内销的广货仅有二至三成，货品大部分产自佛山、中山、深圳和广州等，而其同类产品的竞争产地主要为北京、温州、沈阳三地。同时，这些商家并非主营广东产品，大多数仅把广东产品作为辅助产品销售。

二、满洲里市场广货品牌分析

在此次调研中，调研组向长期居住在满洲里的市民共计发放 100 份问卷，实际回收 99 份，问题主要涉及家具、灯饰和卫浴三大领域中的广货品牌的市场认知率、购买率、购买因素、满意度以及认知渠道。

（一）广货品牌在满洲里市场的认知度分析

调研组首先走访了满洲里各大主要商城，确定在满洲里市场销售的主要广货品牌，然后以问卷形式搜集、分析市民对广货家具、灯饰及卫浴品牌的认知率，如图 1、图 2、图 3 所示。

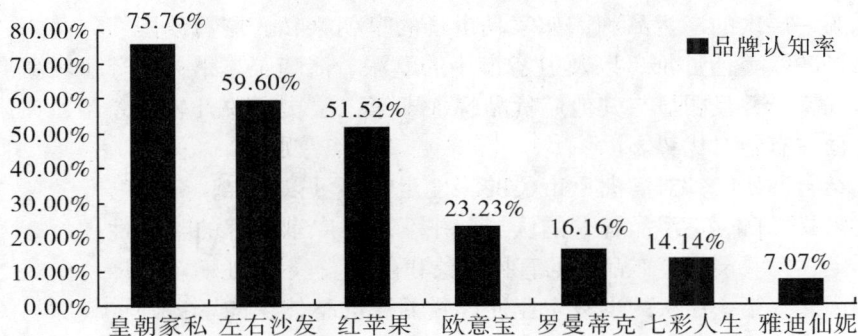

图 1 满洲里市场上广货家具品牌的认知率

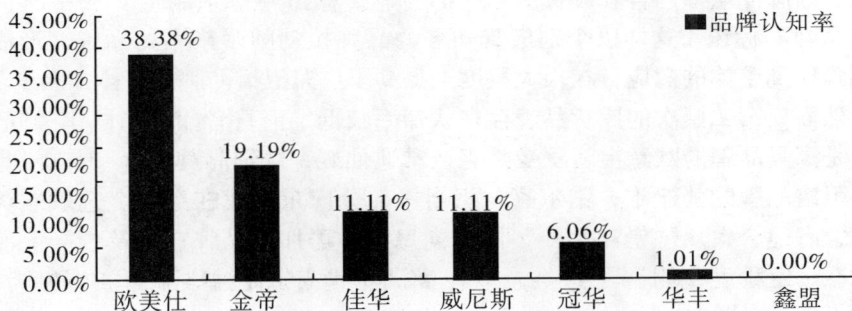

图 2 满洲里市场上广货灯饰品牌的认知率

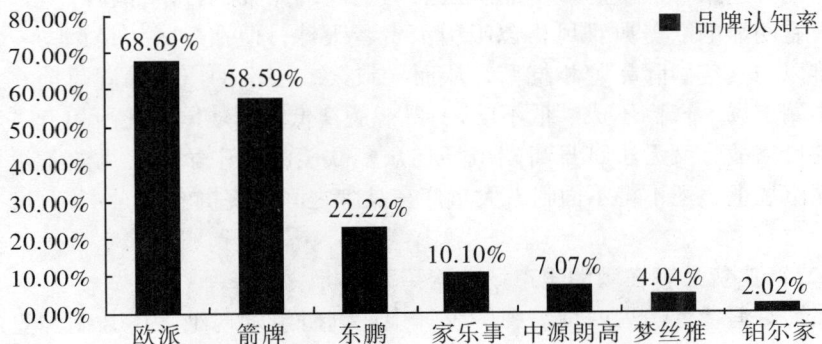

图 3 满洲里市场上广货卫浴品牌的认知率

在家具、灯饰、卫浴行业中，广货品牌的认知率均明显地分化成两个
层次。

第一层次的广货品牌，如家具市场的皇朝家私、左右沙发、红苹果，灯饰市场的欧美仕灯饰，以及卫浴市场的欧派、箭牌、东鹏，均有着较高的品牌认知率，并且明显与其他广货品牌（即第二层次）拉开较大差距，在认知率方面占有绝对优势。

结合调研组针对满洲里市民的深度走访，可以看出，满洲里市民对"广东的家具/灯饰/卫浴品牌"的认知，并不是对广东品牌的整体性评价，而是针对上述第一层次广东品牌的直接印象和认知。

因此，第一层次的少数企业使广货品牌的整体认知率提升将起到至关重要的作用。如陶瓷卫浴行业的欧派、箭牌已是全国知名的广东品牌，在满洲里的户外广告投放、店铺装潢设计都遥遥领先其他品牌，据调研组观察发现，欧派、箭牌的墙体广告和展板广告中都会显著标出"广东制造"或是"广东驰名品牌"标识。这样以个别极具知名的品牌拉动整个广东的品牌，形成了个别辐射到整体的效应，在很大程度上提高了广东卫浴品牌的整体知名度。

然而，第二层次的广货品牌存在认知率较低、消费者印象趋同化的问题。无论是家具品牌的欧意宝、罗曼蒂克、雅迪仙妮，灯饰品牌的金帝、威尼斯，还是卫浴品牌的梦丝雅、铂尔家，相当一部分广东企业在品牌上选取欧美的名称，有迎合大众"崇洋媚外"的定向思维，再加上品牌宣传及传播上的不足，在一定程度上阻隔了这类企业在满洲里消费者心中对此类广东品牌的认知。

在灯饰、家具、卫浴行业中，欧美国际品牌往往在高端市场上占据一席之地。而上述第二层次的广货品牌虽然均走高端路线，在产品设计及广告宣传上具有明显的欧美典雅风格以吸引消费者眼球，但在款式、格调乃至定价上都难以与欧美国际品牌相抗衡，从而导致第二层次的广货品牌目前在满洲里的中端市场上"高不成、低不就"：既想脱离低端市场同质化所引起的不可避免的价格战，又无法跻身高端市场在众多欧美品牌中争得一席之地。同时在中端市场上，还不得不面临着大量广东品牌之间的直接较量。

（二）广货品牌在满洲里市场的购买率分析

在针对消费者购买广货品牌的统计中，调研组发现绝大多数满洲里的市民在购买灯饰时并不会考虑品牌，而仅仅考虑价钱和款式。因此结果是消费者无法回忆已购的灯饰品牌名称，从而造成在购买率的统计上，灯饰品牌名称产生较大缺失，无法据此分析出广货灯饰品牌的实际购买率。家具、卫浴品牌的购买率如图4、图5所示。

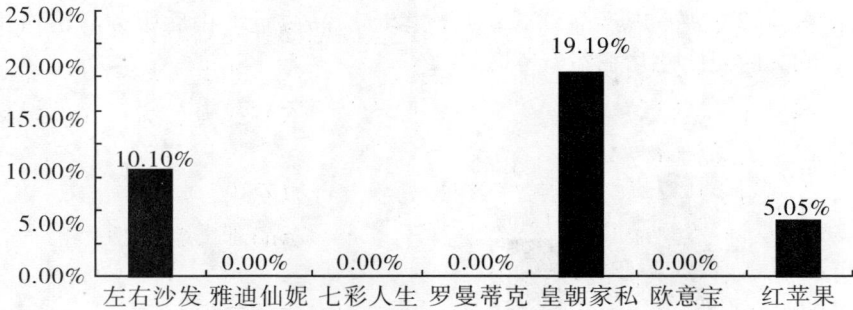

图4 满洲里市场上广货家具品牌的购买率

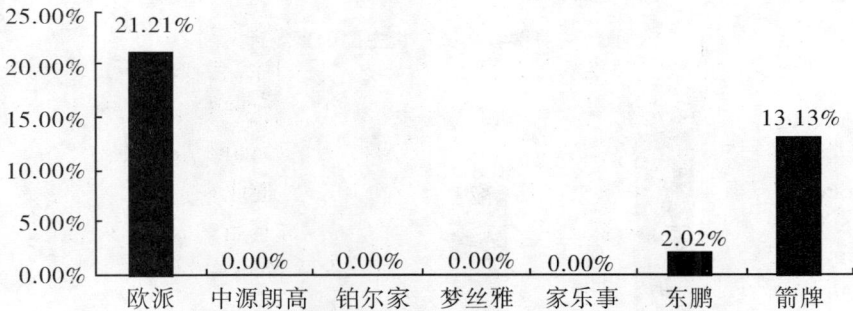

图5 满洲里市场上广货卫浴品牌的购买率

结合上述广货品牌认知率的分析，可以看出，认知率处于第一层次的广货品牌，在购买率上也处于主导地位，尤其是皇朝家私（19.19%的购买率）、欧派（21.21%的购买率）以及箭牌（13.13%的购买率），不仅在满洲里市场上具有坚实的领先地位，还在品牌形象宣传及传播、产品使用体验及售后服务等方面对广东同行业的品牌起带动和促进作用。

调查问卷上罗列的广东品牌，是调研组走访后确认在满洲里当地进行长期销售的品牌，因此在已购人数的统计上，第二层次广东品牌的缺失主要是由于此类品牌标识的模糊不清，相对来说难以给消费者留下深刻的品牌印象，从而消费者多数记得自己所购买的确实是广东品牌，却不记得其具体品牌名称。

（三）广货品牌在满洲里市场的购买因素分析

对广货品牌调查数据结果的统计分析发现（见图6、图7、图8），消费者购买广东品牌主要考虑产品款式，其次考虑产品质量，售后服务与价格稍作考虑，购买的便捷性几乎不作考虑。

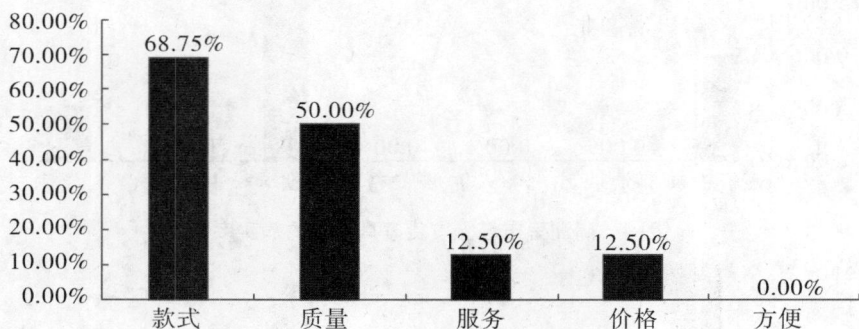

图 6　消费者购买广货主要因素统计

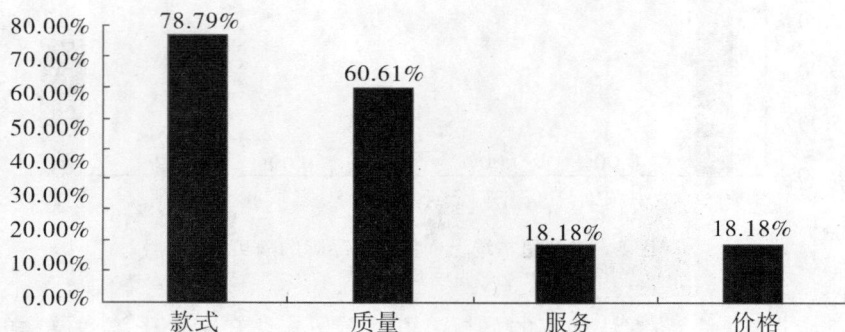

图 7　消费者购买广货家具品牌主要因素统计

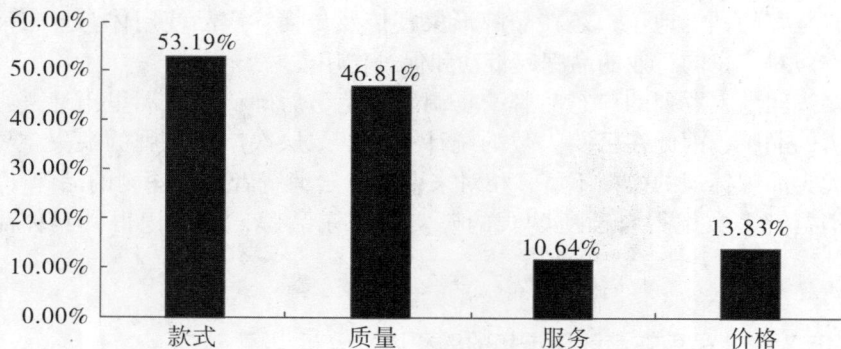

图 8　消费者购买广货卫浴品牌主要因素统计

（四）广货在满洲里市场的满意度分析

调研发现，满洲里市民对广货的满意度较高，评价主要集中在"非常满意"及"比较满意"，未出现"非常不满意"的评价（见图9、图10、图11）。

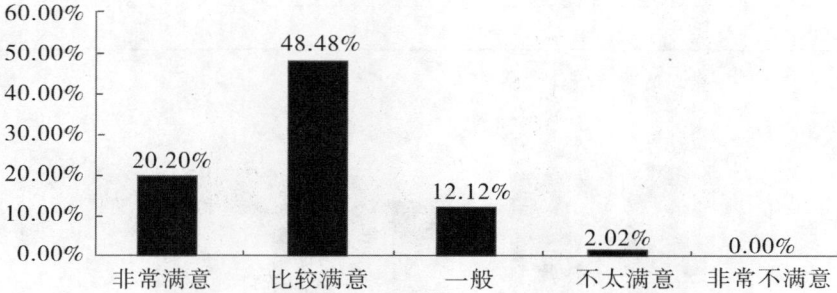

图9 已购消费者对广东家具商品的评价

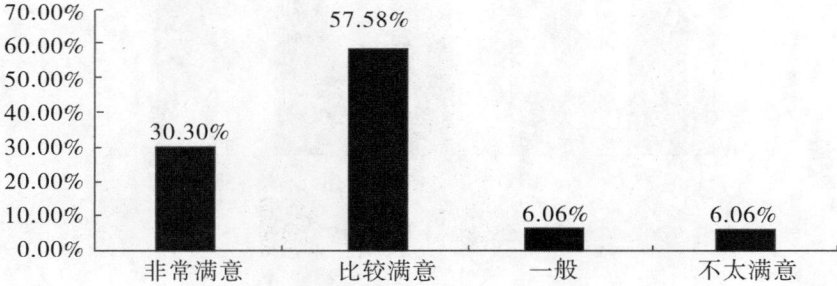

图10 已购消费者对广东灯饰商品的评价

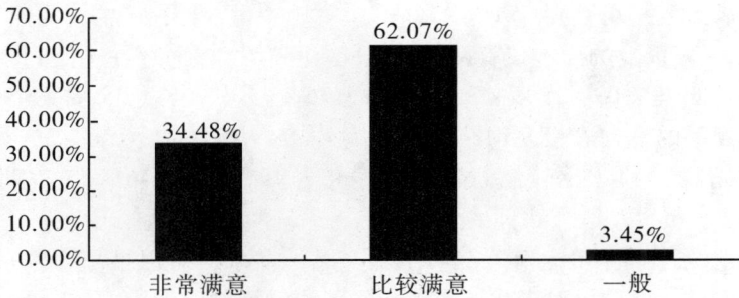

图11 已购消费者对广货的评价

　　调研组将问卷中的满意度选项作出以下赋值,得出各年龄组的平均满意度的关系如图 12 所示。

广货满意度选项赋值

选项	非常满意	比较满意	一般	不太满意	非常不满意
分值	90	75	60	45	30

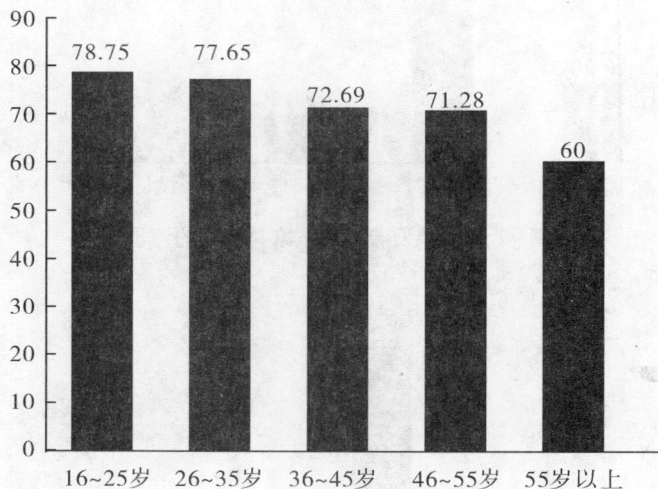

图 12　受众年龄组的平均满意度

　　上述分析结果可以说明:

　　(1) 广东品牌商品的使用体验在边贸地区主要符合年轻消费人群,且年龄越小,满意度相对越高。

　　(2) 55 岁以上的样本仅有两个,因此在可信度方面存在不足,在样本数相对充足的四组(16~25 岁、26~35 岁、36~45 岁、46~55 岁)年龄段内,广货品牌商品的平均满意度均在 70 分以上,16~25 岁以及 26~35 岁两组介于"非常满意"和"比较满意"之间,36~45 岁以及 46~55 岁两组介于"比较满意"和"一般"之间。

　　(3) 考虑不同年龄组对家具和卫浴产品的需求,可以推出,广东品牌的家具、卫浴整体上应以时尚化、年轻化、色彩鲜艳的设计为主。

（五）广货品牌在满洲里市场的认知渠道分析

调查发现，高达 61.62% 的满洲里市民从电视广告中了解广货品牌，29.29% 的市民通过朋友介绍，其次是户外墙体广告（24.24%），由于满洲里的网络普及率不高，网络广告的认知渠道较为狭窄，其他传播方式〔包括报刊（10.10%）、传单（5.05%）、出租车灯箱及广播〕的传播效果不好。

广货家具品牌的了解渠道多样，口碑传播占据主要地位。对于家具品牌，朋友介绍为主要的认知渠道，满洲里市民更倾向于从亲戚、朋友、同事获取家具品牌的信息，从而作出购买决策。另外，电视、报刊、户外墙体及网络广告也起到一定的作用。

广货卫浴品牌的了解渠道以电视广告为主，其次是朋友介绍和网络广告，而户外墙体及报刊广告的传播力度有限（见图 13、图 14、图 15）。

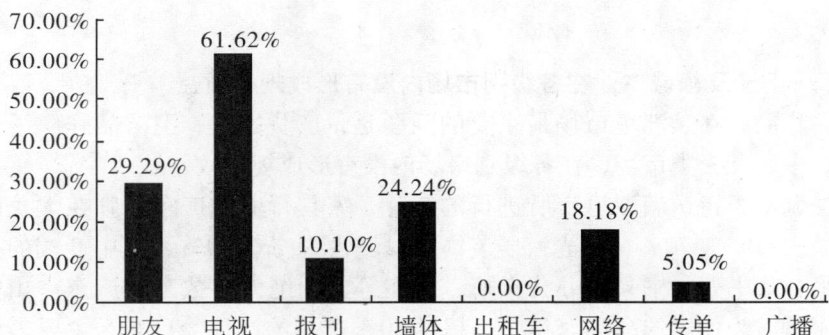

图 13　满洲里市民了解广货品牌的渠道

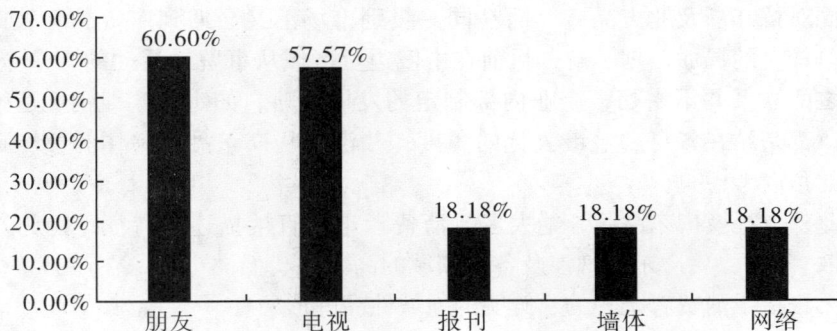

图 14　家具已购消费者了解渠道比率

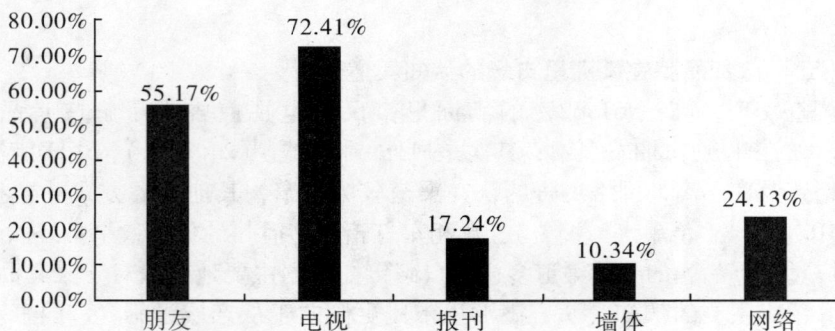

图15 卫浴已购消费者了解渠道比率

三、广货品牌在满洲里市场的问题诊断

（一）涉及领域广，在各级别市场内没有形成规模效益

广货品牌在满洲里市场最主要的问题是，广货家具、卫浴品牌广泛分布在高、中、低三类市场，在各级别市场内没有形成规模效益。

据调研组走访满洲里市所进行的统计，家具行业的广东品牌在大龙国际家居城占60%~70%，阳光家居装饰建材城占30%~40%，其中低端的办公室家具，如书架、书桌、办公桌椅、卡座等，则绝大多数来自广东中山；以发达家具城为代表的高端家具中，超过80%产品的产地为广东，主要来自佛山、中山和深圳等地。

对广货品牌商家而言，在各级别市场上彼此无法相连形成规模效益，以此共同对抗江浙及北方品牌，而在同一级别市场上又会遇到广货品牌彼此之间竞争较量的局面。据了解，目前在中俄边贸区域从事贸易活动的广东企业，彼此之间联系并不密切，企业内部制定的发展策略，如定价、促销、运输渠道等，都是站在各自利益最大化的角度，并没有从广东品牌整体和整个市场发展的角度考虑。

此外，提及广东品牌，绝大多数消费者难以直接描述其特征，因为"太过分散、庞大"。广东品牌涉及各个领域的高、中、低端市场，在产品整个层面上无法给予消费者统一的、鲜明的地域性品牌形象。

（二）初步形成品牌区域化，但面临同质化及品牌形象模糊的问题

在灯饰市场中，接受调研组采访的 13 家灯饰商店老板均表示，店铺里超过 95% 的灯饰是从广东进货，大多数来自中山古镇，其次是来自深圳和广州。其中来自深圳的灯饰的档次最高，其次是广州的，中山古镇的灯饰相对来说档次要低一些。

在调研和采访中我们得知，不仅消费者在购买家具、灯饰、卫浴产品时不会计较品牌，主要考虑到其价钱和款式，而且厂家或店铺从广东进货时也不会计较是不是大品牌或名牌，而是专门挑些小牌子或者没有挂牌的厂家进货，因为从这些厂家进货相对会比较便宜，款式选择也会比较多。以满洲里的灯饰行业为例，虽然商家进的广货都属于知名度较低的广东品牌，但是它们在满洲里市内以及出口俄罗斯的灯饰中占了绝大部分的份额。消费者并不会计较品牌的知名度，往往只会在意灯饰质量、款式和价钱，而广东的灯饰恰好能满足他们这方面的需求。因此，也可以说，一提起来自广东的灯饰，消费者和商人就会联想到质量好、款式新、价钱实惠，这无疑使"广东灯饰"本身形成了一种具有标志性意义的地域性品牌效应，也形成了一种消费者定向思维的优势："无论什么品牌，来自广东的就是好品牌。"而这也就形成了品牌区域化的优势。

在满洲里的灯饰市场上，能做到这种在市场份额上和消费者印象里的"垄断"，广货中的灯饰无疑是成功的。然而，目前灯饰产品在满洲里市场上的趋同度极高，调研组在调研中咨询商家比较不同产地的几款灯饰，商家均无法详细阐述其中的差别，也无法辨别出哪款灯饰来自哪一个品牌。另外，广东品牌目前仅仅是价格低廉与款式多样的代名词，但这两项均难以成为广货长远发展的品牌核心竞争力。要保持这种优势，并推广到其他区域甚至全国范围内，广东灯饰除了要保持其较高的质量、新颖的款式和实惠的价格外，还需要不断提高其信誉度和美誉度，制定和完善灯饰市场的制度和规定。

（三）网络在广货品牌传播中仅发挥信息渠道的功能

据调研组的走访调查，在进货方式方面，直接联系广东厂家无疑是满洲里家具、灯饰和卫浴行业的首要选择。对边贸商家而言，价格便宜和质量优良是影响进货的主要因素，而由于俄罗斯买家对于中国家具和灯饰产品的款式和质量并无过高要求，因此价格占主要地位。直接联系厂家可以跳过两级甚至三级经销商，在价格上取得更大优惠，并且避免了多次运输对家具和灯饰这些贵重、易碎的产品所造成的损害，而现今发达的铁路运输是此种进货

方式的强大支柱。据商家透露，灯饰产品从哈尔滨进货的单品成本为 7～8 元，而从广州直接发货的单品成本为 12～13 元。相比产品进货价的差距，运输价格的微小差距就显得无足轻重了。

我们还注意到，相比传统的展会和实地进货，超过半数商家会首选网络渠道进行采购订货。互联网在边贸城市商家的采购过程中主要起到提供信息渠道的功能。采访中调研组请"三友灯饰"的李老板示范如何进行网络采购，发现商家使用网络的方式仍处于非常基础的阶段，主要操作步骤如下：

第一步：在中文搜索引擎中搜索"LED 灯"、"照明网站"；

第二步：在搜索结果中逐个点开厂家的介绍主页，获取厂家具体信息；

第三步：比对合意的产品和价格；

第四步：通过厂家主页的联系方式（邮箱、电话、QQ 等）联系厂家进行洽谈，并下订单、发货。

从以上采购步骤可以看出，网络发挥的功能类似于传统黄页，提供厂家、产品的信息，而 B2B、B2C 的采购平台和网络支付等功能并未得到发挥。据商家们反映，互联网信息较为繁杂、真假难辨，容易掉入网络骗局，因此在具体联系洽谈和支付交货过程中仍选择传统渠道。"还是直接去广东那边看货和订货好，在网络上交易很不放心，亲自去看看会比较安心，毕竟是钱的问题。"李老板强调。

与此同时，超过半数的商家表示在网络上搜索厂家信息很难快速锁定合意的品牌及产品，主要原因是厂家的主页信息都集中在"口号式广告宣传"和"华丽、累赘的文字描绘"，而商家最希望掌握的产品全方位展示图、规格信息和相关价格信息往往被置于次要的位置，增加了商家了解产品的难度。在与电话客服和 QQ 客服的联系洽谈中，不少商家表示遇到过客服不了解网页上的产品信息、需要额外等待查询时间的情况。

因此对广东品牌的厂家而言，一方面需要在展会等传统渠道的基础上大力开发网络宣传渠道，进行 SEO 优化和及时更新主页上的产品信息；另一方面，需要更改厂家主页页面上的展示策略，以产品全方位展示图、规格信息和相关价格信息为主体，将广告标语及描述文案等支持性信息置于次要位置。同时，广东品牌厂家还需要指导客服充分掌握厂家主页的内容，避免信息不对称的情况出现。

（四）广货网上行并未推广至满洲里市场，广货需要政府进一步支持

调研组了解到，2012 年广东省经信委所推出的"广货网上行"活动，其开拓的网络平台及新闻效应并未影响满洲里的边贸环境。调查的满洲里商家、

消费者均不了解甚至从未听说过"广货网上行"活动，大部分不明白广货所指称的内涵和信息，也从未使用过环球市场等广货网上行的网络推行平台。

就代理或进购销售广东品牌产品的满洲里商家而言，他们并没有了解过广东政府具有哪些优惠条款或者政策支持与自身产业的发展相挂钩，更多是依靠本身去定价议价、开发渠道、建立销售网络和人际网络，独自面对同行业其他商家之间的激烈竞争，并且往往是同样代理广东品牌的商家。"压力特别大，一遇到行情不好或者汇率波动就大幅降价，别人降我也只能跟着降。有时候难免陷入'价格战'漩涡。"

广东政府若想在全国范围乃至边贸市场上推广广货品牌，使广东制造的优质产品能够整齐划一，具有良好的地域性品牌形象，就调研组在满洲里边贸市场的研究分析来看，不仅在产品研发及制造层面，更应在终端销售上给予统一的、有计划的规划和支持。若广货品牌代理商在边贸市场上呈现各自为政的现象，那么广东品牌在消费者眼中也只是零散的一个个具体商家企业，而没有树立起庞大的具有权威性的品牌形象，从而失去广货品牌的核心价值与竞争力。或是以政策优惠换取代理商在边贸市场上的一定控制权，或是引导各行业的广货龙头企业（如卫浴的欧派、箭牌，家具行业的皇朝家私）协同其他广货品牌形成地域性规模效益，政府若给予代理商及进购销售广东品牌的个体商家一定政策及其他方面的支持，不仅能有效保持其对广东品牌的高依赖度，更能扩大边贸市场中广货的市场占有率，提升品牌优势，相应增强话语权，提升其在消费者心中的形象，促进边贸地区的口碑营销，使得广货在出口市场中也占据主要地位。

（五）总结

在满洲里市场上，家具、灯饰和卫浴行业的广货品牌，凭借自身的质量高、款式多样和价格便宜，契合满洲里边境商家对产品多方面的需求，形成品牌区域化，使得广货品牌的家具和灯饰厂家牢牢占据满洲里边贸市场的主要份额。

当前，网络平台正逐渐在满洲里市场内商家的进货渠道中推广使用，广东家具和灯饰厂家的网络平台构建仍需要进一步完善，以巩固广货品牌在满洲里的市场地位，提升整体的美誉度，最终做到广货品牌在质量、款式、价格和进货渠道上都具有优势。

黑龙江粤商商会分析

改革开放以来，广东商人陆续来到黑龙江投资建厂，从事各种商业贸易。由于在经营活动中遭遇各种难题，在黑龙江从事贸易的广东商人，特别是在维护合法权益方面急需一个代表他们利益的团体向当地政府反映各自企业的诉求。

在黑龙江的广东商人希望在省内成立商会，帮助这些商人协调与当地的关系和解决生意上的矛盾，进而把企业生意做大做强，这就有了以省级单位成立的黑龙江省广东商会和以地市级单位成立的黑龙江省潮汕商会。黑龙江省广东商会成立五年来，努力加强会员企业间以及广东企业与政府之间的联系，积极收集黑龙江各地的招商引资信息和政府优惠政策，通过电话、网站和邮件等形式，为在黑粤商内部提供信息交流和资源共享。黑龙江省潮汕商会成立两年来，努力加强会员企业与粤黑两地地级市的联系，一方面联系广东潮州、汕头等城市组织机构来黑龙江举办各种展销会；另一方面组织会员企业开拓黑龙江佳木斯、黑河等地级市市场，加强粤商在黑龙江的市场竞争力。①

一、现状与趋势：广东商会

由黑龙江广东企业及个体工商业户组成的黑龙江省广东商会，是于2008年11月成立的全省性、非营利性的社会团体。商会实行自愿入会、自筹经费和自主办会，推行自我管理、自我服务、自我约束等原则，目前已经初步成为黑龙江广东企业和粤商自愿共享、交流合作的平台。

截至2013年，广东商会有会员单位200家，涉及大型家居装饰材料商场、大型购物餐饮娱乐商场、商铺租赁、珠宝、机电（设备）工程、医药、

---

① 省联合考察小组：《广货在东北和内蒙市场的调查与建议》，《广东经济》1998年第5期。

装饰材料、医疗器械、家具、房地产、酒店餐饮、纺织服装、IT业、电子（数码）器材、陶瓷、五金建材、物流、广告业、家电、办公（文教）用品、箱包、化妆品等行业，累计在黑龙江投资总额达1 000多亿元，帮助黑龙江6万多人解决了就业问题。

广东商会会长何文辉来自广州，1990年他来到黑龙江省哈尔滨市，并成立了哈尔滨红旗装饰材料城有限责任公司（简称"红旗城"）。红旗城地处哈尔滨市繁华商业路段红旗大街，紧邻国际会展中心，是城市主要路口的交汇点。红旗城以经销家具、陶瓷、卫浴和五金建材为主，是集十三大类家具建材商品于一体的大型租赁式商城，商场共有五六百家商家，超过三分之一的商家经销广东品牌，商品以零售和批发远销俄罗斯、远东国家和地区，是哈尔滨市家具建材业的第一品牌，也是广东商会的龙头代表企业。

广东商会定期组织会员企业参加各种会展和展览会，组团参加与其他企业家和政府领导的座谈会、交流会，起到了桥梁纽带的作用。

（一）设计和管理服务

广东商会通过制定行业管理的商规商约，建立了行业自律机制，用以维护会员企业的合法权益。一方面，商会主动加强与政府部门的沟通协调，解决企业的行政难题；另一方面，对于涉及广东企业的一些重大商业纠纷案件，商会通过广东企业家人大代表、政协委员提出提案，向有关司法或执法部门提出质询和建议，引起政府有关部门的重视，及时按照法律法规正确处理案件。

在融资服务上，广东商会及时解决了黑龙江一些广东中小企业的融资难问题。商会推荐资金充足、信誉好的民营企业与银行和投资风险担保公司合作，经过银行审查，担保公司作出担保，成功解决了一部分中小企业融资贷款难的问题；同时，商会还与银行合作，采取会员企业担保的方法，为广东企业谋取银行资金支持，享受特殊优惠政策。东亚银行哈尔滨分行加入广东商会成功帮助商会实现了专业的金融理财，也为广东企业提供了资金保障。

广东商会通过建立主页网站，收集会员企业和其他新兴行业的发展需求，定期或不定期对从业员工开展业务培训。一方面，商会聘请专业技术人才讲解专业操作规范和新技术的应用，同时与职业技术学校联合办班，培训一批合格工人和技术人员；另一方面，商会还邀请专家教授和企业领导讲解如何实现有效的企业管理和应对金融危机，培养一批优秀的企业管理人员。通过商会组织的培训，提高了一批员工的技术水平和管理水平。

（二）传播企业价值

黑龙江省广东商会成立五年来，曾多次向希望工程捐款捐物，兴建了多所"红旗城希望小学"。广东商会多次捐助粤籍大学生，同时资助了多名外来务工人员子女上学。对于天灾人祸，如地震、火灾等，商会发动会员企业相互扶持，为困难企业提供帮助，同时资助灾区群众，如汶川地震后，广东商会立即捐款100万元，在黑龙江省展示了粤商心系灾区和社会的良好组织形象。

黑龙江省属于边境身份，其产品远销俄罗斯、韩国、日本、美国等国家，在国际贸易中，在黑龙江的广东企业也遭遇了反倾销案件，例如黑龙江广东企业遇到了来自美国的家具反倾销制裁，黑龙江省广东商会和全国各地广东商会联合成立了"应对委员会"，成功进行了应诉，维护了广东企业的应有权益。

在商会的积极努力下，在黑龙江的粤商成为中国哈尔滨国际经济贸易洽谈会（简称"哈洽会"）的重要展销商，哈洽会是经国家批准的国际大型贸易展览会，由国家商务部、国家发改委和黑龙江省政府等多个部门主办，俄罗斯联邦经济发展部、日本国际贸易促进会等十多个国外政府部门和金融机构协办。

自1990年创办以来，哈洽会成功举办了22届，累计有80多个国家和地区近160万中外客商参展。黑龙江省广东商会每年组织会员单位积极参展，近年来，哈洽会家具馆一直在红旗城举办，不但充分展示了商会会员单位的名优产品，扩大了地域市场，而且形成了集团效应，为商会多家会员企业创造了高额利润，也成功塑造了广东这一地域品牌。

二、优势与挑战：潮汕商会

黑龙江省潮汕商会于2011年9月成立，目前有会员单位150多家，涉及商贸物流综合体、生物科技、生物医药、装饰材料、家用电器、房地产、新能源、珠宝、矿产、服装、皮草、餐饮、陶瓷、洁具等各种行业。商会累计在黑龙江投资总额达850多亿元。

潮汕商会一方面专注于为黑龙江省的经济发展服务，发挥沟通黑龙江和广东两地的桥梁作用；另一方面，还为来自潮汕的会员提供包括金融、法律、物流、投资等各种服务。哈尔滨华南城作为黑龙江省最大的招商引资项目，是潮汕商会与黑龙江省政府参与经贸合作的结果。华南城计划建筑总面积达

1 200 万平方米，总投资 500 多亿元。建成后，预计引进商家 10 万户，包括大量的潮汕企业，涵盖知名家具、陶瓷、卫浴、灯饰以及五金建材等各种品牌，市场年交易额预计为 1 000 多亿元，创造市场交易税收为 15 亿~30 亿元，成为哈尔滨市利税大户。

（一）商会搭台开拓地市级市场

潮汕商会积极配合黑龙江省政府招商引资。2012 年，潮汕商会组织一批会员企业家与黑龙江省政府代表团参加深圳经贸交流合作项目，商会共派出了 10 多名副会长企业家随同参加，邀请了 40 多位知名潮汕商人出席龙粤企业家座谈会。在潮汕商会的全力协助下，黑龙江和广东两省签约了 30 多个项目，签约金额达 470 多亿元。

潮汕商会与广东省地级市合作，组织参加各种展销会，如广东省惠州市曾在哈尔滨举办名优产品展销会，商会派出了 100 多名会员参展，最终使展销会成功签约 30 多个项目，总销售金额为 100 多亿元。商会还邀请广东汕头市委来黑龙江实地考察，吸引更多潮汕企业来黑龙江发展。

潮汕商会不仅在哈尔滨市发展，还辐射黑龙江佳木斯、黑河等地。2013 年，在潮汕商会的直接帮助下，广东腾瑞投资有限公司、香港宗成集团有限公司与佳木斯政府签约港龙东方城项目。港龙东方城计划总投资 55 亿元，建筑面积超过 43 公顷，建成后，成为集五星级酒店、商业街、写字楼、高档住宅区等为一体的文化商贸、娱乐休闲和居住的综合城，助推佳木斯市经济的进一步发展。

潮汕商会努力为会员提供各种各样的服务。潮汕商会为会员建立了借贷机制，当黑龙江一些小微广东企业存在资金周转困难时，商会通过联系会员企业和合作银行，及时为小微企业提供资金帮助。潮汕商会还与知名银行合作，特别是与中国银行汕头支行合作推出"潮商卡"，为会员解决企业的资金储蓄、借贷问题。①

潮汕商会聘请黑龙江省冰都律师事务所作为商会法律顾问，定期开展法律知识讲座，由商会顾问向会员企业家介绍一些商业案例，探讨如何寻找解决商业纠纷的方法。商会先后提供了 40 多次商务个案法律咨询服务，同时，商会还为会员提供法律维权服务，帮助多名会员单位成功解决了商业纠纷。

---

① 朱斐悦：《关于"广货"面临的挑战及其对策思考》，《港澳经济》1996 年第 7 期。

（二）开展公关活动，传播企业文化

潮汕商会与哈尔滨市各级媒体展开合作。潮汕商会与哈尔滨市《生活报》、东北网、潮商、潮人在线、天下潮商等媒体建立了联系，通过媒体传播商会的各种信息，让更多的人了解商会，支持会员企业的发展。同时，潮汕商会通过建立网络主页，将商会的各种动态、服务和合作项目公布到网站，成为黑龙江人了解潮汕商会和会员企业的平台。

潮汕商会免费分发自办刊物《龙江潮商》，与海内外潮商、知名潮汕企业和黑龙江省党政机关建立了联系。潮汕商会还与深圳航空建立战略合作伙伴关系，为潮商来往广东和黑龙江两地提供便捷的交通服务。

潮汕商会不仅与国际潮团联谊会、全国潮商大会以及各地商会协会建立了经常性联系，在黑龙江商会还与其他30多个商会和10多个外埠商会建立了工作联系。在国内，商会与全国40多个商会、协会、联谊会等建立了工作联系；在国际上，商会还与中国港澳等地区，美国、马来西亚等国家的潮人社团建立了工作渠道，并且多次组团参加国际潮团联谊年会、全国潮商大会、北京潮人商会年会等活动。通过参加会议和对内、对外联系，潮汕商会建立了一个多渠道的商贸关系网。

潮汕商会作为拥有众多会员企业的社会团体，曾多次向黑龙江、广东、四川等地的贫困家庭、血友病患者和地震灾区灾民捐款捐物。2011年，哈尔滨捷夫珠宝有限公司、黑龙江省中瑞医药有限公司等潮汕商会会员企业，了解到黑龙江有多名血友病患者无力承担昂贵的药费，部分患者因治疗不及时造成了终身残疾或者死亡，遂向黑龙江省的血友病患者捐献了"人凝血八因子"2万单位，该药被称为"救命药"，预计可以救助50多名患者。同时，潮汕商会为黑龙江的潮汕籍学生颁发奖学金，帮助贫困家庭出身的大学生交学费。商会刘宗明顾问还为"最美女教师"张丽莉送去十万元慰问金。

为了在黑龙江更好更长远地发展，潮汕商会不断吸引黑龙江潮汕企业加入商会，还通过聘请黑龙江省德高望重的领导担任商会顾问，为潮汕企业创造更好的投资环境，也提高了商会的竞争力和知名度。

与广东商会、潮汕商会相比，黑龙江省浙江商会（原名黑龙江省浙江企业联合会）是黑龙江省最大的省外民间组织，历史悠久，在黑龙江有着长期而广泛的影响力。该商会成立于2003年11月，与黑龙江省广东商会和潮汕商会相比，成立更早，这与浙江商人较早来到这片黑土地经商有关。据了解，目前在黑龙江省投资开发经商办厂的浙江人有15万，企业有1 000多家，总投资额约为100亿元。相比黑龙江省广东商会和潮汕商会，浙江商会有着更多的会员企业和企业员工，影响力和知名度不可小觑。截至 2011 年，黑龙江浙江商人以经营民营企业的温州人为主，在黑龙江共投资 760 多个项目。黑龙江省浙江商会共有 150 多家会员单位，浙江企业涉及装备制造、生物化工、现代服务业等传统的具有商业优势的领域。

金融危机后，全球企业遭遇市场寒冬。黑龙江省广东商会主动开展"广货全国行"活动，积极推介广东品牌，帮助企业转型升级，扩大市场规模，帮助黑龙江广东企业成功应对金融危机，实现了黑龙江广东企业从无到有、从弱到强，实现了跨越式发展。

同时黑龙江省广东商会成立五年来，对于参与龙粤两地的经贸活动非常积极，广东商会共组织会员企业家 300 多人次，参加了 30 多场经贸洽谈活动，例如"山洽会"、"外博会"、"哈洽会"以及广东大型系列招商活动和黑龙江省（广东、深圳）产业推介招商活动，完成了 80 多项经贸合约，签约金额达 500 多亿元。黑龙江广东企业在龙粤两地开展经贸活动时，商会积极与当地政府协商，给予粤企特殊优惠政策和补贴。

2009 年后，黑龙江省广东商会以"哈洽会家具馆"为平台，组织广东企业参展，广货品牌商品占 65%，提高了广货的市场占有率和影响力。2009 年广东商会举办了"广东产品龙江行"系列活动，鼓励当地超市和商场的经销商多进广货，帮助广货促销，进一步占领黑龙江省内市场，这是黑龙江省浙江商会不具备的优势。

黑龙江广东商人主要经营家具、陶瓷、卫浴、医药等，粤商、浙商的经营领域重叠不多，黑龙江广东企业涉及更多产业，具有更大的市场和产业优势。据了解，相比黑龙江省广东商会的会员企业，黑龙江浙江企业对俄罗斯贸易更有兴趣，并参与到对俄罗斯口岸基础设施建设、对俄罗斯出口加工基地和对俄罗斯商品展示中心等经贸合作项目中，努力开拓俄罗斯市场，这也是黑龙江省广东商会需要进一步拓展的市场。

广货品牌哈尔滨市场分析

　　内蒙古东部、黑龙江组调研团队进入黑龙江省哈尔滨市后，重点选择广货（广东货物）中的传统优势品类"家具、卫浴、灯饰"品牌为调查对象，试图了解此类品牌在哈尔滨市场上的市场占有情况、在哈尔滨经济贸易中所占比重，以及在哈尔滨市场上取得的品牌认同情况等。

　　调研采取深度访谈法、观察法和二手资料分析法等，从多方面详细了解广货品牌信息，印证相关调查结论。

　　在此次调研过程中，我们直接与商会组织负责人、企业商人、商店老板等进行深度访谈，并实地观察了家具市场，同时搜集二手资料进行深入分析，具体如下：

　　（1）深度访谈：2013年8月23日上午，拜访黑龙江省广东商会，采访商会秘书，了解商会发展、广货在黑龙江概况、粤商在黑龙江概况、兄弟商会基本情况等信息；8月23日下午，采访红旗城总经理助理及下设的家具城和建材城的业务经理，了解哈尔滨市家具市场，以及广东家具品牌在哈尔滨市的概况；8月29日，采访黑龙江省潮汕商会顾问张明慧先生，深入了解粤商在黑龙江发展历程、潮汕商会概况以及相关广货品牌情况；8月30日，采访黑龙江省潮州陶瓷协会会长、潮汕商会副会长吕荫伦先生。

图1　黑龙江省潮汕商会顾问张明慧先生

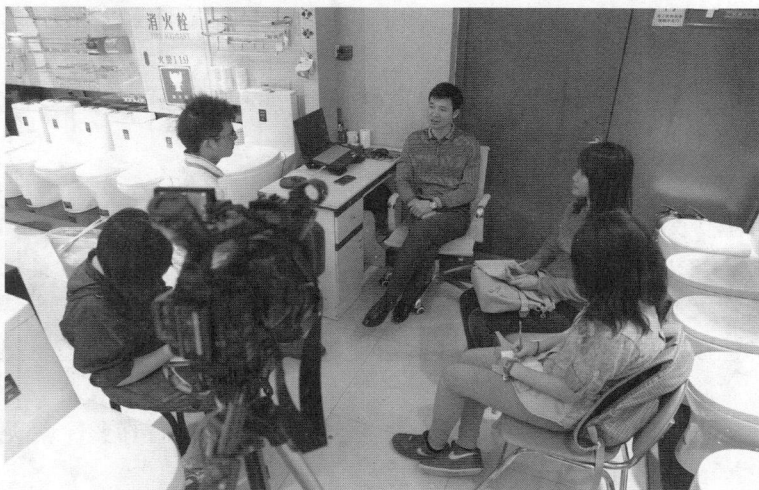

图2　采访黑龙江省潮州陶瓷协会会长、潮汕商会副会长吕荫伦先生

（2）观察：8月23日，走访哈尔滨市著名家具城红旗城，观察了解家具市场概况；8月30日，走访哈尔滨市太古城、红旗家具城和建材城，观察记录关于广东家具、卫浴、灯饰的品牌及分布状况。

图3　组员走访、观察红旗家具城

（3）二手资料分析：收集相关黑龙江省贸易信息，哈尔滨市贸易信息，"广货全国行"信息，"广货网上行"信息，广货相关论文、讲话、报道等信

息，结合访谈对象提供的资料，对调研主题进行全面解析。

一、广货在哈尔滨市场的发展与品牌认同

（一）哈尔滨市贸易概况

哈尔滨作为黑龙江省省会，是中国东北北部（黑龙江省）最大的政治、经济、文化和交通中心城市，也是中国省辖市中管辖面积最大、管辖人口居第二位的特大城市①。哈尔滨作为新中国成立后起步最早的工业城市，为新中国的经济建设作出了重大贡献。在国家实施振兴东北老工业基地、黑龙江省委省政府实施"八大经济区"战略的大背景下，哈尔滨承载着新一轮的历史使命，强力推进"北跃、南拓、中兴、强县"发展战略，在整个黑龙江经济发展中发挥着核心和引领作用。

在进出口贸易方面，黑龙江省在 2012 年实现进出口总值 378.2 亿美元，比 2011 年下降 1.8%②。从贸易方式看，一般贸易进出口 274.7 亿美元，下降 7.2%；边境小额贸易进出口 78.2 亿美元，增长 21.3%；加工贸易进出口 7.7 亿美元，增长 14.1%。从企业性质看，国有企业进出口 170.0 亿美元，增长 6.1%；私营企业进出口 196.6 亿美元，下降 7.3%；三资企业进出口 10.5 亿美元，下降 8.0%。从国别（地区）看，对俄罗斯进出口 213.1 亿美元，增长 12.2%，除俄国外，对美国、印度、德国、韩国、日本的进出口总额均较 2011 年有所下降。从商品类别看，机电产品出口 43.9 亿美元，下降 16.4%；高新技术产品出口 2.7 亿美元，下降 0.8%。

近年来，哈尔滨消费品市场购销活跃，企业规模化程度不断提升。2011 年，在城乡居民收入快速提高和国家消费政策的持续推动下，哈尔滨市社会消费品零售总额达到 2 070.4 亿元③，呈现出农村市场销售旺盛、零售业贡献突出、石油及制品类和金银珠宝类增长较快，以及限额以上贸易比重快速提升等特点。2012 全年实现社会消费品零售总额 2 394.6 亿元。其中，城镇消费品零售额 2 168.3 亿元；乡村消费品零售额 226.3 亿元。从行业看，批发业零售额 310.5 亿元；零售业零售额 1 769.5 亿元；住宿业零售额 22.1 亿元；餐饮业零售额 292.5 亿元④。

---

① 陈瑶：《哈尔滨区域经济发展问题研究》，《经济研究》2013 年第 7 期。
② 黑龙江省统计局：《2012 年黑龙江省国民经济和社会发展统计公报》，2013 年。
③ 哈尔滨统计局：《2011 年哈尔滨国民经济运行情况综述》，2012 年。
④ 黑龙江省统计局：《2012 年哈尔滨市国民经济和社会发展统计公报》，2013 年。

（二）广货在哈尔滨市场发展概述

零点调查公司曾提出，人们提到的广货在不同层面上有不同的所指：第一，从区域行政意义上来讲，是指广东境内生产的所有产品（包括纯国产的、合资的或以三来一补方式加工的），这是最宽泛意义上的广货；第二，广东产品中某一类或几类具有优势或成规模的产品，它实际上是指广货名牌；第三，是指实际意义上的，比如由广东经销或转口的产品，以及因各种原因而与广东发生联系的产品①。我们此次调研的广货概念是指第一类，即所有广东生产的产品及在广东省注册的品牌均在考察范围内。

广东产品质优价廉，在国内外久负盛名。广东历来重视与黑龙江的经贸合作，双方一直保持着较频繁的经贸交往。

2001 年 6 月 13 日，由广东省政府、黑龙江省政府联合举办的"2001 年广东—黑龙江经贸合作洽谈会"开幕，300 多家商家携带着广货亮相哈尔滨；同日上午，2001 年广东—黑龙江经贸合作洽谈会举行了首批 62 个合作项目的签约仪式，合同金额达 37.3 亿元。

2009 年，广东省制定出台《全省扩内需促消费保增长活动专项工作方案》；同年 4 月，省经信委下发《关于印发广东产品全国行系列活动方案的通知》。随着 2009 年 4 月 6 日"广东产品全国行"系列活动首站在西安的启动，广货全国行正式启动②。6 月 15 日，作为"广货全国行"的一部分，"广东产品黑龙江行"活动在哈尔滨市红旗家具城启动。

广东省经信委出台的《2012 年全省市场开拓和经济协作工作方案》提出，争取在全国范围内建设 8 个或以上广东商品销售基地或销售中心，并规划"在黑龙江建设广东家具销售基地"③。

到 2012 年，广货全国行已经进入第四年。三年多以来，"广东产品全国行"层层深入，北上西进，为进一步深化地区间经贸往来、发展优势互补、实现区域间的互利共赢创造了条件。2012 年 9 月 14 日，"惠货全国行"的最后一站到达哈尔滨，举办了为期 3 天的广东惠州产品（哈尔滨）展销会，展销会由惠州市委、市政府，省经济和信息化委员会联合主办，是自 2009 年以

---

① 凌点：《广货：在中国人心中的形象》，《中国经济信息》1997 年第 5 期。
② IUD 中国政务舆情监测中心：《"广货全国行"开拓大省关系新模式》，《领导决策信息》2012 年第 22 期。
③ IUD 中国政务舆情监测中心：《"广货全国行"开拓大省关系新模式》，《领导决策信息》2012 年第 22 期。

来举办的第 11 场"惠货全国行"展销会。

广货在当地采取多种形式进行宣传推广，包括运用传统媒体、新媒体和大型粤商自身销售平台等，通过展览、展会、品牌专柜、商会会刊、网站等进行品牌传播。其中，"哈洽会"对俄罗斯及其他周边国家的宣传、推广，把广货进一步推广开来。

调查发现，在我们选择的三个广货品类中，家具和陶瓷卫浴在哈尔滨市场颇具规模，而灯饰产品和品牌还未形成规模经营和品牌效应，接下来笔者将就家具和卫浴两个大类对广货在哈尔滨市场上的调研作出分析。

（三）广货在哈尔滨市场的品牌认同

在调查过程中，我组成员对哈尔滨市商家及消费者做了随机的访问，试图对消费市场及中间商市场上，人们对广货及其品牌的态度及认同情况做概要了解。

1. 广货概念在消费者脑海中具有缺失性和模糊性

通过走访调查我们发现，在中间商市场上，商家对广货的了解比较深入，人们在代理、经销上对产品产地有着比较明确的认识和选择。但对于消费者来说，广货的概念是缺失的，或者说至少是模糊的。人们只有"广东产品质量不错"的印象，但不会主动去了解和区分产品的产地，更多地关心品牌本身是否具有知名度。

同时，大部分广货品牌在宣传过程中，很少特别强调广东生产或广东品牌的信息。多数时候，顾客更关注店面的装修情况、服务员的服务情况、商品的摆放情况，以及广告的情况，并以此来衡量一个品牌是否高端，而不是以产地来判定。

2. 广货品类齐全，消费者各取所需

广货无论是在产品风格、价位上，还是在营销手法上均注重争取不同阶层的消费者，这也是广货保有较大市场份额的基本原因[①]。

消费水平较高的顾客会以品牌为导向挑选产品，而消费水平较低的顾客会选择合适价格和款式的商品。广货及其品牌，涵盖了多个阶层，高、中、低层皆有。这也使得广货在最大范围内最多层次上获得最广泛的认知和认同。

3. 市场认知度高，鲜有假冒现象

据了解，在陶瓷、卫浴产品中，冒充广东品牌的情况几乎不存在。

---

① 凌点：《广货：在中国人心中的形象》，《中国经济信息》1997 年第 5 期。

究其原因，一方面是基于商贸流程的把控，品牌历经注册、鉴定、证书、检验审查等流程，从制度和程序上减少甚至杜绝了假冒伪劣现象。另一方面则是基于商家本身的信誉和广货本身的地位。由于广东产品认可程度高，购买阶层广泛，产品受欢迎度高，商家在广货代理和经营上比较谨慎。

二、广货家具品牌在哈尔滨

（一）哈尔滨广货家具重点集聚地——红旗家具城

红旗城是哈尔滨红旗装饰材料城有限责任公司、哈尔滨红旗家具城有限责任公司的总称，是黑龙江省政府 1999 年广东招商引资的重点项目，是董事长何文辉先生及其他股东共同出资按现代企业制度规范设立的股份制企业。

目前，公司注册资金已达 1.3 亿元，经营面积 12 万平方米，驻场业户近千家。公司以经销家具、建材为主业，品牌近万种，兼营零售、批发，商品远销俄罗斯、远东国家和地区，业户全年实现销售额近 10 亿元，成为名副其实的家具商品集散地，符合哈尔滨市《"十一五"发展规划》中大型家具商场的标准。红旗城凭借自有的固定资产、先进的设施、幽雅的购物环境和完善的售中、售后服务体系，展位出租率保持在 100%，在取得良好经济效益的同时，也提升了公司的形象，打造了哈尔滨市家具建材业的第一品牌。

红旗城凭借自身的优势，在哈洽会组委会、市区政府的支持和指导下，连续两年成功承办了第十七届、第十八届哈洽会家具类产品分会场。承办国际型展会，不仅打开了通向国际贸易的窗口，也给红旗城带来了更多的机遇和挑战。2008 年，红旗城已被哈洽会组委会正式批准为"家具商品专业展馆"。一个企业繁荣一方市场，红旗城的成功经营，对周边区域经济的发展起到了强大的拉动作用，形成了哈尔滨市独有的"红旗商圈"。

现有商品如下：精品家具、儿童家具、办公家具、陶瓷卫浴、地板、油漆、五金配件、木工板材、石材、玻璃、石膏、厨具、吊顶、门窗、楼梯、小家电、散热器。

目前进驻红旗城的广东知名品牌有纯真岁月、朝日明珠、星动时光、美鑫办公、中泰办公、兆生、国景办公、高升办公、中山广泰、万力、伟豪、欧派橱柜、箭牌洁具、伊莱斯卫浴、恒洁卫浴、生活家地板、捷夫珠宝等。而灯饰品牌在建材中虽有显现，却不成规模。

（二）广货家具品牌在哈尔滨发展势头良好

在 2010 年，哈尔滨市有红旗城、曼哈顿、中马路、禧龙、海城、黎华、大发等 10 多个市场及超市经销各类广东产品。据不完全统计，经销广东家具，约占 50%；经销广东装饰材料、建材，约占 70%；经销广东各类服装、纺织品、箱包、皮具、五金配件、不锈钢配件等，约占 40%；经销深圳加工的珠宝，约占 60% 等。消费者反映广东产品质量好，美观时尚，价格适中。广货普遍被看好，销售情况比较好。红旗城拥有家具、装饰材料、建材等厂商 1 000 多家。其中广东厂商 500 多家，占红旗城现有厂商的 5 成以上，数量在逐年上升，且发展速度非常快，最初只有 80 多家，到 2011 年，已增长到 500 多家[①]。

我组对红旗家具城做了实地考察，通过观察对红旗城广货相关品牌进行了统计和记录。同时对其主要管理人员、业务经理、商户进行了采访，从中发现：

1. 广货儿童家具、办公家具在同类市场中独占鳌头

据了解，红旗家具城中，80%~90% 的儿童家具是广货，如"家有一宝"和"一休哥"等；办公家具也有将近一半的品牌来自广东。在餐桌、座椅类家具上，广货有着木头质量好、款式现代化、玻璃金属镶嵌工艺精美、款式新颖等特点。同时我们了解到在哈尔滨工艺玻璃市场上，也有 70% 的品牌来自广东。

如图 4 所示，在红旗城的儿童家具品牌构成上，有将近 85% 的品牌来自广东，包括纯真岁月、朝日明珠等知名品牌。据了解，广货儿童家具一般质量好，价格相对较高，主要面向中等及中等以上经济水平家庭。

在办公家具中，广货品牌大概占到 42% 的份额（见图 5），且办公家具大品牌主要来自广东，如伟豪、兆生、中泰、国景以及高升办公等品牌。

---

① 黑龙江省广东商会。

15.38%

84.62%

■广货品牌
其他品牌

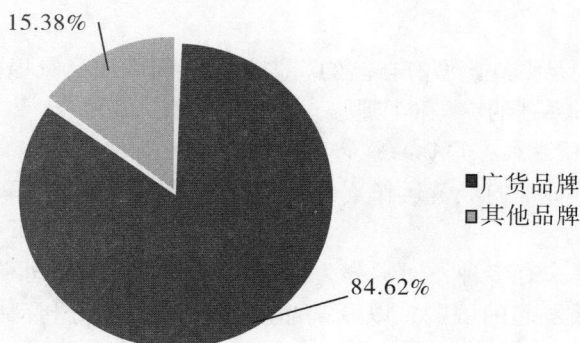

图4　儿童家具广货品牌与其他品牌对比图

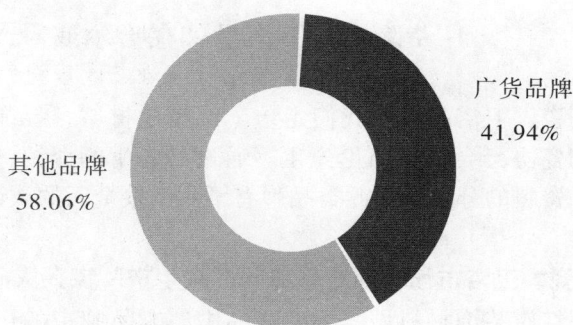

广货品牌
41.94%

其他品牌
58.06%

图5　办公家具广货品牌与其他品牌对比图

2. 广货品牌宣传手段多样，推广效果良好

从商家和消费者两个方面我们了解到，广货大品牌，如皇朝家私、纯真岁月等，宣传力度非常大，会同时利用电视、广播、报纸和路牌进行一系列的宣传。

广货商家在哈尔滨的推广大致分为两类，一类是以报纸为主，兼顾电视的广告投放。主要投放媒体是《新晚报》、《生活报》和哈尔滨电视台。另一类则是通过中高端品牌会展、团购活动等，这一形式渐渐成为近几年的宣传、促销主流。每年除了哈洽会等大型贸易洽谈会外，哈尔滨还有定期举办的家具会展活动。小区营销也是展销的形式之一，即商家利用小区广场，进行现场展示，邀请顾客到场。此类推广方式对商家的营销能力、策划能力、组织能力和财力有一定的要求，一般为大品牌所采用。

在媒体选择上，广货品牌偏向市级媒体，且注重户外广告媒介的应用，尤爱路牌广告。

值得一提的是,红旗城有自己的广告公司,为内部商家提供设计、制作、印刷、出街等一系列的广告推广服务。

3. 创新营销方式:广货品牌的团购与品牌联盟

红旗城除了日常的经营运作之外,还开发了团购和品牌联盟的形式,以促进销售。

商场团购形式有多种,通常分为由专业网站和展览公司举办的团购,由主流媒体、报纸发起的团购,以及某品牌通过网站在网上召集开展的团购。品牌联盟,则是选择不同的品牌和产品类型,举行联盟促销,消费者可享受折扣优惠。

三、广货陶瓷、卫浴品牌在哈尔滨

针对广货陶瓷、卫浴品牌,我们走访了红旗建材城、装饰城,并专访了黑龙江省潮州陶瓷协会会长吕荫伦先生。通过吕先生的介绍,以及我们的实地走访和对二手资料的分析,对此类品牌有了一个较全面的认识。

(一) 在陶瓷、卫浴市场,地域品牌"广东生产"深入人心

据了解,在红旗装饰材料城,卫浴产品中广东品牌占的比例较高,约为52%(见图6)。卫浴品牌中恒洁、箭牌知名度高,箭牌在哈尔滨市卫浴产品市场上几乎占到40%的份额。陶瓷产品如瓷砖、地板等,广货品牌市场份额相对较低,但品牌个性突出。

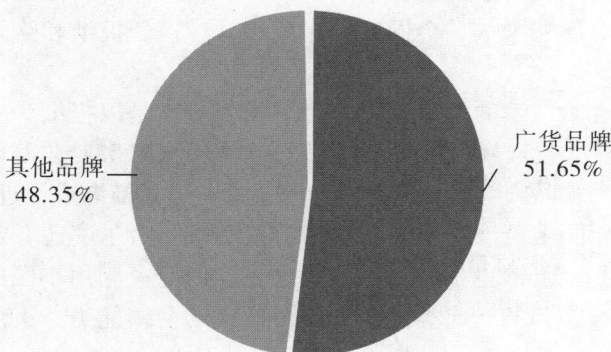

其他品牌
48.35%

广货品牌
51.65%

图6 红旗城陶瓷、卫浴广货品牌与其他品牌对比图

在走访过程中我们发现，许多陶瓷、卫浴产品如果在标识牌上只填写一项信息，那肯定是"产地"这一栏的"广东"。据多个商家反映，消费者普遍认为，广东产品质量可靠，在黑龙江地区深受欢迎。

广货在很大程度上已经成了一个地区品牌，"广东生产"成了质量的代名词。类似的还有，"佛山"的墙砖地砖、"开平"的水龙头、"彩塘"的花洒等，广货在哈尔滨市场上已形成几个地域性品牌。

（二）广货陶瓷、卫浴产品销售以品牌省级代理为主要渠道

据了解，在哈尔滨市场上陶瓷、卫浴产品的主要销售模式包括政府招标、企业采购（工程采购）、零售、批发四种方式。

在哈尔滨市经营陶瓷、卫浴产品的商家一般是广货品牌的省级代理，占到70%左右，经营者一般为黑龙江本地人。陶瓷名城潮州在哈尔滨设有20多家办事处。广货陶瓷产品代理和批发商网络已经覆盖了整个黑龙江市场，包括地级市、县级市和农场各个区域。

在产品供应上，代理商通常直接从广东进货。潮州的陶瓷、卫浴产品在哈尔滨地区尚未设厂生产。基于广货的品牌优势，哈尔滨地区有个别低端品牌为了适应市场，选择贴牌生产，即在广东注册公司、厂家，在黑龙江地区生产。

（三）对外贸易形式固定

即便临近俄罗斯，广货陶瓷、卫浴产品在对外贸易上并没有明显优势。据了解，哈尔滨对外贸易交易形式比较固定，即通过交易会形式实现。出口的订单基本都在交易会上确定，直接与厂家签单。在哈尔滨市，一般不跟俄罗斯有直接贸易，进出口贸易一般都会在每年的展销会、交易会上签单。一般品牌和大多数商家主要面向内需市场。

（四）成熟市场，良性竞争

据了解，相对于竞争对手来说，广货品牌的整体优势主要体现在质量和售后服务上。广货建材市场从开始仅有一条街（太古街）发展到目前商场、批发市场、零售市场相结合的规模，广货在黑龙江地区的市场占有率正一步一步扩大。

陶瓷、卫浴是一个比较传统的产业，不同于高端的电子产品，它的成本和价格比较透明，市场一般不会出现价格战现象。该行业已形成了成熟的市

场和良性竞争环境，业内竞争主要在于质量和品牌知名度。另外，据吕会长介绍，成立陶瓷协会，也是为了防止恶性竞争的状况出现，协会品牌只能坚持走良性竞争的路子。

四、哈尔滨市场广货问题及建议

广货的市场战略关系到广东经济发展的战略部署，关系到能否促进广货生产能力的扩大，从而促进广东经济的大发展，因此就不仅要保持现有的市场优势，更要有所突破①。通过此次调查，我们了解了广货在哈尔滨市场的基本情况，并从中发现了广货在哈尔滨市场上存在的一些问题，同时对相应的对策进行了思考和讨论，在此提出以下意见和建议。

（一）渠道优化：广货在东北市场销售渠道存在短板

在"广货全国行"活动过程中，全国人大代表、江门金羚集团有限公司董事长潘皓炫在接受采访时说："没大型连锁超市，是'广货全国行'最大的短板。"② 产业发展到今天，任何行业都知道"渠道为王"的重要性。在人、财、物成本增加的情况下，广东个别企业寻求建立专卖店的方式，很显然成本太高，得不偿失。应该从政府层面开发、扶持广东的连锁超市，并推向全国。

我们通过调查发现，广货品牌在哈尔滨地区的销售多是通过省级代理的方式，渠道单一。现代市场经济要求企业第一要重视的就是分销网络的建立。渠道相对于价格竞争、广告宣传和人员推销等营销手段，更具有持久的竞争优势。建立合理、顺畅、稳定、高效的广货分销网络才是广货直接深入市场的保障和基石，广货在哈尔滨市场乃至东北市场发展的关键是优化现有的经销模式。粤商走遍天下，遍布全球，距离不应该是借口。粤商应充分发挥广东人经商能力的优势，主动出击，在东北市场建立完善的销售网络。转变目前单一的省级代理模式，此外，还需要开展多种方式合作，如专销与多渠道扩销相结合，自办代理与委托代理相结合等。充分利用当地有实力经销商的资信、商誉等影响力，扩大广货的辐射范围。

另外，广货要拥有在主要商业城市设立的分销中心，如"广货一条街"

---

① 朱斐悦：《关于"广货"面临的挑战及其对策思考》，《港澳经济》1996年第7期。
② 《"广货全国行"有困难，全国人大代表支招》，《羊城晚报》，2012年3月12日。

或永久性广货展示、购物中心等，目前哈尔滨市华南城的建设即属于这一方式，也必将对广货的推广和发展作出巨大贡献。行商变坐贾，布设专门销售点，能够强化广货的阵地销售。

（二）品牌清晰化：广货地区品牌概念初具，但形象模糊

通过调查我们充分了解到，目前广货形象在东北市场已有一定的基础，在消费者心目中已形成一定的印象和联想，但这种印象似乎只是一个念头并不是一种坚持，因此将广货品牌进一步强化和推广是可以实现的，也是必须要做的。

良好的品牌，是应该而且完全可以充分利用自己的优势来对竞争者形成威慑，以遏止竞争对手的行为，使自己处于竞争的有利地位，这一原则不仅适用于个别品牌，同样适用于区域品牌。目前来讲，广货的地域品牌已经形成，人们对广货的印象是整体的，而不是针对某个具体品牌。创立广货的品牌概念，做到"商品未至，形象先行"，能够为广货集体无障碍发展和快速占有市场增加砝码。

在实现这一形象塑造时，需重塑广货的质量形象。质量，已经成为反映广货声誉与实力的重要标志。目前我们尚未发现假冒伪劣现象，但仍需要警惕它的发生。现代营销理论认为，以创新超越消费者的期待，用科技提高顾客的满意度，是现代企业促销的黄金定律。与此同时，广货也要在自身质量上努力，力争不断满足消费者对广货品质、价值、创新的要求和期待。

（三）创建龙头品牌：强势企业不突出，第一梯队品牌缺失

营销学认为，消费者的记忆是有梯度的，他们最多能够记忆 7 个品牌，此类品牌具有无提示记忆、无提示联想和重复、习惯购买的倾向和优势。在目前消费市场品牌泛滥的时代，占领消费者心智，成为第一梯度品牌就显得尤为重要。然而，调查中发现，广货品牌中强势品牌并不多，尤其是在灯饰产业上，消费者和代理商只有"某品牌产地广东"的认知，并没有认准"某广东品牌"的认知。广货在发展过程中，要注意强势品牌的建立和推广，以领头羊的作用和效应来带动广货整体形象和价值的提升。

竞争中要想赢得优势，除了品牌、形象等，必须从各个方面进行管控，无论是基础的产品还是成本。在竞争激烈的时代，进入一个市场有一定的难

度，于是采取"就地开花"的办法，不失为一种新型战略①。

从调查中所得的进货渠道我们发现，大品牌产品几乎都是直接从广东进货。这样一方面使得消费者放心和满意，另一方面也使得品牌成本上升，不可避免地提高价格。因此鼓励有实力企业以品牌输出、异地产销来提高广货市场占有率，这不失为一种发展新路径。广东省或有关地方政府可以用互惠政策，推动本地企业顺利进入当地市场，甚至争取到当地的优惠措施，为建立广货加工区创造条件。

（四）树立现代营销新理念：经营个体与组织均缺乏专业意识和理论指导

商人多是自己闯天下，在市场经济刚刚建立的时期，敢想敢做的拼劲儿和闯劲儿就足以支撑一个企业的发展。但是在目前市场经济日趋成熟、品牌成为竞争关键的时期，没有专业意识对品牌来说将是一个严重的短板。

受千百年文化的影响，中国的市场拥有自身的特点，比如市场思维之外的交往原则，所谓"来而不往非礼也"。企业和品牌的发展也要把握文化心理，结合时代要求，树立大营销的观念。营销大师菲利浦·科特勒博士提出了"大营销"理论，即在原有 4P 的基础上增加权力（power）和公关（public relation）。借助权力影响和公关活动开展相关营销活动，已然成为一个有效和常见的方法。

我们在调查中发现，在黑龙江省的粤商与商会的联系并不密切，当地粤商与当地政府部门特别是工商行政部门的联系也不紧密，这无疑为企业发展切断了一个强大的助力。在近期开展的广货全国行、广货网上行活动，广东省政府为广货发展着实进行了系统的规划，哈洽会等贸易会也为广货发展提供了很好的平台，但似乎有些后劲不足。

广货要真正走出去并在当地扎根发芽，需要粤商群体从个人到企业再到政府的共同努力，通过大营销理念为企业营造良好的营销环境。一是在外粤商要注重与当地政府部门的融洽相处，并建立友好、长久的关系。二是除了定期举行政府搭台、企业唱戏的商贸洽谈活动之外，还要关注企业和品牌在当地的后续发展和落实情况，这也是力保活动有效的重要措施。三是要借助舆论、公开信息等行为，宣传企业与产品，分析并总结成功企业经验等，为广货整体发展和品牌传播建立良好的舆论环境。

---

① 罗国民等：《广货扩张新策略：市场与产业的双向扩张和梯度推进》，《广东商学院学报》2001 年第 2 期。

参考文献

[1] 金首文、李怀清、宋景臣：《当前满洲里口岸对俄贸易发展现状问题》，《边贸金融》2013 年第 7 期。

[2]《满洲里关区轻工产品出口逆增长》，http：//www. caop. org. cn/show_article. jsp？article_millseconds = 1377134786800，2013 年 10 月 22 日。

[3] 盛志君、梁振民、谷雨：《内蒙古满洲里口岸经济发展战略探讨》，《区域经济》2012 年第 4 期。

[4]《满洲里市情简介》，http：//www. manzhouli. gov. cn/Contents/Channel_161/2008/0710/877/content_877. htm，2013 年 12 月 8 日。

[5]《满洲里市 2012 年国民经济和社会发展统计公报》，满洲里国际物流产业园区，2013 年 12 月 10 日。

[6]《中俄最大陆路口岸贸易份额持续下降　制约因素亟待解决》，http：//caop. org. cn/show_ article. jsp？article_ millseconds = 1358907602125，2013 年 11 月 1 日。

[7]《2012 年满洲里口岸原木进口形势低迷》，http：//www. caop. org. cn/show_article. jsp？article_millseconds = 1353374091803，2013 年 12 月 7 日。

[8]《2012 年 1—10 月满洲里口岸原木进口形势低迷　相关因素制约原木进口》，http：//www. caop. org. cn/show_ article. jsp？article_ millseconds = 1353374091803，2013 年 10 月 23 日。

[9] 省联合考察小组：《广货在东北和内蒙市场的调查与建议》，《广东经济》1998 年第 5 期。

[10] 蔡宝渝：《对拓展"广货"市场的思考》，《珠江经济》1996 年第 9 期。

[11] 王先庆、庞长荣：《市场扩张与广货发展新策略》，《商业经济文荟》1997 年第 6 期。

[12] 陈瑶：《哈尔滨区域经济发展问题研究》，《经济研究》2013 年第 7 期。

[13] 黑龙江省统计局：《2012 年黑龙江省国民经济和社会发展统计公报》，2013 年。

[14] 哈尔滨统计局：《2011 年哈尔滨国民经济运行情况综述》，2012 年。

[15] 黑龙江省统计局：《2012 年哈尔滨市国民经济和社会发展统计公报》，2013 年。

［16］凌点：《广货：在中国人心中的形象》，《中国经济信息》1997 年第 5 期。

［17］朱斐悦：《关于"广货"面临的挑战及其对策思考》，《港澳经济》1996 年第 7 期。

［18］IUD 中国政务舆情监测中心：《"广货全国行"开拓大省关系新模式》，《领导决策信息》2012 年第 22 期。

［19］罗国民等：《广货扩张新策略：市场与产业的双向扩张和梯度推进》，《广东商学院学报》2001 年第 2 期。

采访实录

采访时间：2013 年 8 月 30 日

采访地点：哈尔滨市太古商城

采访者：边贸行黑龙江组组长李四方、组员王潜

被访者：黑龙江省潮州陶瓷协会会长、黑龙江省潮汕商会副会长　吕荫伦

记录整理者：李四方、陈思捷、王潜

对话人物说明：

王：边贸行黑龙江组组员　王潜

李：边贸行黑龙江组组长　李四方

吕：黑龙江省潮州陶瓷协会会长、黑龙江省潮汕商会副会长　吕荫伦

王：潮州陶瓷在这里的整体情况如何？

吕：潮州陶瓷主要是做批发，这里有 20 多家陶瓷批发商吧，品牌恒洁做得比较大。陶瓷产品有几大类，包括墙砖地砖、马桶、五金件、不锈钢卫浴。有些地方就把某一类产品做出了名气，像（广东）彩塘（地名）的（不锈钢）花洒比较有名。从广东来的做批发生意的五金件类商家大概有 20 多家，马桶类大概也有 20 多家。我在 2008 年成立了黑龙江省潮州陶瓷协会，黑龙江广东商会是 2009 年成立的，潮汕商会是 2011 年成立的。

王：潮汕商会共有多少会员？

吕：有 200 来个。

王：潮州陶瓷商家是品牌代理商吗？

吕：潮州很多牌子在这里找的都是地区和省级代理，佛山等地的地砖瓷砖在这里找的是省级代理。我们也属于省级代理，不过我们是自产自销，自己在这里生产产品，自己注册一个牌子，自己做批发。

王：从潮州等地过来的代理商和本地代理商的比例是多少？

吕：一般都是省级代理，占 70% 左右。潮州在这里设立办事处的只有 20 多家，经营者一般都是黑龙江本地人。现在潮州的产业主要是陶瓷业，包括建筑陶瓷、自用瓷器，还有就是轻工业。

王：潮汕在这里代理的大品牌有哪些？

吕：省级代理有很多，比如恒洁卫浴、箭牌。卫浴市场主要以广东品牌为主，第一大品牌是箭牌，佛山品牌，主要通过报纸、电视、电台或者户外和高速公路等做广告。

王：卫浴市场恒洁、箭牌很有名，是吗？

吕：黑龙江人主要消费的卫浴在这边大概占行业市场的40%。在黑龙江陶瓷卫浴方面，广东的品牌占60%左右。黑龙江有名的卫浴一般都是广东产的。

李：广东陶瓷、卫浴产品在黑龙江的销售规模如何？

吕：恒洁在黑龙江的年销售额是2 000万，箭牌是一个亿。广东产品整体销售规模我不太清楚。除了恒洁、箭牌，其他20多家销售额总共是四五千万。广东其他省级代理销售额就更多了，因为它们占整个市场的60%～70%，一家是两三百万，陶瓷马桶有七八百个品牌。墙砖、地砖有很多大牌子，一个大牌子销售额大概是5 000万。五金件主要来自开平，包括水龙头、花洒，还有的来自潮州。广东的牌子在很大程度上已经成了一个地区品牌。很多人只要一听是广东的，就会觉得质量不错，如佛山的墙砖、地砖（格兰仕一家一年的营业额就有五六百万）、开平的水龙头、彩塘的花洒等都是很有名气的。

李：在卫浴行业，潮汕在黑龙江的品牌主要有哪些？其中哪些是高端的？哪些是中低端的？

吕：高端品牌有恒洁、箭牌、美佳华。中低端有尚乐佳、奥诗曼、佳陶、艺陶等，有五六百个。哈尔滨市主要卫浴市场的产品基本上都来自广东潮汕地区。还有一个现象就是有些商家打擦边球，在品牌注册、命名的时候模仿知名品牌，或者后边再加个词，借名儿这样子。

李：这些品牌在这边的销售比例大概是多少？

吕：对于卫浴来说，每年的销售额，高端品牌和中低端品牌各占一半的比例。整体的销售规模像五金、陶瓷、卫浴一年总的营业额有七八个亿。

李：商家的销售模式有哪些？

吕：有政府招标、企业采购（工程采购）、零售、批发等。

李：卫浴市场中广东品牌商家在黑龙江是怎么宣传和推广品牌的？

吕：大牌子商家的营销策略主要是电视广告，还有车体广告、交通电台，主要高速路口设广告牌，主要街道和卫浴市场有推销员发放传单。高端品牌主要是电视广告，像恒洁和箭牌在央视都有投广告。中低端主要打户外广告。在哈尔滨，用得最多的就是墙体广告、广告牌、公交车站牌等。

李：主要消费者有哪些？

吕：酒店和政府采购属于工程这一块，批发则主要是批发给市县级代理，我们主要是省级代理。我所在的太古商场主要是批发，广东人投资建的华南城也主要是批发。华南城占地10多平方公里，未来商家都会归拢到这里，包括墙砖地板、陶瓷马桶等商家。

李：在黑龙江省哈尔滨市的省级代理商中有没有向满洲里、黑河、佳木斯、绥芬河等边境城市铺货的？

吕：现在我们的批发商已经覆盖了整个黑龙江市场，包括地级市、县级市、农场各个区域，内蒙古靠近海拉尔、牙克石等几个地方也有批发，主要是黑龙江，我们经常派业务员下去推销。在满洲里、黑河、佳木斯、绥芬河、同江这些最靠近俄罗斯的地方都有。

李：临近俄罗斯，是否对俄罗斯有贸易？

吕：在这里，一般不对俄罗斯有直接贸易，出口的话一般都会在每年的展销会、交易会上签单。

李：您觉得哈尔滨市民对广东品牌的认知是什么样的？

吕：一般一说到是广东的牌子，顾客都会比较认可，认为质量值得信任，售后服务也好。

李：市场竞争状况与竞争品牌之间的关系是什么？

吕：广东品牌在黑龙江地区高、中、低端的都有。与竞争对手相比，其整体优势在于质量和售后服务。今年的市场行情不太好，比去年少了一些。因为这个行业已经发展了很多年，形成了成熟的市场，竞争也是良性的，一般不会出现价格战，而且，协会也明确主张，企业之间不能出现恶性竞争。

李：关于一些品牌注册地是香港、生产地是广东的问题，您怎么看？

吕：这与企业的发展战略有关系。在香港注册，是国际口岸，有利于以后的市场运作，还涉及一些商标的问题。但是，内地的人工、租金等便宜，所以生产还是会放在内地。

李：华南城是潮州商会发起的一个项目吗？

吕：它是黑龙江省委书记王宪魁招商过来的，是吸引外商来哈尔滨投资的一个项目。由广东公司控股，是目前黑龙江省最大的投资项目，投资约300亿元。

李：（华南城）已经建设一年了吧？

吕：已经建好一部分了，而且商铺都已经销售完了。（如果你们有时间，我可以帮你们联系一下华南城的人，毕竟那是来自广东的一个大项目。）

李：在卫浴类产品的批发市场上，有外商（譬如俄罗斯、韩国的商人等）过来进货吗？

吕：这种情况比较少。出口的（订单）基本都是在交易会上确定的，直接与厂家签单。我们这些店铺主要还是针对内销市场的。

李：内销市场的消费群体以什么阶层为主？

吕：以广东产品为例，就涵盖了多个消费阶层，高、中、低都有。像那种合资品牌、外资大品牌，市场占有率是比较低的，仅有百分之几而已，主要是大企业及政府招标，它们规定要使用这些国际品牌。对于个人，以及一些公共企业，都基本使用国内的产品，以广东产品居多。

李：我们在红旗家具城观察到一种现象，就是很多产品，如卫浴、灯饰，在它们的标识牌上，一般只有价格和产地，品牌反倒少见。但是，地区品牌，如广东是一种品牌，是不是这边的消费者对于卫浴、灯饰认准的是"广东"这个品牌？

吕：对！现在广东生产的产品，无论在哪个行业，在黑龙江省内都是被认可的。关键在于（广东产品）质量有保证！无论哪个消费阶层、个人还是单位都认可广东的产品。

李：这里给我们的感觉是：无论是大的还是小的品牌，只要是来自广东的，感觉就是好的产品。

吕：因为广东的产品在这边，主要是质量有保证，其次是售后服务也做得很到位，因此，很受消费者欢迎。

李：我们也看到北京、成都的一些品牌，这些品牌与广东品牌的竞争情况如何呢？

吕：就目前而言，在黑龙江省，认可广东产品的（消费者）还是占多数，包括高、中、低三个消费阶层。因为广东产品已经涵盖了高、中、低端三个层次，适应每个阶层的需求。所以，与其他产地的产品相比，广东产品还是比较受欢迎的。

李：广东产品的主要优势在哪里呢？

吕：第一，就是质量；第二，就是售后服务。现在无论是哪里的厂家，都要靠这两方面支撑产品。品牌以什么支撑？必定是质量和售后服务。

李：经销商的主要进货渠道是什么？是从广东直接进货吗？

吕：对，从广东直接进货。有的是在广东生产或贴牌生产，有的是地区代理，我做的是省级代理。

李：有一些杂牌产品，也是直接从广东进货吗？

吕：这边也有一些低端的产品，为了适应市场，选择自己运作，在广东贴牌生产。譬如，在广东生产的产品有品牌优势，就在广东注册公司，贴牌生产，就跟做出口的形式一样。

李：这边有假冒的广东产品吗？

吕：据我了解，冒充广东品牌的情况还不存在。现在每个公司都必须注册一个商标，必须合理合规地完成注册手续，一份鉴定报告、一份商标证书是必备的。不仅在生产当地需要，还得在黑龙江省重新接受检验，再做一份检验报告。

李：在卫浴这方面，有广东的厂家在哈尔滨设厂吗？有哪些品牌？

吕：目前，在陶瓷、卫浴这两方面，还没有（设厂）。意式柜倒是有部分厂家在这边设厂，与技术没有太大关系，而是不同地区的气候对产品影响比较大。意式柜、五金在这边（黑龙江）加工，有部分配套的东西还得从广东运来。

李：哈尔滨的消费者如何辨别品牌？是看价格吗？

吕：有的（消费者）消费水平高会冲着大品牌去，消费层次低的会看价格、看款式。宾馆、公共企业等主要是看品牌。总的来说，就是高档拼品牌，低档拼价格、款式。

李：今年卫浴产品的销量如何？

吕：陶瓷、卫浴都比去年的销量稍微差了点，因为整体的环境不算很理想。

王：这里纬度高，本地人一般不会经常洗澡，而且，这里有大澡堂……我想知道这些来自南方的花洒（卫浴产品）是怎么打进东北市场的？

吕：你说得对，黑龙江属于高寒地带，到了冬天，室内都会集体供暖的……这个不能说怎么打进市场，因为这里的人都要洗澡，需要这些产品。只要（产品）价格合理、质量可以，就很容易找到消费者。

王：您是什么时候来到黑龙江的？

吕：我是1999年的正月十五到黑龙江的。

王：广东的卫浴产品大概是什么时候进入哈尔滨的？

吕：这个还真不好说，有20多年了。以前在这边，最早打进市场的是佛山的品牌，做卫浴这方面。

在这边发展的广东人，无论哪个行业，都很勤快，给人的印象很好。广东人在黑龙江是被认可的。潮州人每年都会组织一次全球"潮人"大会，今年是在武汉举行。

王：卫浴产品打进黑龙江市场主要靠什么？是靠政府公关、广告还是产品自身的质量？

吕：一种产品要打入市场，一是靠品牌的知名度，二是靠质量。如卫浴产品，基本上每家每户都会用得上，只要质量优、价格合适，就可以吸引消费者。

王：我们在商场看到，家具品牌有大型博览会，卫浴产品有吗？

吕：现在有，哈洽会，只要时间允许，我都会参加。广东每年都会有大型的建筑产品展销会，一个是广交会，一个是上海展。各省也会有一些小型的展销会。

王：在哈尔滨市场，存在很多品牌，相互之间肯定会存在竞争，不仅是在广东的品牌之间。据您了解，这些品牌主要依靠什么竞争呢？是打价格战吗？还是加大宣传力度？

吕：这边没有打价格战。现在产品依靠的，一个是质量，一个是品牌的知名度。我成立陶瓷协会，就是为了防止恶性竞争的状况出现。加入协会的品牌，必须坚持良性竞争，可以介绍品牌的优势，如价格优势、产品优势等，但不可以压低市场价格出售。

我们这一行很少出现价格战的现象，因为成本就摆在那里，是一个底线。我租场地，付费用，能不挣钱吗？我肯定是希望挣钱的。毕竟卫浴是一个比较传统的产业，价格比较透明，不像高端的电子产品。像我们这种批发商，利润仅占到10%左右。所以，我们打不起价格战。

王：这个市场相对来说已经比较成熟了吧？

吕：以前，规模比较小，黑龙江省最早的建材一条街就是太古街，当初仅几十家商铺，然后慢慢扩大。现在的批发市场包括太古街和喜龙批发市场，零售市场倒有好几个。目前，黑龙江的建材市场已经形成规模。

王：市场现在饱和了吗？

吕：不，黑龙江的市场现在还不算饱和，只能算是正在发展中而已。

王：广东政府有给陶瓷、卫浴的厂家支持吗？还是只依靠民间、企业自身的力量？

吕：主要还是依靠企业自身的努力与发展，政府只是帮忙推广市场。

王：你说的政府，是指企业联盟，还是政府补贴？

吕：政府没有补贴。我们在这边发展，还是依靠企业本身。

王：购买卫浴产品的消费者的类型有哪些？

吕：现在市场的消费，还是要依靠年轻人，特别是70后、80后和90后。最具购买力的就是70后和80后。

新闻报道

◇━ 广货品牌显优势　主导满洲里家具及灯饰市场（深度报道）━◇

满洲里，是一座位于内蒙古呼伦贝尔大草原腹地，独领中、俄、蒙三国风情的边陲小城。8 月下旬的满洲里已是初秋，和煦的阳光伴随着凉爽的秋风，舒适怡人。独具特色的欧式建筑群、中西交融的文化气息吸引了络绎不绝的中俄游人。整洁的街道，排列着鳞次栉比的俄罗斯纪念品店和印着中俄双文字招牌的商铺，各式商品和小玩意琳琅满目。到了华灯初上之际，整座城市便沉浸在一片金碧辉煌的灯光之中，十分浪漫。昼夜温差之大，使游人措手不及，在风中慌忙套上厚重的风衣。来往的游人，或是行色匆匆，或是走走停停，最后，都与这迷人的夜色融为一体。

然而，除了美丽的景色，这座城市还因为另一个原因而闻名——中俄边境重要的商贸口岸。因此，满洲里成为本次暨南大学新闻与传播学院"广货万里行"调研活动北线的重要研究地点。

家具和灯饰市场总体呈现萧条境况

据了解，满洲里的家具和灯饰行业在当地市场中占据重要的地位，许多商店和大卖场销售着不同种类和品牌的家具和灯饰。这些商品主要是面向当地居民和俄罗斯商人。

满洲里比较大的家具城有发达家具城、大龙国际家居城和阳光家居装饰建材城。发达家具城属于比较高端的家具城，汇集了众多知名的家具品牌，如欧意宝、左右沙发、皇朝家私、七彩人生、罗曼蒂克等大品牌的欧式风格家具，销售对象主要是中高端消费者，主体为商人、公务员和白领，在这些消费者中，中俄各占一半。而大龙国际家居城和阳光家居装饰建材城则主要销售中低端的家具，如乐铃、田辰家私、迪诺雅、纯真岁月、全友家私等较小的品牌，顾客多为俄罗斯商人，还有少数的本地居民。从两个层次的消费者对商品的要求可以看出，高端市场的客户更看重品牌，中低端客户则更看重款式和价格。

比起家具市场，满洲里的灯饰市场的情况则简单得多。当地的灯饰店主要集中在二道街至五道街。通过对 13 家店面的观察，不难发现灯饰行业在满洲里市并没有形成一个较大的规模，也没有一个特定的大卖场或者商场使各个店面聚集在一起。我们看到的都是一些规模比较小的店铺，相对分散和独立。同时，各家灯饰店里面都有中高档和低档的灯具出售，多数是一些不知名的小品牌，因此这里的灯饰行业并不会按照档次的不同而分在不同的区域出售，面向的消费者主要是俄罗斯商人。从总体上来说，满洲里的灯饰市场比较单一，不同店铺之间的进货模式、售卖方式和对象以及经营状况都十分相似。

据阳光家居装饰建材城"金诺橱柜"的老板说，满洲里的家具和灯饰产品大部分是面向俄罗斯消费者,由于俄罗斯人作息习惯及过关时间的限制,家具城的旺季集中在5月到7月,由于天暖,这期间可开窗通风,大部分人选择此时装修或者置换家具。十一黄金周也算是一个销售的小高峰,这个时间段会有比较多的商家开展优惠活动。另外,购物高峰在早上10点到下午2点之间。但出乎意料的是,在这个时间段观察,除了阳光家居装饰建材城有一些俄罗斯商人来选购商品外,其他两个家具城和13家灯饰商店都门可罗雀,只有零散几个客人进店闲逛,却都空手离开,显得十分冷清。据悉,受2008年金融海啸的影响,俄罗斯经济整体受到重创,尽管在近年稍有复苏,但也远远不及十年前的状况。俄罗斯经济低迷,卢布持续跌价,俄罗斯人的消费水平和消费力日益下降,对满洲里这个边境贸易城市影响较大,主要依靠出口的家具和灯饰市场更是渐渐走下坡路。除了极个别知名品牌如箭牌、欧意宝等有固定的客源(一般为政府部门和酒店等统一采购)外,其他产品的行情都较差,整个家具和灯饰市场总体呈现萧条境况。

家具和灯饰行业对广货的依赖性高

据统计,家具行业在中低端产品中的广东品牌相对较少,在大龙国际家居城里广东品牌仅占60%~70%,阳光家居装饰建材城里只有30%~40%,但是在低端产品的办公室家具中,如书架、书桌、办公桌椅、卡座等,则绝大多数来自广东中山。然而,以发达家具城为代表的高端家具中,超过80%产品的产地为广东,主要来自佛山、中山和深圳等地。接受采访的欧意宝品牌老板朱先生是浙江人,他同时代理了4个广东品牌和1个浙江品牌。木工出身的他是个评判家具好坏的行家,他说:"广东的佛山、中山、东莞和深圳等地聚集了大量有实力的家具生产商,因此广东品牌在做工、质量、包装等方面均处于业内领先水平,再加上款式新颖,所以我才选择了同时代理4家广东品牌。"他还表示,消费者和进货商对广东品牌的认可度非常高。

在灯饰市场中,接受采访的13家灯饰商店老板都表示,超过95%的灯饰是从广东进货,大多数来自中山古镇,其次是来自深圳和广州。"三友灯饰"的老板强调:"来自深圳的灯饰的档次最高,其次是广州的,中山古镇的灯饰相对来说档次要低一些。"至于为何从广东进货,13家商家皆表示广东的灯具款式多、质量好、价格比其他省份的便宜。韩泉灯饰的老板还补充说:"除了款式和质量优势,广东市场相对比较开放,制度也比较完善,相对来说售后服务和信誉会比其他省份的市场要好,这对做生意来说是十分重要的。这是我从广东进灯饰的一个很重要的原因。"

从以上的情况来看,满洲里家具和灯饰行业对广货品牌的依赖性比较高,尤其是灯饰行业，几乎占领了整个满洲里灯饰市场。也就是说，这两个行业的广货品牌在满洲里市场的占有率高，品牌优势十分明显，相对应的主动权和话语权就大。由于满洲里这个边贸小城属于三级市场，内部的整体需求量小，购买力不足，加上当地的家具和灯饰行业主要是面向俄罗斯的商人和消费者，我们也可以得出，广货在出口俄罗斯的灯饰中占据了主要地位。

广货在满洲里形成品牌区域化优势

除了在发达家具城这个高端家具市场里销售的皇朝家私、欧意宝、左右沙发、七彩人生等本身具有一定知名度的广东著名品牌之外，在大龙国际家居城、阳光家居装饰建材城以及一些规模较小的家具店铺中也都存在大量的不知名牌子的家具产品，经过询问，这些杂牌家具产品，绝大多数也是产自广东。在阳光家居装饰建材城三楼的"今日家私"主要经营办公家具与床上用品。店主向我们介绍，店里的家具都来自广东，但是由于掺杂的牌子较多，她自己也不能准确向我们说出哪个家具是哪个品牌的。当问及她为什么选择广东家具时，她略带惊讶地反问我们："为什么不选广东的家具呢？"她认为，广东家具款式好、质量优、价格便宜，满足了她对选货的要求。

灯饰市场在这方面与家具市场如出一辙。在调查的13家灯饰商店中，除了"鑫会灯饰"的老板娘说商店多数会挑广东的万亿达和晶丽两个品牌进货之外，其他的12家灯饰商店都表示在店里购买的顾客不会计较品牌，只会考虑价钱和款式，因此他们从广东进货时并不会计较是否是大品牌或名牌，而是专门挑些小牌子或者没有挂牌的厂家进货，因为从这些厂家进货相对会比较便宜，款式选择也会比较多。在质量方面，13家店的老板都认为广货的质量普遍比较好。因此，综合价钱、款式和质量三个方面，广货的优势十分明显，且不同牌子在这三个方面都表现出一定的趋同性。

满洲里的中低端家具行业和灯饰行业虽然进的广货都属于比较小的品牌或者不知名的杂牌，却在满洲里市内消费以及出口俄罗斯的家具和灯饰中占了绝大部分的份额。较为高端的消费者的品牌意识强，而中低端消费者并不会计较品牌的知名度，往往只会在意产品的质量、款式和价钱，来自广东的家具和灯饰恰好能满足他们不同层次的需求。因此，也可以说，一提起来自广东的家具和灯饰，消费者和商人就会联想到质量好、款式新、价钱实惠的产品，这无疑使"广东家具"和"广东灯饰"本身形成了一个具有标志性意义的品牌效应，也形成了一种消费者定向思维的优势："无论什么品牌，来自广东的就是好品牌。"而这也就形成了品牌区域化的优势。

在满洲里的家具和灯饰市场内，能做到这种在市场份额上和消费者印象里的"垄断"，广货无疑是成功的。要保持这种优势，并推广到其他区域甚至全国范围内，广东家具和灯饰行业除了要保持其较高的质量、新颖的款式和实惠的价钱外，还需要不断提高其信誉度和美誉度，完善市场的制度和规定，尽力做到在一些后起之秀，如来自义乌、温州、沈阳、成都等地的产品中脱颖而出。同时，广东家具尤其要克服由于南北气温和湿度较大差异导致的变形等问题，从而使广东家具更适应北方的环境。不仅如此，广货品牌还需要和当地的品牌代理商和媒体通力合作，以多种传播方式，如电视广告、墙体广告、出租车车厢广告、定期举办活动、发放宣传单等对品牌进行大力宣传。

网络在进货过程中仅发挥信息渠道的功能

在进货方式方面，直接联系广东厂家无疑是满洲里家具和灯饰行业进货的首要选择。对边贸商家而言，价格便宜和质量优异是影响进货的主要因素，而由于俄罗斯买家对于中国家具和灯饰产品的款式和质量并无过高要求，因此价格占最主要地位。直接联系厂家可以跳过两级甚至三级经销商，在价格上取得更大优惠，并且避免了多次搬运对家具和灯饰这些贵重、易碎的产品所造成的损害。而现今发达的铁路运输是此种进货方式的强大支柱。据商家透露，从哈尔滨进货的单品成本为 7～8 元，而从广州直接发货的单品成本为 12～13 元。相比产品进价的差距，运输价格的微弱差距就显得无足轻重。

我们还注意到，相比传统的展会和实地进货，超过半数商家会首选网络渠道进行采购订贸。互联网在边贸城市商家的采购过程中只起到提供信息渠道的作用。采访中我们请"三友灯饰"的李老板示范如何进行网络采购，发现其实商家使用网络的方式仍处于非常基础的阶段，主要操作步骤如下：

（1）在中文搜索引擎中搜索"LED 灯"、"照明网站"；

（2）在搜索结果中逐个点开厂家的介绍主页，获取厂家具体信息；

（3）查看合意的产品和价格；

（4）通过厂家主页的联系方式（邮箱、电话、QQ 等）联系厂家进行洽谈并下订单、发货。

从以上采购步骤可以看出，网络发挥的功能类似于传统黄页，网络提供厂家、产品的信息。而 B2B、B2C 的采购平台和网络支付等功能并未发挥作用。据商家们反映，互联网信息较为繁杂、真假难辨，容易掉入网络骗局，因此在具体联系洽谈和支付交货过程中仍选择传统渠道。"还是直接去广东那边看货和订货好，在网络上交易很不放心，亲自去看看会比较安心，毕竟是钱的问题。"李老板强调。

与此同时，超过半数的商家表示网络上搜索厂家信息很难快速锁定合意的品牌及产品，主要原因是厂家的主页信息都集中在"口号式广告宣传"和"华丽、累赘的文字描绘"，而商家最希望掌握的产品全方位展示图、规格信息和相关价格信息往往被置于次要的位置，增加了商家了解产品的难度。在与电话客服和 QQ 客服的联系洽谈中，不少商家表示遇到过客服不了解网页上的产品信息，需要额外的时间等待查询的情况。

因此对于广东品牌的厂家而言，一方面需要在展会等传统渠道外大力开发网络宣传渠道，进行 SEO 优化和及时更新主页上的产品信息；另一方面，需要更改厂家主页页面上的展示策略，以产品全方位展示图、规格信息和相关价格信息为主体，广告标语及描述文案等支持性信息置于次要位置。同时，广东品牌厂家还需要指导客服充分掌握厂家主页的内容，避免信息不对称的情况出现。

在采访中我们还了解到，"广货网上行"所开拓的网络平台及新闻效应并未触及满洲里边贸环境。采访的商家均不了解"广货网上行"活动，大部分不明白广货所指称的信息，也未使用环球市场等广货网上行的网络推行平台。

家具和灯饰行业中的广货品牌凭借自身的质量高、款式多样和价格便宜，契合满洲里边境商家对产品的需求，形成品牌区域化，使得广货品牌的家具和灯饰厂家牢牢占据满洲里边贸市场的主要份额。当前，网络平台正逐渐在满洲里市场内商家的进货渠道中推广使用，广东家具和灯饰厂家的网络平台的构建仍需要进一步完善，以巩固广货品牌在满洲里的市场地位，提升整体的美誉度，最终做到广货品牌在质量、款式、价格和进货渠道上都具有优势。

◇广东卫浴品牌落根哈尔滨◇

——黑龙江省潮汕商会副会长、潮州陶瓷协会会长吕荫伦专访

黑龙江省哈尔滨市的太古街，是当地最大的卫浴城之一。马路两旁分布着许多卫浴和陶瓷的专卖店，以及具有一定规模的专卖商场。走进了用华丽马赛克瓷砖装饰门面的太古商城，上了楼梯，我们就看见今天的采访对象——黑龙江省潮汕商会副会长、潮州陶瓷协会会长吕荫伦先生所在的店铺。吕荫伦先生是潮州人，在采访过程中，他的热情好客、谦逊有礼给我们留下了深刻的印象。

广东品牌在哈尔滨卫浴市场占绝对优势

1999 年正月十五，吕荫伦携着妻子儿女，背井离乡，来到黑龙江省哈尔

滨市开创他的卫浴事业，至今已有二十多年。作为广东第二批到黑龙江专门销售卫浴产品的商人，吕先生可谓见证着广东卫浴产业在哈尔滨的潮起潮落。

"在哈尔滨，最早打入卫浴市场的是佛山的品牌。"吕先生说，"之后渐渐地来自广东其他地区的卫浴品牌也开始在这边发展，形成较大市场的包括来自潮汕的陶瓷和水龙头、彩塘的不锈钢花洒、开平的五金件等等。"据统计，从广东到哈尔滨做瓷砖类、五金件类、马桶卫浴类批发生意的分别有 20 多家批发商。其中比较知名的大品牌包括恒洁、箭牌、美佳华等，中低端品牌有尚乐佳、奥诗曼、佳陶、艺陶等七八百个。这些来自广东的高、中、低端品牌，销售额总共占黑龙江市场的 70% 多。

据吕先生分析，作为龙头品牌，箭牌卫浴在黑龙江的年销售额超过一亿元，而恒洁卫浴超过 2 000 万元。除这两个大品牌，其他几个较大品牌年销售额的总和大约是四五千万。"大品牌的年销售额比较好算，但讲到小品牌的销售额，我就真的不清楚了。这些小品牌占了广东品牌的 60%～70%，共有七八百个，一家的年销售额大概是三四百万。按这个算起来，广东品牌在黑龙江每年的总销售额超过 8 亿元，是十分可观的，在当地卫浴市场占绝对优势。"

省级代理占了 70%，主要靠零售、批发和政府招标

据了解，超过 70% 的广东卫浴品牌在黑龙江的销售方式是省级代理，比如恒洁卫浴和箭牌卫浴，也是通过省级代理销售。吕先生说，单是潮州品牌在黑龙江就有 20 多家代理办事处，经营者一般是黑龙江本地人。也有一些商家在广东注册了商标，在哈尔滨设立工厂生产，自产自销。吕先生自家的门店就属于这种类型，他说在哈尔滨当地生产，产品比较适应当地的气候和环境等条件。

就目前情况来说，黑龙江哈尔滨的省级代理商和批发商覆盖了整个黑龙江市场，包括地级市、县级市、农场各个区域，辐射范围达到内蒙古的海拉尔、牙克石等。而靠近俄罗斯边境的满洲里、黑河、佳木斯、绥芬河、同江等也有铺货。但是在黑龙江的广东品牌一般不会对俄罗斯进行直接贸易，而是通过每年的展销会和交易会签单出口。

吕先生说："商家通常的销售模式包括政府招标、企业采购（工程采购）、零售、批发等，而广东品牌则主要集中在批发和工程采购。"批发的主要消费者集中在省级代理和市县级代理方面，吕先生的店铺所在的太古商场是大型的批发商场之一。还有一部分是来自工程采购，包括政府部门、公共企业、大型商场和酒店的卫浴和瓷砖产品，一般都是箭牌、恒洁等大品牌。

无论大小品牌，来自广东的都是好品牌

卫浴市场分为高端和中低端两个层次，不同层次的品牌会选择不同类型的营销广告来推广和宣传产品。吕先生说："大品牌商家的营销策略主要靠电视、电台广告，还有户外广告，包括车体广告、高速路口广告牌、街道和卫浴市场广告牌，还有派推销员发放传单。当然，最主要的是靠电视广告，像恒洁和箭牌这样的大品牌，在央视都有投放广告。"而相比大品牌，中低端品牌则主要依靠户外广告，包括墙体广告、广告牌、公交车站牌等。

广告宣传固然是品牌推广的重要因素，但是更重要的因素，莫过于产品的质量和售后服务，而这两个方面，恰恰是广东品牌最突出的优势。记者在哈尔滨红旗家具城和太古商城调研时发现，很多产品包括卫浴、灯饰、家具等，在它的标识牌上，一般只有价格和产地，品牌反倒少见，问店铺的老板哪个牌子的产品卖得最多，老板一般会说"广东的牌子卖得好"。问及吕先生，他也十分认同这种现象。"现在产自广东的商品，无论在哪个行业，在黑龙江都是被认可的。广东产品的优势有三点：第一是质量好，第二是优良的售后服务，第三是广东产品本身囊括了高、中、低三个层次，适应每个阶层的需求。有了这三个优势，广东产品在黑龙江特别受欢迎。"哈尔滨灯饰、家具和卫浴市场的这个现象，与在满洲里调查时发现的情况如出一辙。这表明，广东品牌，尤其是灯饰、家具和卫浴品牌在东北地区形成了品牌区域化优势。质量上乘、优良的售后服务，加上适应不同阶层的需求，使当地消费者形成一种思维定式："无论大小品牌，来自广东的都是好品牌。"

问及有没有假冒的广东品牌，吕先生说："据我所知目前还没有。现在每个公司都必须注册一个商标，必须合理合规地完成注册手续，包括一份鉴定报告，一份商标证书。同时，还得在黑龙江省重新接受检验，再做一份检验报告。"但是，广东品牌这个绝对优势也给一些规模较小的杂牌打擦边球的机会。"有一些比较低端的产品，为了适应哈尔滨的市场，就选择在广东注册，在哈尔滨成立工厂贴牌生产，就跟做出口的形式一样。"吕先生补充说。

成立商会，防止恶性竞争

2009年和2011年，黑龙江省广东商会和黑龙江省潮汕商会相继成立。然而，早在2008年，吕先生已经在黑龙江成立了黑龙江省潮州陶瓷协会。"我成立潮州陶瓷协会，就是为了防止恶性竞争的状况出现。"吕先生认为，要在这个行业生存下去，商家靠的是质量和售后服务，而不能靠打价格战来"自相残杀"。"我们这一行很少出现价格战的现象，因为成本就摆在那里，那是一个底线。我们租场地，付费用，肯定是希望挣钱的。毕竟卫浴算是一个比较传统的产业，价格比较透明。像我们这种批发商，利润仅占到10%左右。所以，我们打不起价格战。"吕先生说，加入陶瓷协会的品牌，必须坚持良性竞争。每个品牌可以介绍自己在价格、质量、款式、售后等方面的优势，但不可以压低市场价格出售。

有了良好的竞争环境，哈尔滨在卫浴、灯饰和家具等产业市场逐渐趋向成熟。以卫浴市场为例，黑龙江省最早的建材一条街就是太古街，当初只有几十家商铺，后来市场慢慢形成规模，现在的批发市场包括太古街和喜龙批发市场，零售市场则更多。目前，黑龙江的建材市场可以说是越做越大。

据吕先生所说，目前哈尔滨"华南城"在建超过一年，它是黑龙江省委书记王宪魁招商过来的，是吸引外商到哈尔滨投资的一个项目，由广东公司控股。它就像一个城市的综合体，内部有很多项目都集中在这里投放，包括物流、城市建设、住房、商场、饮食等，囊括了各个方面。华南城是目前黑龙江最大的投资项目，总投资超过300亿元，虽然还没开业，但内部的商铺早已销售完毕。对于在黑龙江发展的众多广东品牌来说，这是一个挑战，更是一个重要的机会。

调查感言

从设计调查问卷到街头采访，每一件任务都圆满完成。这一次"边贸万里行"黑龙江小组任务的顺利完成，离不开两位老师的从旁指导，以及各位小伙伴们的团结和努力。来回站票的火车之旅，跨越南北大地，让我收获了友谊和知识。

——李四方

满洲里的人都很纯朴、热情，在对发达家具城调研的过程中，朱老板请我们品尝的俄罗斯咖啡仿佛至今仍唇齿留香。

——王潜

比起哈尔滨这样千篇一律的大城市，我更喜欢满洲里这样浪漫的边陲小城。在满洲里短短的几天里白天忙于调研，晚上忙于总结开会，来不及细细品味在这座城市里本应悠闲的生活。如果有机会再来这里，我一定会好好欣赏这里的夜景，还要拜访好客的北方公寓房东王姐。

——陈思婕

通过调查发现在满洲里和哈尔滨的家具、灯饰和卫浴市场中，广东产品占据绝对优势的地位，其中来自佛山的产品销路和口碑俱佳。作为一个广东佛山人，我心里感到特别骄傲！

——郑艺莎

在派发调查问卷时，我们采取男女生专门向异性受访者派发问卷的方式，得到受访者的热情回应，十分顺利。这验证了"异性相吸"和"男女搭配，干活不累"的道理。

——黄玮铮

从未到过北方的我，在调研之余，欣赏到开阔壮观的大草原以及独特的东北及俄罗斯风情，还品尝到当地的美食，这个旅程，我学到了很多东西，觉得很满足！

——郑嘉欣

组长手记

15 天

120 小时的火车旅程

一万公里的调研行程

2 位老师和 6 位同学一起来到了内蒙古和黑龙江，经历了意想不到的洪水灾情，当我们在路途中听到前方火车轨道受损后，伙伴们静静等待轨道的修复；当我们在路途中听到前方城市洪水暴涨的时候，伙伴们淡定地调整调研目的地。路途并不顺利，充满了坎坷和艰辛，而我的这群伙伴们克服了一切困难和险阻，最终圆满完成了任务。作为组长，我为我们的团结和努力而自豪。大学时光行将结束，我将珍藏这段美好的经历。

——李四方

吉林篇

摘 要

　　吉林组的此次调研主要采用定性分析的方法，以"广货行千里·边贸万里行"为主题，在吉林省选择了长春、延吉和珲春三个城市进行实地调研，通过现场考察、数据收集、环境调查、原因分析等步骤，从中归纳分析吉林省边贸现状、粤企广货在吉林发展现状和品牌影响力以及影响粤企广货在吉林地区发展的具体因素，为政府、企业和个人提供参考依据，并对吉粤合作、粤企北上、广货推广过程中存在的问题提出可行性建议，从而更好地促进广货的发展和品牌影响力的提升。

　　调研过程中主要运用人物访谈法、现场考察法和二手资料调研法等，进行信息和数据的搜集。并在此基础上，进行定性的归纳和总结，探求并分析影响因素。最后，对调研反映的现实情况、问题指向、改善措施提出合理化建议。

　　本研究调查对象为吉林省当地的政府部门、企业组织、商场店面、消费者等。综合调研前期的信息数据和后期的归纳分析，得到以下调研结果：

　　（1）广货的陶瓷、家用电器、服装、皮革、电子产品、装饰材料等在吉林省市场所占份额较大，优势明显。在吉林省，广货以省会城市长春为中心辐射地级城市，销售形式以代理、零售为主，吉林消费者对广货的印象良好。

　　（2）促进广货发展的因素有：广东改革开放以来的产业优势、粤吉两地的政策支持、空间巨大的东北乃至东北亚市场、粤商自古以来形成的粤商精神和企业文化以及累积的品牌口碑等。

　　（3）阻碍广货发展的主要因素有：粤吉两地距离远而造成的物流成本略高和广东企业不愿北上，国内其他省市地区和国外同类产品的强势竞争等。

　　在对粤企、广货在吉林的发展现状有了较深入把握的基础上，我们分别从政府、民间组织以及企业自身三个层面对粤企、广货在当地的发展提出建议。例如：政府层面，加强粤吉两省交流与合作，完善优惠措施，加强基础设施建设和打击假冒伪劣；商会层面，发挥其桥梁纽带作用，为粤企广货在吉林发展牵线搭台，加强东北各地商会的交流合作，传播粤商精神；对于企业自身而言，要完善其产品、管理和服务，发展品牌资产和企业文化，大力拓展东北市场和东北亚市场，扩大广货的品牌影响力。

关键词：广货　粤企　吉林　发展　品牌

吉林篇 目录
CONTENTS

◇粤企、广货在东北◇

一、调研活动概述 ……………………………………………… 115
（一）背景："广货北上"历史悠久，粤吉企业合作密切 ……… 115
（二）粤企、广货概念说明 ……………………………………… 117
（三）调研目的 …………………………………………………… 117
（四）调研对象及内容 …………………………………………… 118
　　1. 调研区域 ……………………………………………… 118
　　2. 调研时间 ……………………………………………… 118
　　3. 调研单位及对象 ……………………………………… 118
　　4. 调研内容 ……………………………………………… 118
（五）调研方法 …………………………………………………… 118

二、吉林粤企经营现状扫描 …………………………………… 119
（一）政治：东北亚边境大省，国际政局复杂 ………………… 120
（二）经济：自然资源丰富，经济结构失衡 …………………… 122
（三）社会文化：多民族大融合，朝鲜族风格突出 …………… 123
（四）技术：重工业发达，投资环境待优化 …………………… 124

◇吉林广货发展情况评估◇

一、优势：硬实力开路，软实力保障 ………………………… 125
（一）优势产业开路，特惠政策助力 …………………………… 126
（二）管理经验丰富，粤商精神悠久 …………………………… 127

二、劣势：地理区位遥远，经营理念落后 …………………… 129
（一）地理：空间距离远，物流成本高 ………………………… 129

（二）经营：营销理念有待更新，电商发展还需探索 ………………… 129

三、机会：两省政策支持，市场空间巨大 ………………… 130
　　（一）广东：走出去——"广货东北行" ………………… 130
　　（二）吉林：招商引资助发展 ………………… 134
　　（三）市场优势：东北亚崛起，边贸市场广大 ………………… 135

四、威胁：国内外竞争激烈，本土化程度欠缺 ………………… 137
　　（一）来自国内同行的挑战 ………………… 137
　　（二）来自国际同行的挑战 ………………… 138

———◇政府、民间组织、企业——三驾马车共促广货在吉发展◇———

一、政府：多管齐下推广货 ………………… 140
　　（一）建立广货吉林行的决策小组 ………………… 140
　　（二）完善优惠政策 ………………… 141
　　（三）加强省际交流 ………………… 141
　　（四）为物流牵线 ………………… 141
　　（五）加强基础设施建设 ………………… 142
　　（六）关注邻近国家的最新局势 ………………… 142

二、民间组织：发挥桥梁纽带作用 ………………… 142
　　（一）商会搭台 ………………… 143
　　（二）丰富自身的公关活动 ………………… 143
　　（三）加强商会间交流 ………………… 144
　　（四）传播粤商精神 ………………… 144
　　（五）关注国家政策的最新动态 ………………… 145

三、企业：总结经验，勇于探索 ………………… 145
　　（一）创建品牌资产 ………………… 145
　　（二）制定产品战略 ………………… 147
　　（三）设计和管理服务 ………………… 149
　　（四）制定价格战略 ………………… 149
　　（五）建设企业文化 ………………… 150

（六）管理销售渠道 …………………………………… 150

（七）传播多元价值 …………………………………… 151

（八）管理东北亚市场 ………………………………… 152

（九）积极参加展览会 ………………………………… 153

（十）扫描环境，捕捉市场 …………………………… 154

采访实录 ……………………………………………… 157

调查感言 ……………………………………………… 160

组长手记 ……………………………………………… 161

粤企、广货在东北

2013 年 8 月 22 日，暨南大学新闻与传播学院 5 名学生踏上了从广州开往长春的列车，经 36 个小时的长途奔波后终于在 8 月 24 日与提前到达目的地的带队老师汇合。从 8 月 25 日开始，由 6 名成员组成的调研队伍先后奔赴长春、延吉、珲春三地展开了近一周的调研活动，总计行程近万里。调研人员先后实地走访考察了第十二届长春国际农博会现场、吉林省农安县广东工业园、延吉百货大楼、延边长白山印务有限公司、珲春市长德国际商贸物流有限公司、珲春市长岭子口岸等，并对吉林省广东商会负责人、政府相关部门负责人、在吉粤企负责人进行了采访，取得了大量关于广货和边贸发展的第一手材料，初步形成了广货在东北地区的发展以及吉林边贸现状的一个概貌。

调研小组将吉林省选为此次调研的线路之一是有深刻背景的。下面笔者将简要介绍此次调研活动的背景，以及吉林省边贸情况和粤企在吉林的经营现状。

一、调研活动概述

（一）背景："广货北上"历史悠久，粤吉企业合作密切

1978 年，我国的改革开放以广东为试点展开，广东也抓住了这一契机先行发展，大力引进外资，发展加工制造业，涌现了大批以家电、建材、服装、食品饮料等为突出代表的优势产业，这些也奠定了今日广东经济的竞争优势。

80 年代的"广货北伐"，使得以"珠江水、广东粮、粤家电、岭南服"为代表的广货风靡全国。广货在占据了东北 1/3 的市场份额的同时，也逐渐改变着东北消费者对广货和广东的印象。同时，广货也因其物美价廉、新颖时尚而出口到世界各地，广货一时间风头无两。但随着广货的畅销，市场上部分假冒伪劣的"广货"也混入了东北市场甚至东北亚边贸之中，一定程度上损害了向来良好的广货声誉和形象。

90 年代开始，沿海地区随着改革开放的深入而加速发展，上海、江苏、浙江、山东等沿海省市的加工制造业也获得了长足发展，其技术水平、产品生产和销售范围等逐渐紧逼广货。这些地区加紧向东北扩展市场，广货在面临严酷的市场竞争的同时，在东北的市场份额也随之受到冲击。

2008 年金融危机爆发，欧美市场疲软，使得广东的出口受到极大冲击。在传统的低附加值、高能耗、高污染的出口模式难以为继的情况下，大批广东企业"出口转内销"，进而转攻国内市场。

为了应对国际金融危机，原广东省委书记汪洋号召"广货北上"。2009年，声势浩大的"广货全国行"活动在全国各地开展并取得了不俗成绩。据统计，当年举行"广货全国行"活动共计 132 场，遍布省外 30 个重点城市。这个活动也如愿提高了广货的知名度和市场占有率。统计资料显示，当年广货北上带来的订单额高达 5 800 多亿元。在此带动下，全省工业品内销增长 22.8%，工业利润增长 27.7%，为 2004 年至 2009 年最高。

2012 年，广东省发起了为期 4 个月的"广货网上行"系列促销活动。参与活动的十家电商平台、百家网上商城、千家广货网店和万家企业（简称"十百千万工程"），以推广消费类电子和智能家电产品，具有较高技术含量和高附加值的传统制造业名牌产品等新广货为核心。此次活动旨在加快构建广东电子商务平台，提高广货网购市场占有率，促进广东经济发展。

我们吉林—延边小组此次前往调研的吉林省地处中国东北地区中部，同时又位于日本、俄罗斯、朝鲜、韩国、蒙古国与中国东北部组成的东北亚的心腹地带。广东与吉林在医药、商贸、食品、农产品、地产等行业领域有着密切的经济往来和合作，近年来两地的合作日益密切，合作范围不断扩大。不管从哪个层面上看，吉林都是广东在东北地区重要的目标市场和经济合作伙伴。我们也对粤企和广货在吉林省的边贸情况展开了深入调研。

吉林省简称"吉"，位于我国东北地区的中部，南连辽宁省，西接内蒙古自治区，北邻黑龙江省。总面积 18.74 万平方公里，总人口 2 750.4 万（2012年）。吉林省东部与俄罗斯接壤，东南部以图们江、鸭绿江为界，与朝鲜民主主义人民共和国相望。吉林省边境线总长 1 438.7 公里，其中中俄边境线 232.7 公里，中朝边境线 1 206 公里。吉林省共有 14 个口岸，其中边境口岸有 9 个。

吉林省作为我国的边境大省，主要的贸易往来国家和组织有日本、俄罗斯、朝鲜、澳大利亚、韩国、德国、匈牙利、东盟组织等。

（二）粤企、广货概念说明

在本次调研过程中，考虑到地方企业界定的不明确性，我们通过查阅资料对粤企和广货的概念进行了简要的界定。

粤企是指由广东的企业、其他经济组织或粤籍自然人以各种方式在广东或者其他地区投资并依照中国法律设立的能独立承担民事责任的企业，以工商局登记在案的注册资料上法人代表的籍贯等信息为准。

消费市场上所提到的广货在不同层面上各有所指：从区域行政意义上来说，是指广东境内生产的所有产品（包括国产的、合资的或以三来一补方式加工的），这是最宽泛意义上的广货；第二种定义是指广东产品中某一类或几类有优势或成规模的产品，它实际上是指广货名牌。在本次调研过程中，我们通用以上两种定义。

广货与非广货的界定：按照广货的定义来判断，二者的区别是该种货物是否是广东地区生产（包括国产的、合资的或以三来一补方式加工的）。

（三）调研目的

我国开展边境贸易的省、自治区有广西、云南、西藏、新疆、内蒙古、黑龙江、吉林，它们分别与越南、老挝、缅甸、印度、尼泊尔、巴基斯坦、哈萨克斯坦、吉尔吉斯斯坦、塔吉克斯坦、俄罗斯、朝鲜、蒙古等国边境地区开展贸易活动，中国民族品牌（包含广货）也随着这些边贸活动对周边国家产生了积极的影响。

我们小组奔赴吉林，深入当地边贸地区，运用实地考察、访谈等方法，收集、整理、分析信息资料。大致了解目前吉林省边贸情况、广货在吉林及其边境城市的产品信息、市场概况、商贸情况、品牌传播的现状和所面对的机遇与挑战等，以及粤企广货在吉林的发展方向和前景预期。在对广货在边境的具体情况有深入、清晰、全面认识之后，为广东在吉林的边贸发展提出具体建议，从而促进粤企广货更好地发展。同时在此基础上，就广货品牌对吉林省毗邻的国家（如俄罗斯、朝鲜等）的影响力进行深入分析，并探求扩大广货对边贸国家影响力的有效措施。通过我们的调研，为政府、企业和个人提供一些参考依据，并针对吉粤合作、粤企北上、广货推广过程中存在的问题提出可行性建议。

同时，此次调研活动丰富了学生的课余生活，通过把课堂搬到现实生活中，为新闻与传播学院师生提供一个交流机会，为学生提供一个学习平台。通过老师的言传身教和学生们的亲身参与，促使新闻与传播学院学生学习和掌握调研、采访、报告等的具体步骤和方法，在实践中培养学生的组织、沟通、应变等能力，培养全面的未来媒体人才。

（四）调研对象及内容

1. 调研区域

吉林省长春市、延边朝鲜族自治州（以下简称"延边州"）延吉市和珲春市。

2. 调研时间

2013年8月下旬到9月上旬。

3. 调研单位及对象

（1）在吉粤企：吉林省广东商会、吉林省农安县广东工业园、延边长白山印务有限公司、珲春市长德国际商贸物流有限公司。

（2）相关政府部门：延边州商务局边境贸易管理处、延边州商务局工信处。

（3）当地商家：吉林省长春市农业博览园、延边成宝商场、延吉百货大楼、珲春口岸商家。

（4）当地消费者。

4. 调研内容

（1）粤企广货方面：在吉林省尤其是边境的城市，目前广东企业以及广货的发展现状，调查广货的产品和价格种类、市场环境、客源、货源、发展计划、面临的困境、主要竞争对手等具体情况。

（2）竞争者方面：调查广货的主要竞争对手的产地、目标市场、产品价格和种类、促销方式等信息。

（3）消费者方面：调查吉林当地消费者的消费水平、使用习惯、消费心理以及购买行为。收集其对广货的认知度、购买意向、评价、发展期望、使用情况、认可度等信息以及消费者对广货主要竞争者中国浙江、苏州以及韩国等地货物的评价、购买情况等信息。

（4）政府方面：调查广东政府部门与吉林政府部门的交流合作情况；吉林省及延边朝鲜族自治州政府部门拥有的粤企广货分布、发展等状况的数据资料；吉林政府部门对粤企广货的管理和支持，等等。

（五）调研方法

（1）二手资料法：调研前期，分小组在网上查找吉林边贸情况以及当地的相关部门，了解广货主要的品牌、产品、分布和销售情况，广货的主要竞争对手（浙江货、韩国货、吉林货等）的品牌、产品、优势等信息，并汇总收集到的资料。这种方法为我们开展调研活动提供了初步的信息和大致的调研方向及重点。在实地调研中，通过阅读企业和政府部门内部资料获取粤企广货在吉林的边贸信息。

（2）观察法：我们小组来到吉林当地的企业、商场、店铺、街道等进行调研，并将观察法与访谈法紧密结合。调查内容主要是粤籍企业的规模和发展现状，商场店铺内客流量，广东品牌和产品的种类、比例以及广货主要竞争对手的相关情况等。

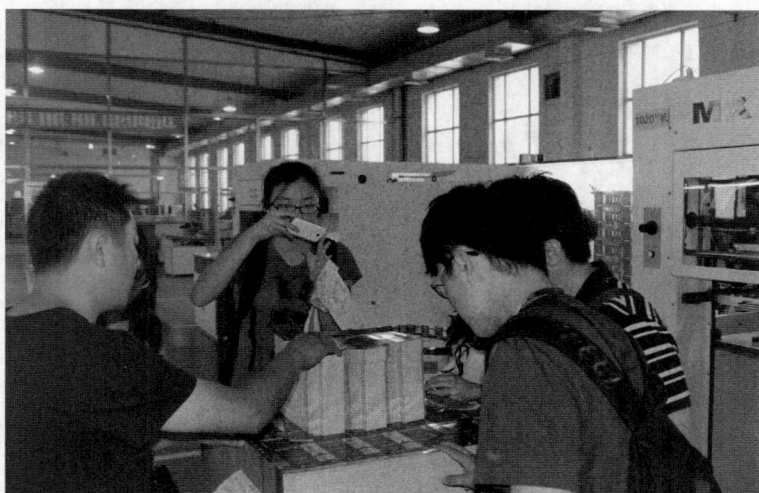

图1　调研小组人员参观延边长白山印务有限公司印刷车间

（3）访谈法：小组成员事先拟定调查项目，通过面谈采访的形式向受访者询问，以获得所需的调查资料。通过对企业和政府部门的采访，收集到官方的数据资料；对市民的询问，则获得了消费者对广货及其竞争对手的认知、认可度、消费情况等有效信息。

二、吉林粤企经营现状扫描

一个地区的投资环境从各个方面影响着企业在当地的发展状况。显而易见，粤企、广货在东北地区的发展情况和当地的投资环境的优劣有着密切的关系。因此，对东北地区尤其是吉林省的投资环境的考察就成为本次调研活动的重要目标。在 8 月下旬至 9 月上旬为期近 10 天的调研过程中，我们先后采访了吉林省广东商会等商业组织，延边朝鲜族自治州商务局等政府机关，以及延边长白山印务有限公司、珲春市长德国际商贸物流有限公司等粤籍企业，实地走访了吉林省农安县广东工业园、吉林省长春市农业博览园、延边成宝商场、延吉百货大楼、珲春口岸等，通过深度访谈和实地观察等调研方法获得了关于吉林省投资环境的翔实资料，就粤企、广货在东北地区的市场发展环境有了一定的了解。

图 2　调研小组成员采访延吉百货大楼美的电器销售人员

下面，笔者将结合 PEST 分析法对粤企、广货在东北地区的投资、经营现状进行全方位扫描式的呈现。

PEST 分析法是战略外部环境分析的基本工具，它通过政治（Politics）、经济（Economy）、社会（Society）和技术（Technology）的角度或四个方面的因素分析从总体上把握宏观环境，并评价这些因素对企业战略目标和战略制定的影响。

（一）政治：东北亚边境大省，国际政局复杂

吉林省位于我国东北地区，西邻内蒙古自治区，东与俄罗斯接壤，东南部以图们江、鸭绿江为界，与朝鲜民主主义人民共和国隔江相望。位于吉林省东南部，隶属于延边朝鲜族自治州的县级市珲春地处中、朝、俄三国交界

地带，是东北亚地区的几何中心，是中国从水路到达韩国东海岸、日本西海岸乃至北美、北欧的最近点。在全球化时代，经济发展与地缘政治不可分割。"全球化的经济力量，使原有的盟友或敌人都发展成为贸易伙伴，这一新趋势对地缘政治产生巨大的影响。……一个国家的经济实力一旦转化为强大的政治外交影响力，理所当然地会成为国际体系内不可忽视的国际力量。"[1] 粤企、广货在吉林省的投资、经营不应该局限在吉林省内，还应该根据当地具体情况通过边境贸易将广货的销售市场延伸到国际范围。因此，粤企、广货要想在吉林取得发展，除了关注国内的政治环境之外，还应该关注吉林省所在的东北亚地区的国际政治环境。东北地区政治格局一直处在不断变化当中，而国际政治环境的稳定对吉林省外贸型经济的发展起着至关重要的作用。

新中国成立以来，中俄经贸关系随着双方政治关系的变化经历了几次大起大落，给双方的经济发展都带来了不利的影响。2011 年 6 月 6 日，中国国家主席胡锦涛和俄罗斯总统梅德韦杰夫发表关于《中俄睦邻友好合作条约》签署 10 周年联合声明。声明中指出，将全面深化两国务实合作，创造必要条件。这标志着在两国元首和政府的高度重视和大力推动下，中俄经贸合作必将快速发展。

相比中俄贸易关系的良好发展势头，中朝贸易的发展受政治因素的影响较大。"因受所处的特殊国际环境和国内的政治因素影响，使朝鲜对外政策始终无法摆脱政治的羁绊和束缚，也使其对外贸易始终带有浓厚的政治色彩，中朝贸易的起伏变化较大。从国际因素看，每逢朝美、朝日、朝韩关系紧张时，中朝贸易额就下降……"[2]

就吉林省范围内的国内政治环境来看，2003 年 10 月，中共中央、国务院发布《关于实施东北地区等老工业基地振兴战略的若干意见》，明确了实施振兴战略的指导思想、方针、任务和政策措施。随着振兴战略的实施，东北地区加快了发展步伐。而吉林省作为享有该政策的省份之一，借着这些政策上的优势，经济发展展现了新气象。

吉林省作为一个拥有多民族的边疆省份，在少数民族聚居区实行了民族区域自治，建立了 1 个自治州和 3 个自治县，即延边朝鲜族自治州和长白朝鲜族自治县、前郭尔罗斯蒙古族自治县、伊通满族自治县。另有 33 个民族乡（镇）。国家对这些少数民族自治地方的经济发展有一些优惠政策。延边是国内同时享受民族区域自治政策、西部大开发政策、振兴东北老工业基地政策

---

① 巴殿君：《东北亚区域经济合作的政治环境》，《东北亚论坛》2009 年第 18 卷第 4 期。

② 于广义：《中朝经贸合作的现状、问题及对策》，《党政干部学刊》2008 年第 5 期。

的唯一地区，是长吉图开发开放先导区的"窗口"、"前沿"和国家加工贸易梯度转移的重点承接地。

准确掌握吉林省政治环境的变化，并针对这些变化适时调整投资经营策略，是粤企、广货在当地获得发展的题中之义。

（二）经济：自然资源丰富，经济结构失衡

粤企、广货要在东北地区站稳脚跟，必须对该地区的经济环境有宏观上的把握，并以此来制定有针对性的发展策略。

吉林省自然资源和农产品种类丰富，是农业大省。同时，作为我国重要的工业基地，加工制造业比较发达，汽车与石化、农产品加工是三大支柱产业，装备制造、光电子信息、医药、冶金建材、轻工纺织也具有自身优势和特色。

近年来，吉林省抓住国家扩大内需、调整结构的机遇，积极吸引外资和民间资本，主动承接"南资北移"，广泛吸纳社会资本参与吉林省的经济建设。一是汽车、石化、农产品加工、现代中药与生物医药、光电子信息高新技术等五大产业招商需求迫切；二是依托资源和产业基础，大力发展能源、冶金、新型建材、轻纺工业、装备制造、旅游等特色产业。

据吉林省广东商会提供的内部统计材料显示，2011 年，在国家及吉林省内一系列搞活流通、扩大消费政策的作用下，全省消费品市场呈现繁荣活跃、平稳有序的发展态势，消费稳定增长、市场规模日益扩大、消费结构不断升级，高出全国平均水平 0.2 个百分点。从消费品种看，家电类、食品类是销售的热点商品。消费品市场运行主要呈现以下特点：

（1）消费品市场稳定成长，消费总量不断扩大；

（2）城镇居民消费旺盛，乡村市场加速成长；

（3）批发和零售贸易业稳健发展，住宿和餐饮业快速增长；

（4）限额以上企业销售快速增长，市场份额进一步提高；

（5）居民消费结构继续升级，消费热点延续。

从全省限额以上社会消费品零售总额商品销售值情况来看，其消费特点如下：

（1）吃、穿、住生活必需品消费占据主导地位；

（2）城乡居民医疗保健类消费比重较高；

（3）城乡居民高档消费比重较低。

市场走俏且需求量大的产品有：食品、洗涤用品、工艺品、不锈钢制品、电子产品、家用电器、陶瓷、服装、装潢装饰材料、家具、洁具等。

"广货全国行"对改善吉林省的整体经济效率、经商环境、产业结构升级有着重要意义，其作用在于各类产品的不断更新和科技含量的提高，提升了消费群体的消费意识和欲望。由于吉林省轻工业所占比例较小，尤其是民用产品较少，所以迫切需要发展小微企业形成链条产业。

广东企业应该在充分了解自身发展优势的前提下，结合当地经济特点，实现优势互补。

（三）社会文化：多民族大融合，朝鲜族风格突出

地域面积为 18.74 万平方公里的吉林省 2012 年拥有人口 2 750.4 万；而面积为 17.98 万平方公里的广东省同年拥有的人口数量为 1.043 亿。相比之下，吉林省就显得地广人稀。

吉林省是一个多民族省份，境内共有汉族、朝鲜族、满族、蒙古族、回族、锡伯族等 49 个民族。除汉族外，48 个少数民族人口约占全省总人口的 10%。朝鲜族主要分布在东部的延边、吉林、通化、白山等州市，蒙古族和锡伯族主要分布在西部的白城市和松原市，满族、回族以长春、吉林、通化、四平市居多。

延边州现有人口 218.55 万，其中朝鲜族人口占 38.76%。朝鲜族人民虽也使用汉语，但在族群内部的交流中多使用朝鲜语，而朝鲜语和朝鲜民主主义人民共和国与韩国使用的语言只有语音上的差别，这种语言上的相通性就减少了我国朝鲜族人和朝鲜人与韩国人之间的沟通障碍。因此，很多延边当地的朝鲜族人到韩国工作。受历史沿革和民族传统等因素的影响，吉林省内的朝鲜族人对朝鲜和韩国有心理上的亲近感，这种亲近感在民族生活习惯上表现得十分明显。朝鲜族人和韩国人的饮食习惯很相近。在消费习惯上，延边地区的朝鲜族人明显倾向于韩国商品，如果经济条件允许，他们大多数情况下都会选择韩国商品，即使同类的国产商品在价格上占有优势。

吉林省作为我国的边疆大省，其下辖的延边州处于中、俄、朝三国交界的地方。延边州拥有多个口岸，每年通过这些口岸出入境的人数多少和边境贸易的发展有着重要的关系。2012 年 4 月 13 日，经国务院同意，正式批准在吉林省珲春市设立"中国图们江区域（珲春）国际合作示范区"，并印发了《关于支持中国图们江区域（珲春）国际合作示范区建设的若干意见》，这为延边的开发开放再次注入了强大的动力。"2012 年经珲春口岸出入境的俄罗斯籍旅客达 26.5 万人次，占珲春口岸出入境总人数的 84.7%，同比增长

12%，极大地拉动了珲春市旅游及互市贸易的发展。"① 了解这些出入境的俄罗斯旅客的消费能力和消费习惯是开拓边境贸易市场不可缺少的条件。

除了那些因民族习惯而有所区分的商品或服务之外，还有很多商品和服务是不存在地域和民族差别的，比如建材、装饰材料等。为了市场最大化和降低商业风险，要在吉林省当地发展的粤企应该结合自身优势着重寻找这类市场展开竞争。

（四）技术：重工业发达，投资环境待优化

吉林省作为东北老工业基地的一部分，拥有中国第一汽车集团公司，交通设备制造业和石油化学工业有着明显的竞争优势。而作为农业大省，吉林省的自然资源丰富，农产品种类多，医药和食品加工方面可就地取材，就地转换，具有天然的优势。

由吉林省农业委员会主办、吉林省农村经济信息中心承办的中国长春国际农业·食品博览（交易）会至今已举办十二届。农博会为推介吉林省的特色农产品提供了一个重要的平台。2013 年 8 月 25 日，我调研小组成员实地考察了第十二届农博会的现场，重点参观了其中的台湾展馆，并采访了两位台湾参展商，他们表示参加这次博览会主要是为了让更多的大陆消费者认识台湾产品，同时寻找和大陆企业的合作机会。他们表示从直观感受来看，吉林省的投资环境仍有待优化。

相比之下，在通信设备、计算机及其他电子设备制造业等高新技术领域，吉林省在全国还处于竞争劣势，而这些正是广东省的优势产业。据延边州商务局边境贸易管理处孙永伟处长介绍，总部位于深圳的广东企业中兴手机进入了朝鲜市场，和朝鲜的相关企业进行合作生产几款供朝鲜人民使用的手机。此外，广东企业生产的一些低端手机在俄罗斯也有市场。只是由于国内手机生产商欠缺"走出去"的市场意识，没有考虑到语言障碍，因此很多手机里缺少俄文或朝文的使用说明书和菜单。而这些语言障碍从技术上解决起来并不困难。

广东作为改革开放的前沿地，拥有先进的管理经验和生产技术，如何将这些优势运用在开拓东北地区的市场上是"广货全国行"能否取得成功的重要因素。

---

① 《延边州政府，全州口岸过客量稳步增长》，http：//www.yanbian.gov.cn，2013 年 9 月 15 日。

吉林广货发展情况评估

在《粤企、广货在东北》一文中，笔者从政治、经济、社会文化和技术四个层面对粤企、广货在东北地区发展所面临的宏观环境进行了分析。一个地区宏观环境的优劣从多方面影响着企业在当地的发展，但这些影响都属于外在因素，对企业的影响也多是间接的。事物的发展是内外因共同作用的结果。粤企、广货要在东北地区取得发展不仅应该关注外部环境，还应该充分了解自身的特点，根据外部环境的变化不断调整发展战略。接下来，笔者将借助 SWOT 分析模型对粤企、粤商和广货在东北地区的发展态势进行概述。

SWOT 分析法模型即态势分析法，20 世纪 80 年代初由美国旧金山大学的管理学教授韦里克提出，经常被用于企业战略制定、竞争对手分析等场合。SWOT 分析法用来确定企业优势（strength）、劣势（weakness）、机会（opportunity）和威胁（threat）。因此，SWOT 分析法实际上是对企业内外部条件各方面内容进行综合和概括，进而分析组织的优劣势、面临的机会和威胁的一种方法。优劣势分析主要是着眼于企业自身的实力及其与竞争对手的比较，而机会和威胁分析则着眼于外部环境的变化及对企业可能产生的影响上。在分析时，应把所有的内部因素（即优劣势）集中在一起，然后用外部的力量来对这些因素进行评估。

一、优势：硬实力开路，软实力保障

粤企、粤商、广货在东北地区能获得长足发展离不开自身具有的优势，清醒地认识并适当发挥运用这些优势将有利于准确地开发市场。这些优势主要包括硬实力和软实力两个方面。硬实力是指政策、产业优势等能直接为企业带来发展的因素，软实力是指商业精神、企业文化、品牌口碑等无形的却能潜移默化影响企业发展的因素。

（一）优势产业开路，特惠政策助力

广东省作为改革开放的前沿地，是我国由计划经济向市场经济转变过程中最早得到发展的省份，在企业管理经验上相较于其他省份拥有明显的优势。

早在 1980 年，广东省政府就同意批准成立了第一个全省性、综合性、经济类的社会团体——广东省企业联合会（原广东省企业协会）。1983 年，广东省企业家协会（原广东省厂长经理研究会）成立，这是改革开放后全国成立的第一个厂长经理社团组织。2009 年，广东省企业经营管理协会成立，是一个经广东省民政厅社团管理局批准成立、具有法人资格的社会团体。这些组织的成立有助于加强企业之间的联系，开展现代经营与管理的学习和研究，探索和实践市场经济体制下经营与管理现代化的途径和方法，帮助企业做大做强，实现更高的管理效率和更佳的经营效益。

经过三十多年的发展，广东省在经济发展方面拥有了很多切身的经验，这些经验对于广东企业开拓国内市场和国际市场都具有十分重要的借鉴意义。

1978 年以来，广东省在全国率先实行改革开放政策，促进了经济快速协调发展，已成为中国第一经济大省，是全国经济最发达、最具市场活力和投资吸引力的地区之一。在政策的支持下，珠江三角洲地区已经成为世界知名的加工制造和出口基地，是世界产业转移的首选地区之一。

多年来，广东的经济发展具有经济外向度高、对外依赖性强等特点。改革开放以来，广东以"三来一补"的加工贸易起家，逐渐成为中国对外出口的重要基地，广东外贸依存度达 67.5%。传统产业比重大，低端制造环节比重高。广东省的传统产业主要包括纺织服装、食品饮料、建筑材料、家具制造、家用电器、金属制品、轻工造纸及中成药制造等行业。"2010 年，广东优势传统产业（指纺织服装业、食品饮料业、家具制造业、建筑材料、金属制品业、家用电器制造业）规模以上企业实现增加值超过 7 000 亿元，占全省工业的比重达到 34.9%。2007 年工业增加值率为 25.5%，在全国排名靠后。"[①] 经过改革开放三十多年的发展，珠三角地区的劳动力、资源、环境等要素的制约日益突出，处于价值链低端、以劳动密集型产业为主的产业结构迫切需要转型升级，为此，广东开展了跨区域的产业链配套与资源整合，打造"东部服务、西部制造"的产业功能布局，同时坚持经济发展与环境保护双赢，探索以产业转移促进产业转型升级的发展新路径。

---

① 《广东以产业转移促进产业转型升级调研报告》，http://www.chinareform.org.cn/Economy/industry/report/201204/t20120412_139166.htm，2013 年 9 月 15 日。

2008 年，广东省发布了《关于推进产业转移和劳动力转移的决定》，正式启动"双转移"战略。"双转移"是指通过产业转移工业园等载体，按照"政府引导、市场运作、优势互补、互利共赢"方针，将珠三角传统的低端制造业转移至粤北及粤东西两翼地区，促进这些地区的经济发展，使珠三角地区劳动密集型产业比重显著下降。同时，腾出空间，吸引先进制造业及高端服务业进驻珠三角。

据吉林省广东商会会长陈敏雄介绍，广东的房地产企业万科集团、香江集团、香港豪德集团等在吉林省的知名度很高。豪德集团一直在参与吉林省一些商贸城的建设。

在采访过程中陈会长还说道："在老百姓日常生活当中，超过 50% 都是广东产品，上至灯具，下至瓷砖，大部分装饰材料也来自广东，还有大部分家具、洁具、日用品、易耗品、家电都来自广东。广东的产品目前虽然面临转型升级，但其还是赢得了市场的信赖和消费者的认可。"

据吉林省广东商会提供的资料显示，广东品牌产品在吉林省市场上主要有陶瓷、家用电器、服装、皮革、电子产品、装饰材料等；市场占有率较大；在吉林省广货以省会城市长春为中心辐射地级城市，销售形式为代理、零售；产品优势大，反应良好。

在实地走访珲春市商贸城的过程中，我们观察到很多日化用品的产地都是广东，店主表示广东是主要货源地之一，这也印证了广东的日化用品的确享誉吉林。而一些标明产地为广东的服装并不是直接从广州进货，而是通过广东服装企业设在长春、沈阳等省会城市的代理商取得货源。通过授权当地商家进行品牌代理，既可以扩大广东服装的市场范围，又能降低生产成本，赢得竞争优势。

要进军东北地区市场，广东企业应响应政府所提出的产业转移的号召，充分了解吉林省市场环境，将既是市场所需的又符合产业转移要求的优势产业转移到东北地区，采用多样化的企业经营战略。

（二）管理经验丰富，粤商精神悠久

粤企、粤商在开辟国内市场方面，除了拥有丰富的管理经验、传统的产业优势这些硬实力之外，还拥有在商界立足所不可或缺的软实力。

"广东人从商的历史相当悠久。早在西汉时期，广州已是南方珠玑、犀角、果品、布匹的集散地；唐代始，广东人冒险犯难，迎风破浪，陆续前往南洋、澳洲和南北美洲等地，开辟草莱，建立家园，从事商业经营，从而使广东成为我国侨胞最多的省份。宋时，广州已是'力一国衣冠，络绎不绝'

的著名对外贸易港了。明代设立了'十三行'，清时这里更成为中国唯一的对外通商之地。所以，广东的先民自能出海与人交易之时，商业活动就从来没有中断过，从这个角度看广东人是商人的后代。"①

岭南地处亚热带，境内温湿多雨，多瘴疠之气。这样的环境远不及中原舒适、滋润。"但生于斯、长于斯的粤人及迁徙而来的移民则别无选择，只有在艰苦的自然环境里，披荆斩棘，奋发开拓，才能求得生存，获得发展。同时，岭南山地多平原少，而在平原地区则河川交错，交通便利，岭南又有浩渺的南海环绕其南，这样的地理环境孕育了广东人的商业因子。因而在这样的地理环境中培育出岭南人的商业精神具有强悍坚韧、敢于冒险、勇于任事、大胆革新、追求自由等特质。"②

在岭南文化重实用思想的熏陶下，广东人摒弃了北方人"耻言利"的传统意识，普遍具有强烈的功利主义观念，形成了重实利与务实的精神特质，更倾向于实在的内容和价值，更看重行动的可能性与现实性。但是广东商人并不是只关注利益，而是注重以利散义，在收获经济效益的同时，却不忘社会责任，不断用自身的财富回馈社会。

吉林省广东商会会长陈敏雄就是一位代表粤商文化的典型企业家，陈会长在事业取得成功的同时，从来没有忘记回馈社会、回馈家乡。连续几年，每逢中秋佳节，吉林省广东商会都会在陈会长的带领下，邀请在长春就读的粤籍大学生代表参加商会举办的"吉林省广东商会与家乡学子中秋联欢会"，前后已有数千名学子参加了联欢会。通过这些活动，加深了会员、学子间的相互了解，还扩大了乡亲间的业务交流与合作。此外，陈会长还资助数百名贫困学生完成学业，每年春节还提供数百张免费机票给返乡广东学子。这些回馈社会的行为弘扬了粤商文化的精髓，同时也为粤企在当地的经营积累了无形的资产。

与此类似，香港豪德集团经过多年发展，孕育了"以德聚才，以财播德"的豪德理念，形成了独具特色的企业文化，成为豪德事业长远发展的精神原动力。

粤企、广货在东北地区投资经营的软实力除了粤籍商人身上所体现出来的岭南文化精髓和人格魅力之外，还有一点很重要的就是广货多年以来在当

---

① 《粤商、浙商商业精神透析》，广东企业研究网，http：//finance. qq. com/a/20080521/001561. htm，2013 年 9 月 16 日

② 《粤商、浙商商业精神透析》，广东企业研究网，http：//finance. qq. com/a/20080521/001561. htm，2013 年 9 月 16 日。

地树立起来的良好口碑。

80 年代，广货风行全国，当时广货的崛起得益于得天独厚的政策和地理优势，以及巨大的消费市场。随着市场经济在我国的全面发展，广货在全国范围内遭遇了很多的竞争者，市场份额也不断降低。但广货多年积攒下来的口碑仍在传承，特别是广东传统优势产业中的家用电器、服装、箱包等仍然在多数地区广受欢迎。广东的建筑材料、装饰材料等在东北地区所占的市场份额仍然较大。在国内市场竞争不断激烈的今天，广东企业应想尽办法将多年来的良好口碑不断延续下去，创造新的商业神话。

二、劣势：地理区位遥远，经营理念落后

企业自身所具有的优势有助于其发展，而自身所存在的劣势却是阻碍企业发展的因素。下面我们将就粤企、广货在吉林地区发展所存在的一些劣势进行说明。

（一）地理：空间距离远，物流成本高

从地理空间上看，吉林省位于我国东北地区，属于温带季风性气候，冬夏气温相差大，冬季低温寒冷。广东省位于我国华南地区，属于亚热带季风气候，夏季炎热，冬季温暖。吉林和广东两省的地理区位跨度大，距离遥远，同时因纬度差异造成气候悬殊。在不少人的印象当中，"寒冷、遥远"依然是吉林的代名词，这也或多或少地阻挡了粤籍商人到吉林省投资创业的步伐。因此，广东企业跨越遥远的地理空间离开家乡到吉林省进行投资发展，需要克服心理上的畏难情绪。

另外，物理距离遥远除了对粤企商人造成心理上的畏惧之外，还影响到广货在吉林省当地的发展。由于地理空间跨越大，广东生产的商品想要进入东北市场，就关系到交通条件和物流业的发展状况。长途运输所产生的费用将直接反映到落地商品的最终销售价格上。在和同等质量的本地产品比起来，广货在价格上就处于相对劣势。如何解决因地理因素造成的销售价格上升这一问题，是粤企需要重点考虑的。

（二）经营：营销理念有待更新，电商发展还需探索

在调研过程中，通过访问政府相关公务人员以及走访当地的百货商场，我们发现消费者在购买商品尤其是日化、服装等小型商品时，对商品的产地并不关心。通过观察我们发现，广东企业在当地的品牌意识还有所欠缺，不

管是产品广告，还是通过各种媒体所做的形象广告，宣传力度都不够。从根源上来看，这主要是由于制造商和代理商均没有很强的市场经营理念造成的。

同时，广东货物在当地的销售渠道还保持在传统的状态，电子商务和网络消费等新兴消费方式的发展，在当地广货的销售上还没有得到很好的体现。

此外，据观察，广东产品在当地市场上存在种类繁多、品牌辨识度较低和凝聚力不强等问题。这就说明消费者在选购商品时并没有明显的品牌忠诚意识。以广东产品为载体宣传和传播广东文化的作用不大，各个产品由制造商和代理商各自运营销售、选择宣传模式，没有联合性，失去了整体效应。这对于广货的长远发展来说是致命伤。

80 年代初期，广货在政策支持、区位优势的共同作用下，风靡全国。传统广货概念正是在这一时期形成。它是一种区域性综合产品概念，地域因素是消费者选择广货的重要标准，当时几乎所有的广东产品都是畅销品。然而随着市场经济的不断发展，国内市场逐渐由改革开放之初的卖方市场变成了买方市场，市场竞争日益激烈。想要在竞争白热化的市场上屹立不倒，粤企、广货就必须摈弃 20 世纪那种传统的营销观念。

而现在，倾销时代已经过去，现在的市场竞争是品牌之间的竞争，消费者注重商品品牌所蕴含的形象力。"广货不应再是一种区域性综合产品概念，而应是区域性企业品牌的集合，应以品牌效应去角逐市场。"① 不管是广东政府还是广东企业，都应该对新时代背景下广货的新概念有与时俱进的认知，先转变经营观念，树立品牌意识，才能抓住消费者心理，开辟多种销售渠道，结合时代发展，不断培养新型的消费习惯，通过多种方式打开市场。

三、机会：两省政策支持，市场空间巨大

以上对粤企、广货在吉林省当地发展的优势和劣势分析主要着眼于其内部。所谓"知己知彼，百战不殆"，要想在东北地区求得发展，除了对自身所存在的优势和劣势的分析之外，还应该对外部环境所提供的机遇和造成的威胁有全面的了解。下面，笔者将从粤、吉两省政府的政策支持和吉林省当地的市场优势这三个方面来说明粤企在吉林省投资经营所拥有的机会。

（一）广东：走出去——"广货东北行"

在市场经济的背景下，政府在企业的发展中不需要打头阵，扮演无所不

---

① 肖怡：《广货危机及广货品牌战略》，《特区与港澳经济》2000 年第 1 期。

包的"司令官"角色，而是应在把握经济大方向的前提下放手让企业去发展。然而，政府的政策对企业的发展仍然起着"风向标"的作用，违背政府政策的企业决策不能长久，而获得政策支持的企业战略则如顺水行舟。

不管是80年代的"广货北伐"还是近几年来新提出的"广东产品全国行"都是获得广东省政府政策支持的商业活动。"2009年，广东省制定出台《全省扩内需促消费保增长活动专项工作方案》；同年4月，省经信委下发《关于印发广东产品全国行系列活动方案的通知》。随着2009年4月6日'广东产品全国行'系列活动首站在西安举行，广货全国行正式启动。"①

2009年4月25日，作为"广东产品全国行"系列活动之一的"广东产品东北行"在长春启动，广东企业带去了包括服装、电器、电子产品、灯饰、建筑装潢材料在内的上万种产品。广东商会与当地市县政府进行了战略合作签约，在产业对接、资源开发、科技人才交流等方面合作，引导两省的投资、贸易和产业合理布局。据不完全统计，近几年，每年有近千名广东企业家到吉林考察项目，至今合作项目累计达到426个，投资总额在912亿元左右，并逐年递增。

吉林省广东商会会长陈敏雄是我们在本次调研过程中的重点采访对象。陈会长向我们介绍了商会的历史沿革，吉林省广东商会成立于2007年。时任广东省省委书记的张德江是吉林省人，对两省的交流合作十分重视，在这个大前提下，吉林省广东商会在2006年12月底开始筹建，直至2007年4月25日正式成立。商会现有会员单位200多家，涉及房地产开发、民用航空、粮食种植加工、机械加工、新材料、高科技、现代服务等20多个行业。据统计，在吉林省的粤资企业有2 000多家，累计在吉林投资金额达3 000多亿元。

广东省政府支持广货"走出去"的策略，为吉林省广东商会类似的民间社团组织充分发挥桥梁作用提供了支持。作为沟通促进粤吉两省经贸活动的民间组织，吉林省广东商会有几大亮点：第一，积极发挥商会的桥梁纽带作用，为吉林、广东两地的经贸合作及文化交流搭建一个良好的发展平台；第二，在经济合作方面，广东人多地少，东北地区人少地多，两地可形成良好的发展互补态势，广东的轻工业产品、日用品远近驰名，而这方面的产品在东北地区则相对缺乏，商会的成立无疑为广东的名优产品打开东北市场创造了良好的条件。

---

① IUD中国政务舆情监测中心：《"广货全国行"开拓大省关系新模式》，《领导决策信息》2012年第22期。

　　自 2009 年以来广东省先后出台政策促进"广货全国行"活动，如下表所示。"到 2012 年，广货全国行已经进入第四年，三年多以来，'广东产品全国行'层层深入，北上西进，进一步深化经贸往来，发展优势互补，实现区域间的互利共赢。它不但是广东省与广货内销各省之间共同坚决贯彻落实中央扩大内需、转变经济发展方式、促进经济平稳较快发展战略部署的重要举措，也是粤货、粤企、'广东制造'探索'内外并重'、发展实体经济区域合作模式的一条新路。"①

广东省出台促进"广货全国行"活动政策（2009—2011）②

时间	政策	涉及内容
2009 年 4 月	《全省扩内需促消费保增长活动专项工作方案》	广东省 2009 年全年安排 124 项省内外广货促销和经贸活动，遍布省外 30 个重点城市
2009 年 4 月	《关于印发广东产品全国行系列活动方案的通知》	调动广东分布在全国的驻外办事处、粤商以及一切可以调动的资源，政府开道搭桥，组织广东名优产品在全国进行展销和经贸洽谈活动
2010 年 1 月	《广东省人民政府关于实施扩大内需战略的决定》	实施"广货全国行"计划，提高广货市场占有率
2010 年 3 月	《2010 年全省市场开拓和经济协作工作方案》	2010 年争取在全国范围内建设 8 个或以上广东商品销售基地或销售中心等
2010 年 5 月 20 日	《中共广东省委广东省人民政府关于加快经济发展方式转变的若干意见》	支持企业在国内主要城市建立"广东商贸城"、"广东商品直销中心"等内销平台，开展"广东名品进名店"和广货网上销售试点活动

---

　　① IUD 中国政务舆情监测中心：《"广货全国行"开拓大省关系新模式》，《领导决策信息》2012 年第 22 期。
　　② IUD 中国政务舆情监测中心：《"广货全国行"开拓大省关系新模式》，《领导决策信息》2012 年第 22 期。

（续上表）

时间	政策	涉及内容
2011年1月17日	《中共广东省委关于制定国民经济和社会发展第十二个五年规划的建议》	建立中小企业公共销售和电子信息平台，提高"广货"国内辐射力和影响力
2011年11月7日	《推进珠江三角洲产业布局一体化进程2011—2012年工作意见》	广货全国行活动，在宣传推介、展位布置上突出"一市一特色"

　　除了实行"广东产品全国行"的战略之外，为了更好地推动广货成功"走出去"，扩大广货的品牌影响力，广东省人民政府与时俱进，结合时代背景下网络技术和电子商务的发展，于2012年8月份又推出了"广货网上行"的大型商务活动。

　　此次活动由广东省人民政府主办，广东省经济和信息化委员会承办，是广东省加快发展电子商务的创新之举。广东省成立筹办"广货网上行"活动组委会，主任由省主要领导担任，办公室设在省经信委，包括省发展改革委、科技厅、财政厅、外经贸厅、南方报业传媒集团等10多个成员单位。以"促消费、扩内需、调结构、稳增长"为目标，按照"政府搭台、企业唱戏"的原则，依托广货品牌和服务优势，通过统一组织、统一标识、统一宣传、统一行动，开展"广货网上行"活动，促进产销对接，扩大网络交易，增强消费对经济增长的拉动力，集中推介广东电子商务平台、网上商城和广货网店形象，打造电子商务强省，建设优质品牌和电商厂商协同发展信息化平台，培育和壮大广东省网络消费群体，提高广货网购市场占有率，为稳增长、调结构、惠民生注入新的强大动力。

　　在科学技术日新月异的今天，不管是政府的执政思想，还是企业的经营理念都应该与时俱进，紧跟时代步伐，随时做好迎接新变化的准备。借着"广货全国行"和"广货网上行"两大活动的推动力，粤企、粤商应该积极实行"走出去"的战略，根据自身条件，不断开辟新的市场。由于经济的发展程度和技术革新速度存在差别，东北地区在对新兴的消费行为的接受方面可能还有待加强。"广货全国行"对改善吉林省的整体经济效率、经商环境、产业结构升级有着重要意义，各类产品的不断更新和科技含量的提高，提升了消费群体的消费意识和欲望，同时也将对培育当地居民的新型消费习惯起到促进作用。

（二）吉林：招商引资助发展

粤企、广货要想在吉林省获得发展，不仅需要广东省在政策上的大力支持，还需要借助吉林省的政策支持。吉林省政府针对外省企业的招商引资政策直接影响着粤企在当地的发展壮大。受地理位置和历史因素的影响，吉林省是农业大省，第一产业在经济结构中所占比例较大，而作为东北老工业基地的一部分，重工业发达，轻工业所占比例较小，尤其是民用产品较少，经济结构上存在很多不合理因素。

为了加快建设新型工业，吉林省政府出台了《特色及重点产业专业化招商工作方案》和《关于全面落实专业化招商工作的实施意见》，促进汽车、石油化工、轨道客车、食品工业、医药、信息产业政策的实施，制订并实施产业跃升计划，鼓励企业采用高新技术和先进适用技术改造提升传统产业，加强省级技术改造和结构调整专项资金的引导作用，加快推进企业兼并重组进程，培育和引进具有国际竞争力的企业集团。产业要素集聚和企业集群化不断提高，加强各级各类开发区、工业集中区的基础设施建设，积极推进支柱、优势和特色产业发展，培育新的经济增长点。

在这些先后出台的招商引资政策的支持下，由吉林省广东商会和吉林省农安县政府共同筹划建设了吉林省农安县广东工业园。在本次调研过程中，小组成员实地走访了该工业园，对工业园的发展状况有了一定了解。

吉林省农安县广东工业园位于距吉林省省会长春市14公里处的农安县，在具有省级经济管理权限的合隆经济开发区内。2007年9月2日，在第三届中国·吉林东北亚投资贸易博览会上签约，广东省政协副主席罗富和专程到会助签。2008年6月2日，举行奠基仪式。吉林省委书记王珉、省长韩长赋出席揭牌仪式。

吉林省农安县广东工业园，本着"政府引导、商会搭台、入驻企业唱戏"的原则和"资源共享、南联北拓、优势互补、互惠双赢"的理念，为粤商和其他企业进入东北亚市场提供投资发展平台。

据吉林省广东商会陈敏雄会长介绍，吉林省农安县广东工业园，规划建设用地10.8平方公里，计划投资360亿元人民币。工程建设分3个阶段实施：一期工程为园区起步阶段，二期工程为园区建设产业集群阶段，三期工程为园区建设特色产业阶段，整个园区建设计划用8年时间完成。到目前为止，已有172家企业入驻园区，完成投资额180亿元人民币，解决当地1万多人的就业问题。园区主要以汽车、铁路、客车配件、电子、环保材料家具、农产品深加工企业为主。由于各种主客观原因，现在入驻工业园的粤企、粤商的比重在 6% 到 7% 之间。粤企、粤商到吉林发展，企业本身的行业或产业特性是其所考虑的关键因素，其次是地区优势和当地政策配套。

　　吉林省总共有 47 个县，农安县是一个人口大县，有 120 万。这个县的财政收入是 2.7 亿元，在全省经济评比中排在倒数第五，属于贫困县。通过 2008 年广东商会的参与和广东工业园的搭建，到 2012 年的四年多时间里，农安县的财政收入翻了十番，在全省的综合实力评比中位列第一，从倒数第五上升到 2012 年的正数第一，成为全国百强县之一，2011 年还被评为全国卫生文明城市。随着广东工业园的入驻，华南电网下决心在农安县发电。国家包括省里也要给农安县政府一些支持，比如一些配额的限制，在土地配额、资源配额上给予大力的支持，炼油厂的配额增加等等。总而言之，吉林省广东商会和广东工业园的入驻对农安县的经济发展起了很大的带动作用。

（三）市场优势：东北亚崛起，边贸市场广大

　　吉林位于中俄朝三国边境地区，这一地理区位优势可以为广东企业和广东产品进入日本、朝鲜、韩国、俄罗斯提供通道。粤企、广货可以通过吉林省进入国际市场，进一步推动"广货国际行"。

　　1992 年，隶属于延边州的边境城市珲春被国务院列为第二批边境开放城市之一，成为中国唯一的集边境经济合作区、出口加工区与互市贸易区"三区合一"的地区。但是多年来吉林边境地区经济体量不大，人口集聚度不高，产业竞争力不强，不能够有效支撑国际性区域合作开发。

　　为了解决以上问题，2009 年 8 月 30 日，《中国图们江区域合作开发规划纲要——以长吉图为开发开放先导区》获国务院批复，引起国际国内的高度关注。长吉图区域沿边近海，长春和吉林两个城市是吉林省的经济核心区，延边州在图们江国际合作方面奠定了良好基础，也积累了丰富的经验，共同打造长吉图开发开放先导区，能够增强中国参与图们江区域国际合作开发的整体实力，促进我国与东北亚国家资源互补合作，挖掘对外开放合作的潜力，形成具有发展活力的新的经济增长区域（见下图）。

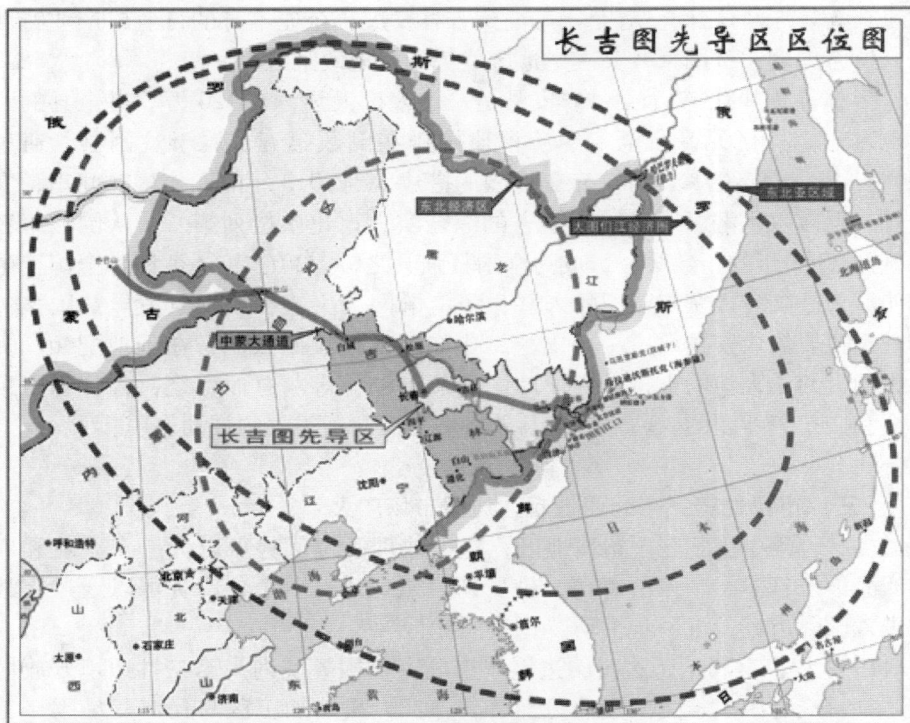

长吉图先导区区位图①

2012 年 4 月国务院正式批准在吉林省珲春市设立"中国图们江区域（珲春）国际合作示范区"。珲春国际合作示范区范围约 90 平方公里，这个示范区将按照对外贸易合作、国际产业合作、中朝经济合作、中俄经济合作四大功能板块，构建与图们江区域合作开发相适应的现代产业体系。同时，把推动中朝、中俄跨境合作作为中国参与多边合作的重要目标，吸引东北亚地区有关国家共同参与图们江开发。在这个新的国际国内环境下，珲春国际合作示范区将成为东北亚地区各国优势互补的有效合作载体，大力发展与朝鲜、俄罗斯、日本、韩国、蒙古国等东北亚国家以及中国港澳台地区的经济技术合作。

2012 年 8 月 22 日，俄罗斯正式成为世界贸易组织（世贸组织）第 156 个成员国，漫长而又曲折的入世之路终于画上句号。此举为俄罗斯进一步融入

---

① 《打开世界之门，率先全面突破》，延边州政府官网，http：//www. yanbian. gov. cn，2013 年 9 月 18 日。

世界经济打开了新局面，也为推动建设中俄公平有效的边境贸易体系创造了新契机。隶属于延边州的珲春口岸是中俄重要的通行口岸，距离珲春口岸 8.7 公里的珲春中俄互市贸易区是吉林省对俄罗斯开放的唯一边境贸易功能区。2012 年，通过珲春口岸进入该贸易区的俄罗斯边民达到了 15.6 万人次，同比增长 29%，互市贸易区对俄罗斯出口额达到 5 亿美元，同比增长 25%。在互市贸易商品中，俄方以海产品为主，中方以轻工业品为主。当地政府针对互市贸易区有很多优惠政策，如免征进口税、出口退税、共享合作区政策、货币自由流通等。

通过上述措施，政府为进入当地的企业创造了很好的市场环境，所以进入当地的粤企应积极行动，利用这些政策带来的优惠发展自身。

延边州作为边境地区，人口基数虽然不大，但是消费者群体的构成却因国别、民族而呈现出多样性的特点。为了适应中俄、中朝经济的发展，珲春市当地的商店招牌基本上都是使用汉语、朝鲜语、俄文三种语言书写的。粤企要想进入该地区的市场就应该充分了解当地市场，对市场进行细分，根据消费者的不同特点定位不同的市场，避开市场红海，转而开辟存在空隙的市场蓝海。

四、威胁：国内外竞争激烈，本土化程度欠缺

"知己知彼，百战不殆。"粤企、广货要走向全国，走向国际，除了明确自身的优劣势之外，还应该了解来自国内外的竞争对手的威胁。在此次调研过程中，通过采访对粤企、广货在吉林省当地有深入了解的吉林省广东商会会长陈敏雄和对延边州外贸情况十分清楚的延边州商务局边境贸易管理处孙永伟处长，以及实地考察延吉市和珲春市的数家百货商场，我们对广货在吉林省当地所面临的竞争威胁有了相当的了解。通过清醒地认识来自竞争对手的威胁，企业可以适时调整自身的发展战略。在作为边境大省的吉林，粤企、广货遭遇的竞争对手既有来自国内的，也有来自国外的。

（一）来自国内同行的挑战

吉林省作为农业大省和重工业大省，轻工业所占的比例较低，诸如服装、箱包、鞋制品、日化用品等行业的发展都还有所欠缺。广东省作为加工贸易大省，可以将轻工业产品的市场延伸到东北地区，在当地占领一席之地。

据吉林省广东商会提供的信息显示，吉林省当地市场走俏且需求大的产品种类有食品、洗涤用品、工艺品、不锈钢制品、电子产品、家用电器、陶

瓷、服装、装潢装饰材料、家具、洁具等。

吉林省自然资源丰富，食品加工企业可以就地取材，就地转换。因此在一些初级的农副产品的市场上，广货就处于价格劣势，由于长途运输增加的价格最终都通过销售价格体现出来。

在吉林地区的市场上，来自浙商的强势竞争对粤企来说是很大的威胁。和位于珠三角的广东相比，位于长三角的浙江距离东北地区更近，地理区位的接近一方面较广商提升了浙商到吉林投资的比率，另一方面也降低了产品的运输成本。此外，浙江（特别是温州）的小商品在全国享有很高的知名度。因此，和浙江商品比起来，广货在市场价格等方面处于劣势。

在珲春市长德国际商贸物流有限公司进行调研的时候，一位珲春当地的工作人员说浙商对珲春经济的发展贡献很大，相比之下，粤企在当地的发展就处于弱势。珲春市中心有一座温州商城，面积很大，有几层楼，在建筑普遍低矮的当地显得十分气派。在对珲春市鑫宜达国际购物中心的地下商场进行走访时，我们发现很多鞋制品的产地都是浙江温州，温州的鞋出名人尽皆知。由此可以看出浙商在珲春当地的发展概况。

当地消费者并没有很强的品牌意识，在购物时，对商品的产地也不敏感，一般是根据使用习惯、第一感觉以及价格来决定是否购买。因此，广货要在当地打响品牌，任重道远。

（二）来自国际同行的挑战

近年来，随着韩剧在我国和东南亚地区的热播，韩国的饮食文化和服饰文化得到了广泛的传播，形成一股"韩流"搅动着时尚界。在此影响下，韩国的服装和料理被很多人追捧。延边州是我国唯一的一个朝鲜族自治州，现有人口218.55万，其中朝鲜族人口占38.76%。由于朝鲜族人在语言和生活习惯上和韩国人有很大的相似性，这种民族心理上的接近性影响了朝鲜族人的消费习惯。延边地区一是因为地理区位，能在当地市场上接触到大量韩货，受"韩流"影响大；二是因为受当地朝鲜族人消费习惯的影响，从而青睐韩货。

在调研过程中，调研人员走访了延吉市当地的几个大型商场，见到很多来自韩国的商品。尤其是位于延吉市中心的成宝商场，整栋楼有六层，所售商品基本上都是从韩国进口的。商品种类包括服饰、化妆品、工艺品、家用电器等。但根据观察发现所有商品标价都普遍偏高。

在走访延吉百货大楼的过程中，广东品牌美的电器的销售人员介绍了美的在百货大楼乃至整个延吉的进货定价、销售现状、顾客满意率等信息，从她口中得知物流成本并没有折算在商品的定价中，美的也会结合延吉当地的特色而生产或主打韩式电饭锅这类产品，在当地销售情况不错，但的确面临着韩国福库等品牌的强势竞争。随后，调研人员也去了福库的展区进行相应的采访，导购员表示福库比同类产品价格高数倍的原因在于它的材料和技术，也有很多人会选择福库的电饭锅。调研人员也对进入美的和福库展区有购买意向的消费者进行了调查采访，其中一部分人表示如果电饭锅品牌值得信赖，质量有保证就不会花超过预期的价钱；另一部分人则认可韩货的材料、质量和技术，做饭更好吃，只要经济能力允许还是会选择韩货。

此外电冰箱、净水器、吸油烟机、彩电等电器都是此次调查的重点。调研人员去了格力、方正、TCL、创维等广东品牌和三星、LG等韩国品牌的展区实地感受不同类型的产品、观察人流量和消费者态度、询问导购员等。据观察发现，广东品牌，如方正、美的、创维等的客流量是很可观的，而韩国产品特别是冰箱和电饭锅，给人的观感、手感与国内同类产品比起来的确略胜一筹。

市场所传达的信息多数来自消费者的反馈，直接而真实。受延边地区的气候、饮食、民族等因素的影响，市场上不同类型的产品比重不同，消费者对不同品牌和不同类型的产品也会有所偏爱或者喜好。比如这边的空调市场不大，但是厨房电器所占市场比重很高。

政府、民间组织、企业——三驾马车共促广货在吉发展

在对粤企、广货在吉林省所面临的宏观发展环境和其自身的特点进行扫描式呈现之后，我们对粤企、广货在当地的发展现状有了较为深入的把握。在此基础上，为了更好地促进"广货全国行"和"广货国际行"，我们将针对吉林地区的实际情况对症下药，分别从政府、民间组织以及企业自身三个层面对粤企、广货在当地的发展提出建议。

一、政府：多管齐下推广货

2009 年 4 月 6 日"广货全国行"正式启动，到 2013 年已经进入第五年，广东省与兄弟省份签订了多项重大区域合作项目，既是贯彻落实中央扩大内需、转变经济发展方式、促进经济平稳较快发展战略部署的重要举措，也为本省以及兄弟省份的发展提供重要的平台。

吉林省处于日本、俄罗斯、朝鲜、韩国、蒙古国与中国东北部组成的东北亚几何中心地带，东与俄罗斯接壤，东南部与朝鲜民主主义人民共和国隔江相望，地理位置优越，境内外市场广阔，而且工业基础扎实，尤其是加工制造业，而广东省走在改革开放的前沿，经济综合实力强、文化思想观念开放。因此，如果能尽快促进广东省与吉林省的交流与合作，探索出一条两省共赢互利的新模式，这对于两省，甚至是全国其他省区的发展都是不可缺少的契机。在这个问题上，政府要先行，立足双方的资源优势，扬长避短，创造更多合作的机会。

（一）建立广货吉林行的决策小组

两省需要各自先组织好本省的决策小组，小组成员包括商务部门、商会代表、党委代表、资深学者等，相当于广货吉林行的"智囊团"，负责统筹两省贸易的战略部署。商务部门的工作人员需要听取小组其他成员的建议，在综合各方意见和考虑资源调配等问题后作出决策方案，协调企业、相关部门、

民间组织等进行有效沟通和执行，按部就班地完成决策方案的目标，在一定周期内要对执行进度有所调查和反馈。

商会代表要积极与企业沟通，进行必要的市场调研，实时了解企业的发展近况，将收集到的实情和设想到的解决方案与小组成员分享，努力为企业争取合法利益，为企业发展争取更多渠道和平台，促进政企沟通。

党委代表负责项目的全程跟进和监督，使项目在高效、民主、科学的基础上开展。

资深学者可从传播学、社会学、经济学、文化差异等角度提供实操性强的理论指导和信息咨询，将项目的战略部署提升到更高的层次。

（二）完善优惠政策

广东省经济与信息委员会已推荐环球市场集团开展广东优质制造，打造新广货、新品牌、新形象区域品牌管理和运营的工作，提出并不断完善"广东优质制造商标准体系"，委托权威的第三方认证机构对自愿申请参与的企业进行第三方认证，通过评审的企业可享受广东优质制造区域品牌活动的相关福利，并获得省经信委的各类专项资金的优先扶持等。广东优质制造商标准体系，给了广货走出去一个新的期待。因此，政府在招揽参选的企业单位、认证评选过程、扩大广东优质制造区域品牌标志的影响力、扶持力度等问题上应走得更高更远。另外，政府也需要抵制不符合要求的评优活动，将力量集中于权威性更强的评优活动，避免品牌评选出现混乱的状态。

吉林省可对部分县政府给予更多的政策扶持，尽量减少配额的限制，如土地配额、资源配额等。

（三）加强省际交流

广东和吉林两省的决策小组应保持固定的沟通时间，在一定周期内进行有效的会谈，对省间合作出现的问题和发展态势进行总结，并根据情况对下一步部署进行相应的调整。

两省政府可邀请两地商会出面与各行业协会联系，邀请各界人士参与推介会、交流会、座谈会，鼓励粤商到吉林进行实地考察，与吉林省商会联系，增进对吉林省的区位优势的了解。

（四）为物流牵线

两省政府可考虑统一对两地物流公司进行招标，形成对接的商贸物流体系，让物流行业形成产业集群，正如吉林省广东商会会长陈敏雄所说，"五个手指捏紧就是拳头，五个手指放开就是单打独斗”，将分散的相对有发展潜力的物流公司凝聚起来，实现资源共享，对优质物流公司实行减免税收等措施，间接减少粤商的物流成本。粤商则可以从由政府把关的物流体系中选择适合自身发展的物流公司，从而减少物流成本。物流成本减少，也就解决了粤商在吉林发展的最棘手的问题。

（五） 加强基础设施建设

根据实地调研得知，由吉林省广东商会和吉林省农安县政府共同筹划建设的吉林省农安县广东工业园，规划建筑用地面积大，投资资金雄厚，高达360亿元，但实际供电能力仍有待改进。加强基础设施建设，给粤商提供更方便、更全面、更安全、更实惠的外部环境，也是亟待解决的问题。

（六） 关注邻近国家的最新局势

吉林省政府应时刻关注邻近国家的最新局势，抓紧机遇，推动国际合作。2013年元旦，朝鲜最高领导人金正恩把朝鲜的经济建设放在“最重要的任务”的地位，虽然朝鲜政策变动的可能性较大，但这为中朝经济合作打开了新的窗口。

二、民间组织：发挥桥梁纽带作用

粤企在外地寻求发展，除了得益于双边政府的政策支持外，还离不开商会这类民间组织的牵线搭桥，沟通两省政府以及粤企的最具代表性的民间组织莫过于吉林省广东商会。吉林省广东商会是经吉林省民政厅批准，具有社会团体法人资格的非营利性社会组织，成立于2007年4月25日，吉林省人大常委、广东省汕头市人陈敏雄担任商会会长。商会现有会员单位200多家，涉及房地产开发、民用航空、粮食种植加工、机械加工、新材料、高科技、现代服务业等20多个行业。据统计，在吉林省的粤资企业有2 000多家，累计在吉林投资金额达3 000多亿元，在吉林省工作生活学习的粤籍人士近3万，其中广东学子接近3 000。

七年来，吉林省广东商会在为成员联络沟通、提供协调服务、引导成员合法经营、调动全体成员参与社会公益活动、整合吉粤两省资源、促进经贸文化合作交流、推荐典型人才服务社会及为家乡学子奉献爱心等方面发挥了积极作用。

（一）商会搭台

商会是连接政府和企业最重要的桥梁。

当被问及广东企业到东北投资最大的困难是什么时，吉林省广东商会会长陈敏雄归结为以下两点：一是粤商对东北、东北亚市场的了解不够深；二是考虑到广东与东北的距离太远、东北气候寒冷。后者属于自然因素，完善交通条件和供暖设施能解决这个问题。但解决前者则需要长期的努力和多方的沟通，商会所能发挥的作用不可小觑。商会在招商的过程中其实已经发挥了介绍和推广东北投资环境的作用，东北市场的前景必能成为粤商选择落户的重要因素之一。东北发展潜力巨大，东北亚六国经济总量和发展潜力大，而东北正处于东北亚区域的重要位置，优越的地理位置将带来更多的合作机会，无论是国内还是国外市场，粤企在东北的发展前景都是相当可观的。若商会能传达出更多东北发展前景的信息并提供更好的咨询和指导，将会增进粤商在吉林省投资的信心和决心。

同时，粤商初到东北，人生地不熟，经验不足，正需要商会出面通过联谊等方式带动粤商经营的积极性，促进同类企业的合作。

另外，商会应积极与政府达成合作协议，共同致力于打造有水平、有战略意识、品牌意识强的平台，如广东工业园、广东产业园、吉林广东大厦等。据吉林省广东商会会长陈敏雄介绍，2008 年建立的广东工业园主要解决的是第二产业的问题；商会近期投建的广东产业园着重提升广货的科技含量，主要是针对吉林省汽车、客车及新材料的市场需求，也包括广东优势产业，如模具、电子产品等；商会与大中院校广泛合作，进行科技成果的转换，调动各方面的积极性，并以此来降低广货生产管理的成本，提升产品的占有率和知名度。考虑到吉林是工业大省，亦是农业大省，当地优势资源也为广东企业提供更优惠的原材料，从而降低成本。而商会近期投建的吉林广东大厦以现代服务业为主，比如文化产业、科研成果转换、金融服务业等第三产业，选址在吉林省省会城市长春的中心位置，定位为 5A 级写字楼，城市商业综合地，力争作为地标性建筑，把广东的总体形象表现出来，其中建筑的选材很多都来自广东。

（二）丰富自身的公关活动

从某种程度上讲，商会作为民间组织，也需要重视自身的公关形象，将自身的品牌打响，让更多粤商和其他企业所知晓，从而发挥更大的作用。

吉林省广东商会每年都会举办联谊活动，例如吉林省广东商会与家乡学子中秋联欢会、大学生创业就业交流会等，体现商会的亲民、为民的良好形象。

商会可利用自身的人脉和物质资源来举办大型展览会，让广货在更大的平台上集中展出，使公众重新认识广货。另外，吉林省每年都会举办中国—东北亚投资贸易博览会，商会可为粤企争取更多展出的机会。

商会与吉林省的大学联系较多，可组织广货在吉林的品牌策划活动，让有理想、有思想、有创意的大学生参与其中，既能加强商会与优秀大学生的联系，也能吸收更多更新的品牌推广的想法，从而促进广货品牌的推广。

（三）加强商会间交流

据吉林省广东商会会长陈敏雄介绍，现在东北三省都有广东商会，包括黑龙江省广东商会、吉林省广东商会和辽宁省广东商会。粤籍人士在东北三省将近 20 万，在吉林省规模达到中型以上的企业超过一万家。东北三省的商会联系密切，包括互补互助。黑龙江主要是对俄罗斯的边贸，辽宁主要是对朝鲜的边贸，吉林对俄罗斯和朝鲜都有边贸，所以商会先后在东北三省投建了一些商贸城。可见，东北三省间的商会不仅联系密切，而且成效初显。

除了广东商会间的交流，来自不同地域的商会也同样需要更多的交流机会。调研中发现，浙商是粤商较为庞大的竞争对手，浙货的市场份额越来越可观，这也到了粤商虚心向浙商学习、彼此多交流的时候。除了吉林省浙江商会，在 2011 年诞生的吉林省内蒙古商会这一年轻的商会，也值得关注。吉林省广东商会成立时间较长，机制更为完善，经验丰富，若能加强与其他商会间的交流，增进两地经济信息的沟通，既能给其他商会带来宝贵的管理经验，也能吸收其他商会创新的管理体制并获得合作的契机。

（四）传播粤商精神

品牌对于企业来说是无形资产，商业文化对于地方商人来说也是如此。某地商业商人所展示出来的品质得到普遍的认同，消费者对该地产品和服务的忠诚度则会加强。"诚信经营，敢为天下先"的粤商精神，需要商会传播出去，既能不断鞭策粤商坚守诚信创新经营，也向外展示粤商的可信赖性。吉林省广东商会会长陈敏雄如此说道："发扬我们粤商精神、广东人敢为人先的精神，或者说广东人的诚信，这是大家都可以理解的，也认同的。在商业经营里面，诚信多赢很重要。有些地区在这方面只是口头说，却落不到实处。李嘉诚作为一个符号人物，就是在这种精神驱使下才有今天的局面。所以，没有这种文化精神的支持，单是一锤子买卖，是做不下去的。基于对商会发展的宗旨，既要抱团，也要发扬我们粤商精神。商业文化决定了它的发展。"可见，精神层面对于商业发展也是不可缺少的，而商会在这方面应该发挥它的积极带动作用。

（五）关注国家政策的最新动态

商会作为粤商大集体的代表，应时刻关注国内外政策的变动，抓住机遇。2009 年 8 月 30 日国务院批复《中国图们江区域合作开发规划纲要——以长吉图为开发开放先导区》，引起了国际国内的高度关注。根据新华网的报道，长吉图先导区是连接辽、黑两省的纽带，对来自东北地区的资金流、信息流、人才流，有现实吸引力。赋予长吉图"东北地区新的重要增长极"的战略定位，表明长吉图具备了成为东北地区新增长极的区位优势，能够与辽、黑两省形成合力推进东北振兴发展的新格局，成为振兴东北的战略高地。通过东北东部通道等基础设施建设和产业的互补对接，加快辽宁沿海经济带、长吉图开发开放先导区与黑龙江省对俄罗斯沿边开放相互融合，把沿海沿边开放和境外资源开发、区域经济合作、承接国内外产业转移结合起来，形成在东北三省全面推进东北亚区域国际合作的局面。国家政策的进步，意味着商机的涌现。

朝鲜也是东北所看重的消费市场，可是朝鲜的政策不确定性较大。但商机是不会主动找上门的，商会必须提前做好准备，静待时机出现时，立即抓住机会。

三、企业：总结经验，勇于探索

政府和民间组织提供的支持和帮助优化了粤企、广货在吉林省的外部发展环境，而真正决定企业能否得到发展，产品能否开拓市场的还是企业自身。针对此次调研过程中发现的问题，结合粤企、广货在吉林省的发展现状，我们站在企业的立场上为"广货全国行"和"广货国际行"能取得更好的效果提出一些建议。

企业要采取的措施可以分为对内和对外两部分，对内主要是通过制定长远战略以增强自身的综合竞争力，具体建议如下。

（一）创建品牌资产

品牌资产是指给产品和服务所附加的价值，反映了顾客对品牌的想法、感受和所采取的行动，以及品牌带给公司的市场份额和利润。品牌资产是一项重要的无形资产，是在国内、国际市场中确保竞争优势的强大工具，可以创造企业价值。

从根本上说，广货要想在全国市场甚至国际市场杀出重围，首先要品牌化，即赋予产品品牌和服务品牌的力量。本次调研中，美的就是依靠多年累积的品牌价值在电器商城中生存下来并占据一席之地的，同时，美的也受到韩国品牌福库的强有力竞争。当地居民一听到福库就会联想起高质量、材料好、做饭香等词语，这就是品牌的无形价值。强势品牌的营销优势不胜枚举，如对产品性能的感知度高，不易受到营销危机的影响，获取更高的忠诚度及更强有力的商务合作和支持等等。

因而，广货必须创建品牌资产，而不是一如既往地以价格为主要竞争手段，不能让"品牌热"被"价格战"打败。对于大部分广货来说，品牌建立是一种"长征"。但是要注意不能把"品牌"简单地等同于"质量"，也不能简单地把"品牌"等同于"名牌"。品牌建立需要注意品牌元素、整合传播等。

首先，需要开发和选择广货的品牌元素，即用来识别和区分品牌的商标设计。如皇上皇把汉字艺术化合成的皇冠商标。

然后就是设计全方位的品牌活动，包括可以在目标市场中让意见领袖激动起来以及个性化品牌体验。还有，在公司内部，公司员工和公司所传播的信息都必须是正面的，公司的每一个员工都必须支持品牌，否则品牌承诺将无法传递。在这一点上，广药集团旗下王老吉和加多宝集团可以作为例子，它们的员工都对自己的产品深信不疑，甚至见到对方的员工就想大打出手，虽然有点夸张，但是看看现在两家分庭抗礼的场景，我们或许能从这个角度上获得启发。

接着可以通过品牌联想与其他相关的实体联系在一起，如广货品牌所属的公司自身，对广州、深圳等产品产地的识别。还可以和其他广货的品牌或非广货的知名品牌，代言人（如广东土生土长的名人、明星的赞同和支持）及体育或文化盛事（通过赞助）等相联系。例如，中国工商银行在其发行的牡丹信用卡上同时印有美国运通的徽标，作为共同品牌。这一共同品牌安排让中国工商银行得以将自己的国内信用卡品牌与一个国际信用卡品牌联系在一起。再如，可口可乐饮料的包装上印着五环，并标上"奥林匹克全球合作伙伴"，这就与一个全球共同关注的赛事联系了起来，显示可口可乐是一个值得信赖的国际大品牌。

其实，现实中不建立品牌而做代工的公司生意很好，利润可观且风险小，例如广东东莞地区的"三来一补"模式经济发展得很快。因而，在公司发展到具备一定实力时，在知识产权保护得好的市场环境下，在公司价值观立足长远追求卓越时，公司才适合建立品牌。而对于产权保护和市场环境，则需要与政府、国家立法机关共同努力。

成立于广东深圳的全球第二大通信设备供应商，全球第三大智能手机厂商华为是一个品牌再造的典型例子。2001 年以前，华为在市场上一直以比对手低 30% 的价格，富于侵略性的声势，四面出击。但是在海外市场，过于侵略性会受到抵制。后来，低价进攻给华为带来了负面形象。2005 年，华为更新品牌标识，确立了新的品牌价值主张和公司愿景。新的品牌价值和形象帮助华为与众多世界领先的运营商建立了长期、稳固的伙伴关系。至 2006 年，华为成为全球 50 强运营商。2013 年，华为位列世界 500 强企业中的第 315。

（二）制定产品战略

前面已提到，在通信设备、计算机及其他电子设备制造业等高新技术领域，吉林省在全国还处于竞争劣势，而这些正是广东省的优势产业。广东这些领域的产品应找准商机，在把握吉林大环境的情况下打入市场，甚至打入整个东北市场都是很有优势的。

吉林目前的基础设施建设重点有铁路、公路、机场、水利、电力、生态环保、城市公共设施、民生八大工程，投资 4 000 亿元左右。建材和建筑器械，这几年都仍属于需求量很大的产品。

优异品牌的核心是优异的产品，因此产品是市场供应品的关键。广东企业的管理者必须慎重决定将产品的属性、利益和质量定在何种水平上。广货要走向全国，走向国际，或许应该选择一条较长的产品线，以寻求高市场份额和市场增长。广东企业在做产品线延伸时，似乎钟情于推出低价格的产品线，如本次调研中反复提及的物美价廉的广东小家电。但是这种做法面临一定的风险，因为低价格的产品可能会侵蚀原来的核心品牌的销售，转移原来忠实顾客的注意力。

开发新产品或许是广货在重围中杀出一条道路的方法之一。广货应该在充分了解省外和国外人的生活习惯和喜恶后产生新的创意。如在本次调研活动中了解到朝鲜族人喜欢烤肉，高质量的烤肉箱或许能有市场。广东企业要将与顾客和潜在顾客的每次接触视为一个机遇，即发现满足的或变化的需求，激发解决旧问题的新思路，或者萌发应用旧技术和技能解决新问题的创意。如本次在延边的调研显示，当地居民很需要一款做饭香的内地品牌电饭锅，才不必去买昂贵的韩国进口产品。

广东企业可集中精力研究韩国品牌电饭锅做饭香的原因，研发新产品。

除了像我们这次的常规调研外，广东企业还可以进行一次正式会谈了解顾客喜恶，他们重视哪些性能和好处，以及有上述喜好的原因。广东企业管理者有必要对投诉和查询进行筛选，参加当地的商业展览（如本次调研活动的台湾农博会，是吸收创意点子的好地方），以及进行网上搜索。另外，收集公司内部销售人员和技术人员的反馈也很重要。从本次调研活动我们在延吉百货大楼的采访经历中知道，销售人员能最深切地感受到其他产品因某方面优势带来的销售压力，或许在与他们不经意的聊天中就能产生研发新产品的灵感。但是新产品开发还要经历创意筛选、概念开发、概念测试、营销战略规划、商业分析、产品开发、市场测试和商业化等一系列复杂过程，广东企业在此过程中不可操之过急。

以下是创立于深圳的万科集团在吉林的产品战略案例分析。①

2010 年，万科落地吉林市。这是看准了吉林市不断发展的需要，市规划将在松花江左岸形成市生活服务轴这一背景下才行动的。在市重心南移发展战略的推动下，松花江片区势必将成为政府重点打造的市高端居住区，而万科恰好位居该区域的核心位置，亦为吉林市区与松花江风景区联系的必经之路，因而新的楼盘门户地位较为显著，适宜销售楼盘。万科还通过牺牲项目总体容积率换得了沿江高低错落、开合有致的都市天际线，造就了开放典雅的吉林市滨江新形象。不仅实现了每个社区都有宽阔的望江廊道，还能与滨江公园相连，这就更增加了产品的吸引力。

与此同时，万科在致力于培育完备的区域公共配套设施，营造区域级的商业、教育、文化中心，彻底改变吉林市对南部缺乏配套设施的建设中作出巨献。打造 15 万平方米的国际级商业中心，改写吉林市购物坐标，成为城市新的商业热点。商业中心功能将包括大型购物中心、滨江美食街、星级酒店、甲级写字楼、高档公寓等，是以综合和混合功能为导向的新型都市商业姿态。商业中心还将建有一栋超高层的综合楼，以非凡的高度，重新定义吉林市地标形象。

万科的产品一直保持在国内房地产企业的领先地位，主要是因为制定了五大企业产品领先策略：研究未来生活需求、在细分市场的基础上细化品牌、产品精细化、产品标准化、产品推广策略。

万科已形成了成熟的四大产品系列：城市花园系列、四季花城系列、金色家园系列和自然人文系列（即位于稀缺地段或占有稀缺景观资源的住宅）。

---

① 朱海波：《万科企业产品战略剖析》，复旦大学硕士学位论文，2008 年。

万科在吉林的产品开发是根据目标客户的市场细分来推出产品的,采用关注人的开发模式,积极推行住宅产业化。普通开发商一般由设计师决定和设计产品,而万科是先根据客户决定产品并确定市场需求,再由设计师设计产品。

万科产品线管理主要负责从产品的客户分析、规划设计,到工程管理、营销的全过程。围绕产品线,万科内部建立了创新研究部、产品品类部和项目管理部三个部门。

凭借出色的产品战略,万科集团在地产中国网举办的红榜评选活动中,连续三次上榜。

(三) 设计和管理服务

当广货越来越难以差异其实体产品时,应转向服务差异化。广货公司可以通过准时交货,更好、更快地答复查询,以及更快地解决投诉方面的出色表现获得商誉。在本次吉林边贸行的调研活动中,我们在走访延吉百货大楼的电器商城时对创维的销售服务产生了不好的印象。当顾客要求退货退钱时,销售员不耐烦地大声与顾客吵起来,吓跑了当时在创维店面内的其他客人。尽管创维电视有超高的分辨率和云电视的领先概念,但如果服务不周到,聪明的消费者也是不会买的。广货开发差异化服务的途径之一是超出顾客所预期的基本服务,提供独具创新的特色,或者加入人性化的因素。例如,广东大参林连锁药店有限公司若想达到征服全国市场甚至国际市场的目标,那么聘请保健顾问和药剂师并强调他们的作用或许是服务差异化的方法之一。

说到服务,笔者再举一个在吉林调研时印象深刻的例子。我们在延吉百货大楼采访美的的一名售货员时,她非但不会对我们感到反感,反而大方地接受了我们的请求,并尽量耐心地有问必答,微笑始终挂在她的脸上,她对产品的荣誉感我们可以很清楚地感受到,这也是一种差异化服务。现代的广东企业不仅要学会与顾客沟通,还要学会在镜头前泰然自若、大方地展示自己,而不是畏首畏尾。

(四) 制定价格战略

广货网上行还在热烈地开展,我们要清楚互联网正在部分地改变固定价格的趋势。作为卖方的广东企业,我们可以了解消费者行为并为个人定制产品,让某些顾客享受特殊价格,并在网上拍卖和交易中协商价格。首先,广东企业要选择定价目标,公司生产力过剩,面对激烈竞争或变化的消费者,就要选择生存这一目标。正确估计不同价格下的需求和成本,是实现当期利润最大化的条件。在市场对价格高度敏感的一些内陆地区，广货或许需要制定尽可能低的价格。而在有足够的购买者、有相当高的需求时，广货公司可以利用高价位来"掠夺"市场。如本次调研活动中，我们采访了正在兴建的珲春长德国际商贸城，根据在韩国打工的当地人和外来的俄罗斯人的超强消费能力，商贸城瞄准了高价格的高档消费品和服务。据我们的调查，美的在延吉当地是靠低价格和老品牌这两个因素占据一席之地的，其促销活动也为其带来了较多的客流量，这是后面要讲的促销定价的内容了。

制定广货在吉林或东北，或者是出口到俄罗斯、朝鲜的价格时，要综合考虑三个方面的因素。首先，成本是最低价格；其次，竞争对手和替代品的价格提供了制定价格的参考点，就吉林而言，还要考虑韩国品牌的定价方法，找准现实中的差距；最后，消费者对广东产品独特属性的评价，决定了产品的最高价格。因而，定期的消费者调查对于在吉林或者东北的广货公司而言是很有必要的。

（五）建设企业文化

吉林边贸行中，我们走访了吉林省农安县广东工业园，当时正值周日，因此我们走访的工厂、企业全部在休息，有的只有几个工人在干活，大部分厂房内都十分寂静。私营企业有休息日，这在广东似乎难以想象。后来，我们在采访吉林省广东商会会长陈敏雄先生时印证了我们的想法，吉林人易满足，好像不急着赚钱。这跟吉林省广东商会办公室内"爱拼才会赢"的粤商精神形成强烈对比。因而，广东企业应该凭借本身具有的经商精神——敢闯敢拼、诚信经营、务实、强悍坚韧、勇于任事和大胆革新来塑造企业文化。这样，在吉林本地投资设厂的广货将会有很大的竞争力。例如，美的集团在"你的心思，美的新思"的品牌策划活动中，把"始终致力于为人类创造美好生活"作为全体员工的共同目标和价值观，通过产品创新和服务创新满足顾客的愿望，为顾客创造温馨、舒适、安全、便捷的生活体验，成为人们接受度颇高的家电品牌。另外，对当地员工进行粤商精神的培训，并提高员工的基本技能和人文素质，也是企业责任的一个重要内容，从而促进员工身心和谐，提升员工生存发展的空间。

（六）管理销售渠道

据了解，一些广东企业去开拓内地市场，多半是遭遇亏损局面，两三年前已经试水内销的许多企业，不得不发出"内销很美，实施就亏"的感叹。业内人士认为，主要原因就是解决不了"通路问题"——批发渠道，广货无价格优势，而一些企业即使找到代理商，也没办法找到一些好的零售商场。

从长远考虑，建议广货可以在政府推动下选择一些重要城市开设广东商贸城。可以借鉴义乌小商品城的例子，它们在全国设立了很多专业市场。

其实，完善现代流通体系，建设城乡一体化流通网络，促进国际电子商务中心、国际采购分销中心建设，都是解决广货在吉林销售渠道问题的方法。

"广货全国行"在东北应该进一步深化，逐步建立长久的销售渠道。广东企业可以在东北建立广东品牌销售基地或销售中心。例如，广东优粤诚贸易有限公司在重庆开设了名优产品直营中心，"捆绑"销售广货。他们还在广东大厦举办了主题为"优粤诚·广东名优产品（重庆）"直营中心广东产品招商会。广货异地销售基地的建立对于缺少销售渠道，难以独自开拓市场的中小企业来说无疑很有帮助。销售基地在实际运营中可能会出现资金链条断裂、管理水平不高等问题。因而，仅仅凭借企业之力，完成广货内销商业平台的布局与实施显然势单力薄，而异地销售基地作为拓展内地市场的全新尝试，企业要和政府、商会联合探索与合作。

对于中小企业来说，加入"广货网上商城"，借助电子商务和物流配送无缝对接无疑是解决渠道问题、迅速打开东北市场的捷径之一。建议首先在网上建立一个以广东支柱行业名牌产品为主体的可供网上购物的"广货网上商城"；然后，在广州设立广货调拨中心，根据市场容量，在东北建立广货分拨中心，再通过整合现有资源的途径，在其他二三线城市建立若干个配送中心，从而形成一个覆盖全国的广货配送网络。

在珲春调研时，我们走访了宜达国际购物中心。看商品标签时，发现很多化妆品、韩版衣服饰品、鞋包等都是产自广东。询问店主后得知，这些很多都不是直接从广东进货，而是从广货在沈阳、长春的代理商那里进货。在东北找到合适的代理商能减少许多物流成本。

另外，在东北投资设厂也是资金充足和有一定实力的广东企业解决渠道问题的方法之一。吉林今后每年仅农业转向非农业的人口就达8万人，再加上国有企业新增下岗职工、城镇待业青年、复原转业军人和新毕业的大学生等，形成了巨大的产业后备军。在这种劳动力充足的情况下，将广东的劳动密集型企业转移到吉林是可以操作的，如此一来就可以就地取材，就地生产，免去长途运输的物流成本了。

（七）传播多元价值

东北地域文化氛围中的东北人心理、性格、行为都带有东北所独有的文化特征。为了使广货更顺利地进入东北市场，在设计面向东北消费者的广告时要注意结合东北文化和特色。广告文案中可以增添一些东北艺术作品中诙谐的"名言"、"流行语"和质朴而纯真的东北方言。如"地球人都知道"、"翠花，上酸菜"、"一般儿人我不告诉他"、"干啥"、"那疙瘩"、"咱爸"、"咱妈"等。这些方言透着朴实、亲切和真诚之感，具有拉近与东北消费者距离、获得消费者信赖的作用。

例如，就在赵本山、范伟、高秀敏等东北艺术家们相继为人们成功地塑造了一批鲜活的东北农民形象"刘老根"、"药匣子"、"马莲"，以及雪村的《东北人都是活雷锋》、庞龙的《家在东北》和陈旭的《东北特产不是黑社会》等通俗歌曲唱红了全中国时，东北文化风靡全国。当时一些机灵的广告人随之借此不失时机地为广告创作引入了新鲜的血液，增强了广告对受众的亲和力，使广告受众在玩味和咀嚼东北文化现象的同时，也欣喜地发现广告中纷纷出现了自己所熟悉和喜爱的赵本山等东北艺术家形象或模仿秀，这些广告正是以紧紧贴近现实的表现力，令人耳目一新的黑土地气息赢得了广告受众。

在中山大学营销学教授卢泰宏的著作《中国消费者行为报告》中，根据聚类分析结果而反映的中国东北区域主要消费特征显示，东北地区从众性、忠诚型、理性化的区域消费特征突出，这意味着东北受众的消费心理与保守性、稳定性突出的东北地域文化一脉相承。东北的受众对广告所做出的反应显得相对迟缓，其受广告影响发生购买欲望和行为程度较低，广告接受心理反应相对滞后。因而，配合广告，适当的销售促销、公共关系活动显得必不可少。

以上是针对企业对内增强自身综合竞争力的建议。此外，企业还应向外充分了解市场，寻求发展机会，对此我们有以下建议。

（八）管理东北亚市场

吉林位于中俄朝三国边境地区，可以为广东的企业、产品进入日本、朝鲜、韩国、俄罗斯提供通道，广东可以成为吉林参与全球经济分工合作的前沿阵地，为吉林企业、产品融入全球化提供便利。双方可以进一步加强在重化工业、农业、旅游业、技术创新、金融等领域的交流合作。

根据来自延边州商务局的资料显示，在 2010 年延边对外进出口商品的种类中，出口朝鲜的有纺织原料及制品、金属及其成品、机电产品、农产品及海产品；出口俄罗斯的主要有粮食、肉品、蔬菜及机电产品。而且，通过延边口岸出口销往朝鲜、俄罗斯的商品中，绝大多数均不是延边地区生产的，而是从内地调入，这种转口贸易比重相当高。据统计，在延边边境贸易中，本地区加工生产的产品在出口产品中不足 25%。因而，前面提及的产品种类都大有市场，广东企业可以找准时机，在这些市场上分一杯羹。

延边可以成为一个打开朝鲜市场的基地。朝鲜较低的经济发展水平和物资的贫乏，有利于投资者利用现有资源，拓展投资领域。朝鲜商品大多依靠进口，自身的一些优势农副产品又不能进行深加工，这也给想在延边发展的广东企业提供了很大的投资空间。延边的外贸企业积极利用各种有利机遇，加大互补产品交易，玻璃、水泥、钢材、铝材、服装鞋帽等商品扩大了对朝鲜出口市场，部分企业的上述产品及一些闲置设备和过剩生产能力，在朝鲜设厂后也得以利用。延边粮食、煤炭、造纸、水泥、木材等资源丰富，而且便捷的铁路运输线可以使延边成为东北东部物流集散地。从长远看，保税物流园区、出口加工区、长吉图开发开放先导区的设立，必将促进延边对朝鲜贸易的发展，为开展内贸货物跨境运输提供更丰富的资源和商品互补。

中朝边境经济区合作已经步入实质性开发阶段。从长远来看，如果朝鲜能够采取开放的姿态，这将有助于东北亚区域的合作，进而推动东北亚区域的整体发展。中国要把握难得机遇，提早谋划和布局，积极发挥我国对朝鲜的影响力，推动朝鲜稳步融入区域发展进程。

2012 年，俄罗斯入世。广企要认真研究新形势下与俄罗斯的经贸合作。俄罗斯入世必将带来关税降低，遵循共同的贸易规则使纠纷解决更加通畅的新局面。俄罗斯贸易和投资环境的改善，使得广货在东北亚有更大的发展空间。

（九）积极参加展览会

对于开拓东北亚地区市场以及国内东北市场的广货来说，参加中国吉林·东北亚投资贸易博览会（简称"东北亚博览会"）可能是将价值传播给大众的好途径。东北亚博览会能在同一时间、同一地点使某一行业中最重要的生产厂家和购买者集中到一起，厂商与几万名专业人士面对面、有针对性地接触与交流，这种机会在其他场合是找不到的。那些拥有自主出口品牌、自主知识产权、产品科技含量高以及产品附加值高的企业尤其适合参展。

东北亚博览会是国家级大型国际性区域综合博览会。东北亚六国，东南亚、欧美各个地区国家政要和众多客商都会参加。在这里，我们可以展示广货品牌形象，宣传"千年羊城，南国明珠"的广州城市形象。展览会是唯一充分利用人体所有感官去感知产品的营销活动，人们通过展览会对产品的认知是最全面、最深刻的。同时，展览会又是一个中立场所，不为买卖任何一方私有。从心理学角度看，这种环境易使人产生独立感，从而以积极、平等的态度进行谈判。这种高度竞争而充分自由的气氛，正是企业在开拓市场时最需要的。

在展览会中，广东企业可以达到现场达成交易、搜索潜在客户、宣传企业及产品、树立企业形象、加深市场了解、开发市场、建立营销渠道（物色代理商或合资伙伴）、拓宽国际视野、供需关系互动和学习发展经验的目的。许多企业都是借助展览会这个渠道打开市场，向国内外客户推销新产品，推出新品牌。同时通过与世界各地专业买家的接触，了解真正的客户、行业的发展趋势，最终达到推销产品、占领市场的目的。

（十）扫描环境，捕捉市场

吉林是国家重要的老工业基地和商品粮基地，又处于东北亚区域的地理核心，在资源禀赋、产业基础、生态环境、区位条件等方面具有较强的优势。广东企业要利用好产业、资本、技术、管理等综合优势，在吉林寻找新市场。如今，长吉图开发开放又上升为国家战略，为投资者创造了十分有利的机遇。而且，广东正在实施产业转移，给广货进入吉林提供了好的环境。

广东企业应以企业合作和项目合作为着力点（所谓"抱团出省"），以驻外地广东商会为抓手，以国内知名展会为平台，着力巩固传统市场，大力开拓新兴市场和潜在市场。相对于吉林的本土企业，广东企业具有高新技术上的优势。我们采访过的长白山印务有限公司是一个很好的例子，总部位于汕头而在延边设厂，就是因为市场因素。延吉卷烟厂发展很快，带来了大量的烟盒包装印刷的需要。东风印刷总部会不断研发新的印刷技术，并会对长白山印务进行技术革新。

另外，吉林省广东产业园的筹建，为广东的高新技术企业在吉林的发展提供了契机。建议拥有核心技术的广东企业关注广东产业园的筹建进程。

据吉林省广东商会会长陈敏雄透露，商会正在组织筹建广东大厦，这将是一个以服务业为主的5A级写字楼。发展现代服务业引领现代产业体系建设，金融、物流、信息服务、商务会展等生产性服务业，能促进制造业服务化。因而，这给广东的服务行业一个巨大的发展机会，有志于在吉林发展的广企要看好时机。

广东新南方总裁助理兼邓老凉茶集团副总经理严培义曾说："'广货北上'，关键在于企业老板转变观念，这是最重要的。"广东企业，特别是东莞的企业，长期做的是订单式的加工业，这种订单式的生产不需要企业考虑消费者问题，但是，开拓东北市场则迫使企业进行互动式的营销，需要企业去了解消费者的需求，正是这种客观现实，面对"广货北上"机遇，首先需要企业老板转变思路，如同营销方法由 4P 转向 4C 一样，广东企业老板要重视对东北消费者心理的分析。

在进入东北市场前，广货应首先进行市场细分，识别目标市场，进行市场定位。例如，我们采访的珲春长德国际商贸物流有限公司，这个公司为了避免过度竞争，找到了市场蓝海（蓝海代表当今还不存在的产业，这就是未知的市场空间），主打中高端市场，将拥有高消费能力的外来俄罗斯人和从韩国打工回来的当地人定位为营销目标。这样的高档商贸城在当地还没有，长德国际商贸城就很好地抓住了这个市场缝隙。

参考文献

［1］王萍：《延边对朝贸易现状及对策研究》，延边大学硕士学位论文，2010 年。

［2］朱海波：《万科企业产品战略剖析》，复旦大学硕士学位论文，2008 年。

［3］巴殿君：《东北亚区域经济合作的政治环境》，《东北亚论坛》2009 年第 18 卷第 4 期。

［4］于广义：《中朝经贸合作的现状、问题及对策》，《党政干部学刊》2008 年第 5 期。

［5］王春月：《东北文化与广告受众心理》，《商场现代化》2007 年第 36 期。

［6］凌点：《广货：在中国人心中的形象》，《中国经济信息》1997 年第 5 期。

［7］省联合考察小组：《广货在东北和内蒙古市场的调查和建议》，《广东经济》1998 年第 5 期。

［8］李敏、怀雅斌：《中俄贸易现状分析》，《全国商情》（理论研究）2011 年第 16 期。

［9］肖怡：《广货危机及广货品牌战略》，《特区与港澳经济》2000 年第 1 期。

［10］黄志建、张清华、吴昀：《基于 PEST 分析法对山西现代物流产业的发展分析》，《科技资讯》2008 年第 33 期。

［11］广东决策研究院：《广货北上的历史与现状》，http：//wenku. baidu. com/view/2670ff640b1c59eef8c7b461. html，2013 年 9 月 16 日。

［12］《广东以产业转移促进产业转型升级调研报告》，http：//www. chinareform. org. cn/Economy/industry/report/201204/t20120412 _ 139166. htm，2013

年9月15日。

　　[13] 褚晓亮:《发改委就〈中国图们江区域合作开发规划纲要——以长吉图为开发开放先导区〉答问》，http://news. xinhuanet. com/fortune/2009 - 11/16/content_12469326. htm，2013 年 9 月 19 日。

　　[14]《延边开发开放扫描》，http://www. jl. gov. cn/ggkf/dwkf/qykfkf/201205/t20120516_1207550. html，2013 年 9 月 19 日。

采访实录

◇吉林省广东商会会长陈敏雄采访实录（节录）◇

采访时间：2013 年 8 月 25 日

采访地点：长春市吉林省广东商会办公室

采访者：边贸行吉林小组成员、《南方日报》记者谢梦

被访者：吉林省广东商会会长　陈敏雄

记录整理者：陈云婷

对话人物说明：

陈：吉林省广东商会会长　陈敏雄

莫：暨南大学新闻与传播学院　莫智勇副教授

谢：《南方日报》记者　谢梦

陈：我将从三个方面来介绍，一是商会的基本情况，二是在东北粤商的情况，三是我们在外发展的粤商对广东产品今后进入东北地区的一些建议。

吉林省广东商会是 2007 年 4 月份成立的，目前有成员单位 200 多家，涉及的行业有 23 个，粤籍人士在吉林省投资、创业、生活、工作、学习的超过 30 000，其中在吉林上大学的广东学子有 2 800 多人，吉林粤籍人士注册的企业有 2 000 多家。商会成立十几年来，得到家乡的支持、鼓励和帮助，还得到吉林省党委政府和各部门的支持。我们先后获得了三次国家级的荣誉称号：一个是民政部的"新社会组织先进单位"，一个是深入学习科学发展观的先进单位，一个是创先争优的优秀基层党组织。另外，在广东省 26 个驻外的商会中，我们是第一家获得由民政部门评选出来的 5A 级单位。这些荣誉来自广东省是改革开放的领头羊，是经济大省，以及敢为人先的粤商精神；还来自在吉林发展的粤企和粤商齐心协力共同维护我们品牌的努力。吉林省党委政府讲的解放是对外开放，所以综合各方面因素，商会对发展是满怀信心的。而且我们一直在发挥桥梁纽带作用，服务两地政府，服务会员企业，服务粤籍人士，发挥吉粤两省经济文化交流的桥梁纽带作用。我们商会在每年中秋之前都会举办一次"吉林省广东商会与家乡学子中秋联欢会"，因为有 2 800 多名广东学子在吉林上大学，我们会邀请 100 名粤籍学子作代表，我们在一起交流一些问题，如大学生要创业、就业、实习，我们的企业需要应届毕业生，所以我们搭建了这样一个平台。这一活动已连续举办了六次，今年是第七次。

这也得到了家乡学子的认可。商会在 2008 年投建了吉林省农安县广东工业园。当时考虑原材料的物流成本和生产成本，我们结合广东省产业转移的腾笼换鸟及后续的产业转型升级，建设了一个农安县广东工业园，来承接广东产业转移出来的传统产业，这叫就地取材、就地转化、就地生产。吉林省在东北三省的周边，北面有黑龙江，南面有辽宁，但是它还有一个特殊的区位，就是中国、俄罗斯、朝鲜三国交汇处。所以在边贸方面吉林省每年都在举办东北亚投资贸易博览会，为投资、贸易搭建了这样一个平台。这几年来，总体来说，商会在吉林的发展稳定上升。目前我们商会秘书处现有工作人员 6 名，商会的架构是会员大会、理事会、会长办公会，现有 26 个会长、常务会长、副会长，还有 40 来个理事单位。

现在我们在东北三省都有广东商会，黑龙江省广东商会、吉林省广东商会、辽宁省广东商会。我们粤籍人士在东北三省将近 20 万。在吉林省规模以上企业超过一万家，它们从事商贸流通领域的比重大一些。我们东北三省的商会也经常有联系，互补互助。黑龙江主要是与俄罗斯进行边贸，辽宁主要是与朝鲜进行边贸，吉林与俄罗斯、朝鲜都进行边贸。我们先后在吉林、黑龙江、辽宁建立一些已经初具规模的商贸城。比如广东豪德集团一直在参与商贸城的建设，广东金海马、香江集团等企业也看好东北市场，力争进入东北亚市场。这不但对企业自身的发展，也对广东产品品牌的推广和进入吉林市场发挥了一些作用。现在广货全国行，包括广货东北行、广货东北亚行，广东品牌是毋庸置疑的。这使我们非常有底气，有坚定的决心和信念。在老百姓日常生活当中，超过 50% 都是广东产品，上至灯具，下至瓷砖，大部分装饰材料也来自广东，还有大部分家具、洁具、日用品、易耗品、家电都来自广东。广东的产品目前虽然面临转型升级，但其还是赢得了市场的信赖和消费者的认可。对于广货全国行，目前广东省政府相关部门、企业自身，都是同一个思想——非常坚定地走出去，做大做强。现在我们还面临着其他地区的市场竞争，但是我们还是相信广东的品牌、广东的产品，在定位合理的情况下，会越走越远，越做越大，而且会越推越广。现在广东产品在东北地区，基本上覆盖了家家户户，但是，广东产品有两个缺陷，一个是原产地的价格和消费者最终消费的价格之间增加了不少的物流成本。有些传统产业如果我们可以利用当地的原材料来就地转化，那就既能降低成本，又可以让消费者得到更大的实惠，这就是广东产品存在的一个问题。另外一个就是网上推广、新闻媒体的报道推广，以及实实在在的政府的一些鼓励政策和支持，都需要再夯实，再提升，再加大支持力度，让我们的广货全国行、广货边贸行、广货国际行得到更多更好的实际效果。现在广货在东北知名度高、品牌响，市场需求大，售后服务、产品自身的质量、企业的诚信都赢得了市场的认可。广货全国行，更希望广货东南亚行、东北亚行，这些都有实际效果。通过广货国际行，让广东的经济发展得更好，让广东企业的效益更好，让广东的品牌更亮。

现在我们基本上从上到下，都在动员和落实广货全国行，第一个建议就是，除了全国行之外，我们还要考虑进入国外一些地区。比如与我们相邻的东南亚、东北亚，我们有必要去加大推广力度，让我们的市场更宽广，基础更牢固。第二个建议是借助广东省驻外的26个商会，在不同地区，像东北、华东各个地区，来调动驻外商会的积极性，使广东的产品首先有一个进入市场的平台和窗口，把这个基础打牢固，通过平台和窗口，可以使企业开拓市场，促进商会的发展。通过企业和地方政府的共同努力，让我们可以进入市场和发展商贸城，使广东产品全国行、国际行有一个平台和窗口。这要建立一种长效机制，让广东产品进入得更轻松，推广得更快速。

第三个建议是我们要想进广东地方特产，还需要政府加大扶持力度。企业要转型升级，不是说企业不去开拓市场。但是在起步阶段，我们还是需要一些相关政策的扶持，让我们的市场与企业研发机构包括流通渠道结合得更加紧密，更加顺畅，把产品做成品牌，更好地进入到老百姓的生活中。东北地区对广货还是非常认可的，需求也在不断增加。但是，广东生产企业在东北地区的就地取材、就地转化、就地进入市场的比重还是小一点，所以导致我们产品的成本高一些。如果我们就地取材、就地转化、就地进入市场，我们产品的价格还有10%以上的下调空间，这样就会更有竞争力。

目前我们一方面在建设基地、搭建平台；另一方面在整合优势资源来发展我们的产品以及市场。

莫：这些都是产业转型升级中的重要举措吧，那么具体的措施是什么？

陈：一个是工业园，一个是大厦。工业园主要解决的是第二产业的问题，大厦主要解决的是第三产业现代服务业。同时我们也在投建一个提升广东高科技的广东产业园，主要是针对吉林省汽车、客车以及新材料的市场需求。比如汽车电子、新材料，包括广东优势产业，如模具、电子产品、高科技等。同时我们也在广泛地和大中院校合作，完成科技成果的转换。发挥商会的作用，调动方方面面的积极性，降低生产管理的成本，提升产品的占有率和知名度。吉林是一个工业大省，也是一个农业大省，我们可以利用当地的优势资源使广东企业得到更优惠的原材料，降低成本。

莫：农产品的深加工也是一条路。

陈：平台和基地的建设，对降低广东产品的成本和开拓市场都发挥了很大的作用。

谢：刚您提到2008年建立了吉林省农安县广东工业园，这个工业园主要是做什么产业的？

陈：这个工业园主要的产业是机械加工，包括汽车零部件。其次是食品，因为农安是一个产粮大县，吉林是一个产粮大省，所以可以就地取材，利用吉林省现有原材料资源优势结合我们企业生产的产品、市场需求就地转化，降低了生产成本，同时提升了市场占有率。第三是建材方面，比如东北冬季的采暖和门窗方面，都是老百姓比较注重的，防寒保温隔热，这些都是与老百姓息息相关的。第四是生物制药。基本上就这四个产业，本来可以更加广泛一些，但是根据不同的区位优势及资源、市场情况，目前主要就是这四方面。我们希望更多的行业、更多的企业进入，我们不仅在农安建立广东工业园，还要在其他地区建立工业园、产业园，根据不同区位的优势，来吸引不同的产业。

调查感言

当所有的焦虑进行着，而在8月22日这个出发日期真正到来的时候，我心里并没有太多的期待，只是想把这个悬置已久的任务赶快解决掉。现在当我以一个经历者的角色来回忆整个过程，整理我的记忆时，我才发现它有可能成为我终生难忘的经历，让我永远铭记2013年8月份，我和一帮小伙伴们在吉林度过的纠结又愉快的几天。我想，没有人比我更清楚此次调研活动给我带来的成长和磨炼。当一件事以美好的结局画上句点的时候，似乎之前所有的不快都能得到补偿，以至于我们在回忆起它的时候竟然忘记了刺，只记得玫瑰散发的芬芳。

——焦何结

回到住宿的地方，我们开了全体会议。我们每个人都轮流发言，每个人都讲出了这次调研活动中的收获和见闻，也从别人的发言中认识到自己做得好和不好的地方。只能说，大家一起坐三十多个小时的火车硬座来到陌生的地方做着从来没有做过的大型调研任务，像这样的机会太难得了，也许以后还会有这样的机会，但也许一生只有一次，苦与乐都值得回味！

——陈婉盈

大队人马像蚂蚁搬家一样，穿过好些车厢，从硬座换到了卧铺，也就可以好好地休息了。但是事与愿违，同车厢的两个大叔的呼噜声实在是此起彼伏、震耳欲聋，就算是把耳朵塞上、把脑袋深深埋进被子里，也依旧是没有太大效果。最后，实在是累得没有力气折腾了，才睡了过去。一大早起来，被铁路两边山川河流、房屋村落、葵花稻田的景象所迷住了。

——陈云婷

当火车缓缓开进长春站时，我一开始还有些错愕。终于，终于到了！一路拖着行李箱，背着背包摸索了快2个小时才到了住处。未来得及办理入住，莫老师已经约来了《南方日报》的谢梦记者，不顾旅途的疲惫，不顾口干舌燥，我们抓紧时间进行了全体第一次工作会议。

——李　洁

组长手记

37个小时的硬座，从广州到长春。

7天里，从长春穿越到延吉、珲春，在忙碌的奔波中收获着。

1位老师加5个学生的组合，在陌生的地方，我们齐心协力，同甘共苦，只为了一个共同的目标——漂亮地完成调研任务。作为吉林组的组长，回忆整个过程的时候，我知道自己付出的每分心力都变成了我成长过程中的宝藏。更让我感激的是我的队友们给我的感动：他们执着的态度，坚定的眼神让我知道即使没有经验，但我们依然可以做得很好。还有什么比认真的态度和不懈的行动更重要的呢？在整个过程中带队老师莫智勇一路悉心指导，亲自联络采访对象，从他的言传身教中我们学到很多。

认识他人，重识自己，感知世界。在行走中成长、收获。吉林行几天的经历，将是我们人生中闪亮的共同记忆。

只要出发，就会到达！

——焦何结

广西·云南篇

摘要

2013 年 9 月，第十届中国—东盟博览会、中国—东盟商务与投资峰会在广西南宁举行，中国与东盟地区各国的经贸合作正式走入第十个年头。值此时机，暨南大学新闻与传播学院师生组成调研小组，走访广西、云南两省区，从边贸着眼，观察中国与东盟地区的经贸发展状况，并重点对"广货"在该区域边贸中的品牌影响力进行调查。

调研发现，当前该区域的边贸发展仍有众多局限，如方式单一、渠道狭窄，基础设施建设不够完善，品牌意识薄弱等。本小组根据调研所得认为，当地政府、边贸从业者应积极采取措施改善当前局面。如完善基础设施建设；针对不同的出口国进行差异化战略；优化进出口商品结构，形成产业化；建立品牌观念，扩大如"广货"等品牌的市场影响力，等等。

关键词： 东盟　广货　边贸　品牌影响力

广西·云南篇　目录
CONTENTS

◇牵手东盟第十载，民间边贸新观察◇

一、牵手第十载，边贸再出发 ·· 165

二、看边贸升级转型，问广货品牌传播 ································ 166
　（一）调研内容 ··· 166
　（二）调研方法 ··· 167
　　1. 观察法 ··· 167
　　2. 面访法 ··· 167
　　3. 深度访谈法 ··· 167

三、行走逾一万里，七人日夜兼程 ···································· 168
　（一）调研行程 ··· 168
　（二）调研团队 ··· 169

◇隔阂、磨合、融合：广货与东盟贸易升级转型◇

一、东盟地区边贸背景分析 ·· 171
　（一）政治：不断深化的上层建筑合作 ······························ 171
　（二）经济：贸易扩大，期待升级 ····································· 172
　（三）社会与文化：受地缘因素与文化多元制约 ·················· 175
　（四）科技：交通和生产模式的不断优化 ·························· 175

二、老广边境看广货 ·· 176
　（一）边境广货都是低档货？ ·· 176
　（二）广货在东盟地区边贸的 SWOT 分析 ························ 181
　　1. 广货优势 ··· 181
　　2. 广货劣势 ··· 181

3. 广货机遇 ·· 182

4. 广货威胁 ·· 182

5. 小结 ·· 182

三、结论与建议 ··· 183

（一）结论 ·· 183

（二）建议 ·· 183

◇雾里看花：东盟边贸中的广货品牌传播◇

一、广货：地域概念大于品牌概念 ····················· 186

二、广货品牌传播有局限 ······························· 187

三、假广货冲击真广货 ································· 188

四、广货在东盟仍有发展潜力 ························· 191

五、结论与建议 ··· 192

（一）结论 ··· 192

（二）建议 ··· 193

报道选集 ·· 194
采访实录 ·· 198
调查感言 ·· 209
组长手记 ·· 211

牵手东盟第十载，民间边贸新观察

一、牵手第十载，边贸再出发

转眼间，中国与东盟十国的合作历程已光阴十载。

自温家宝到李克强，两届中国国家领导人都给予中国对东盟经贸关系高度的关注与政策支持。2004年11月，自贸区《货物贸易协议》签署，此后，博览会投资促进活动通过商品展示和交流、商业配对和贸易配对服务等各种方式，不断深化双边贸易合作。2012年，中国、东盟双边贸易额突破4 000亿美元大关。自此，中国成为东盟第一大贸易伙伴，东盟也超过日本，成为中国第三大贸易伙伴。毋庸置疑，高速发展中的中国经济体为周边邻国经济带来巨大的经济发展机遇的同时，也难以避免因不同民族文化、经济利益碰撞而导致的冲突与隔阂。边境贸易，正是这一互利和冲突产生的第一场所——在中国牵手东盟的第十个年头，关注中国与东盟国家之间的民间边贸往来现状，尤其具有时代意义与参考价值。

2013年8月底至9月初，恰逢第十届中国—东盟博览会、中国—东盟商务与投资峰会开幕之际，本调研小组前往云南、广西两大边境贸易省份的四大国家级一类口岸（瑞丽、打洛、磨憨、凭祥），近距离观察中国与越南、老挝、缅甸三大紧密接壤的邻国之间的边境贸易现状，试图通过对边境贸易基本状况的勾勒，以小见大，了解中国品牌在东盟自由贸易区购买者市场中的认知度及影响力，并在此基础上给予中国品牌边贸发展以若干建议，最终希望对中国品牌市场布局优化产生积极影响。

图1 2013年9月3日，小组成员摄于广西南宁"中国—东盟博览会"会址前

二、看边贸升级转型，问广货品牌传播

（一）调研内容

本次调查分别从广西、云南两省切入，从不同角度观察广货与边贸。

首先是广货与东盟贸易升级转型。当前，中国对东盟贸易在数量上不断增长，但在质量上却停滞不前。提高贸易货物种类、完善贸易制度、深化两地合作是未来中国与东盟贸易发展的目标。在这一过程中，广货和广商应该发挥先锋带头作用，促进贸易升级转型。

其次是东盟边贸中的广货品牌传播。广货在边贸中已经初步享有一定的知名度，但是消费者对广货的认知只停留在地域层次，对具体品牌的认知情况不佳：只知有广货，不知选牌子。消费者对商品强烈的价格取向压过了质量取向，某种程度上也阻碍了广货的品牌传播。假冒伪劣商品也在边贸中冲击了真广货。

（二）调研方法

1. 观察法

观察目的。通过对五大边贸口岸的实地观察，了解在边境贸易购买者市场中的中国品牌现状，获得中国品牌形态、进出口状况等信息。

观察形式。调研组成员作为神秘顾客，进入口岸附近的国际贸易商城、边民小额贸易市场、边民互市贸易市场及边境地区对外经济技术合作市场进行观察，搜集必要信息并加以记录。

观察计划。实地走访具有代表性的国际贸易市场或边境口岸，利用观察表对中国产品种类、品牌形式、进出口状况等进行记录。

2. 面访法

访问目的。走访口岸附近的国际贸易商城或边民小额贸易市场、边民互市贸易市场及边境地区对外经济技术合作市场，通过与各类不同的交易负责人交谈，引导其回答既定的问题，获得真实贸易情况。

访问方式。以神秘顾客身份，询问商家负责人，根据既定的问题提问，并做好文字、图片记录等。

3. 深度访谈法

访问目的。通过对边境贸易口岸相关政府官员、企业高层、专家，从事边境贸易的商业人员或其他相关人员进行深入谈话，深入了解边贸口岸的发展现状、中国品牌在东盟边境贸易区的品牌影响力。针对访谈涉及的不同指标，将对中国乃至广东品牌的认知、偏好及消费者行为等各个因素与信息接收过程进行关联分析，以了解中国品牌在东盟贸易自由区的品牌影响力及发展前景等方面的信息。

访问方式。多对一访谈，根据深度访谈提纲进行发散性提问，并做好文字、图片记录，录音、录像等。

调研基本思路见图2：

中国品牌在东盟自由贸易区的影响力研究

访问对象

商家厂家　专业人士　政府人员

认知

中缅/中老/中越两国进出口贸易的情况
贸易量、口岸数量、品类等
中缅/中老/中越两国在××口岸的边贸活动
××口岸特有的政策
××口岸的发展规划
近几年出口商品类型是否发生改变

口岸

中国品牌

在东盟自由贸易区的认知情况
知名度　认知度　占有率

在东盟的出口贸易现状
贸易量、口岸数量、品类等
机遇与挑战

在东盟的贸易情况
贸易量、品类等
广东商人选择边贸市场的原因
广东仿冒品牌在边贸市场的情况
广东厂家在边境设厂的情况
在东盟自由贸易区的认知情况
知名度　认知度　占有率

广东品牌

美誉度　偏好度　满意度　消费者对中国品牌的评价
美誉度　偏好度　满意度　消费者对广东品牌的评价

态度

购买前是否会考虑其品牌属地
是否购买（中国品牌）广东品牌产品
买/不买中国品牌（广东品牌）的原因
是否推荐他人购买中国品牌（广东品牌）产品
对中国品牌（广东品牌）的忠诚度

消费者行为

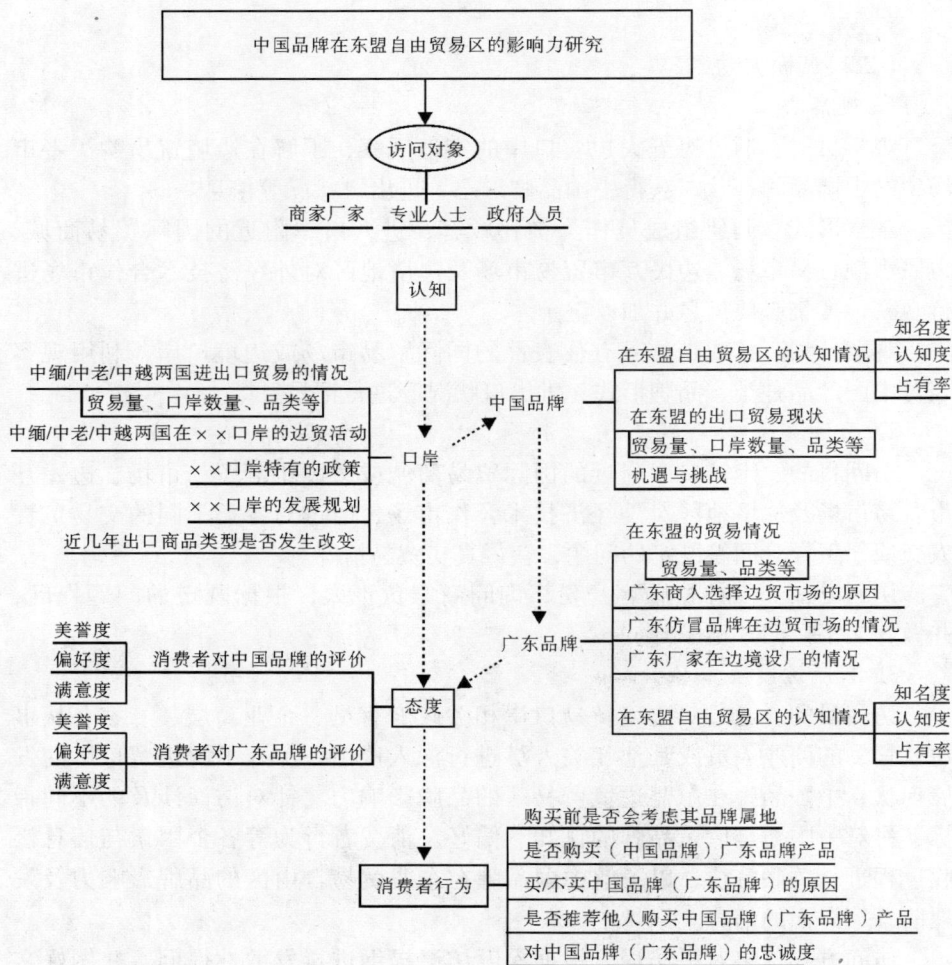

图 2　调研基本思路

三、行走逾一万里，七人日夜兼程

（一）调研行程

本次调查自 2013 年 8 月 25 日起，从广东广州出发，途经云南昆明、瑞丽、打洛、磨憨，广西南宁、凭祥等地，至 2013 年 9 月 4 日止，行程约 5 820 公里，深入云南、广西两大边贸省份，零距离观察中缅、中老、中越民间边

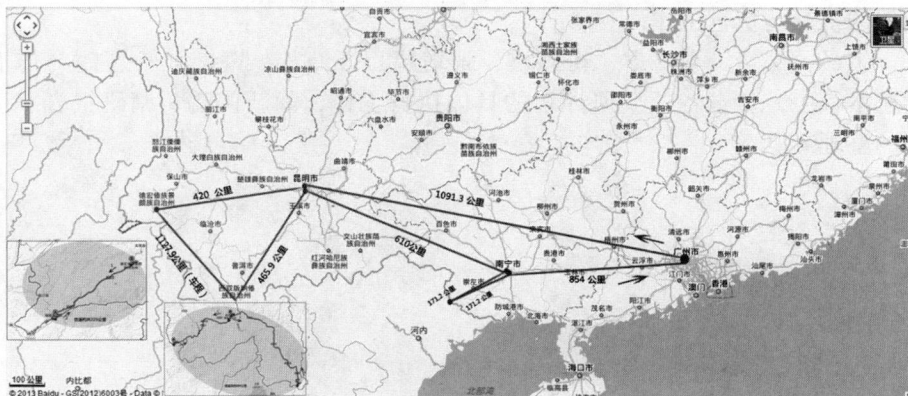

图3　南线组调研行程

境贸易现状，走访五大国家级一类口岸（瑞丽口岸、打洛口岸、磨憨口岸、凭祥铁路口岸、友谊关口岸）。

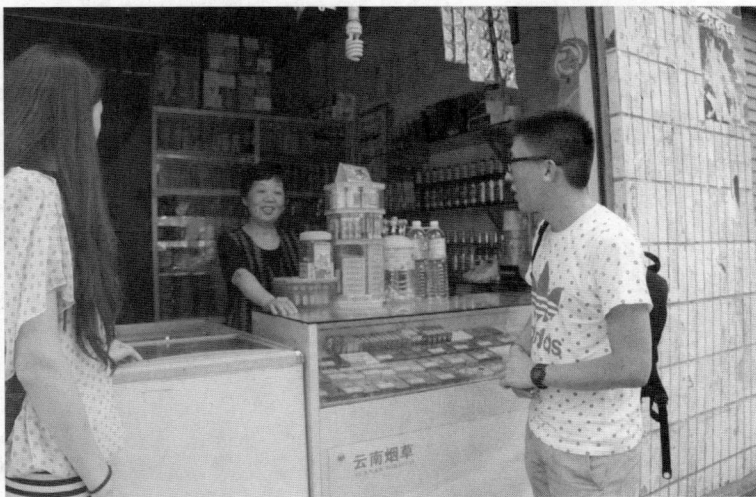

图4　小组成员与零售店主访谈中（2013年8月27日，云南瑞丽）

（二）调研团队

带队老师：朱磊，暨南大学新闻与传播学院广告学系副主任，博士，硕士生导师，负责调研行程及调研报告的指导工作。

组长：王悦，暨南大学新闻与传播学院新闻学系硕士研究生，负责调研计划的统筹与执行工作。

组员：邹倩、李雪琳、崔嘉祺、张培超、郑仰芝，暨南大学新闻与传播学院本科生，负责各项调研计划的具体执行工作，如新闻稿、调研报告、记录的整理等。

隔阂、磨合、融合：广货与东盟贸易升级转型

一、东盟地区边贸背景分析

中国—东盟博览会迄今已举办十届。十载以来，广西作为中国对东盟各国政治交往、经贸往来的桥头堡，其历史意义之深远不言而喻。中国提出经济生产升级改造的理念已久，本小组走访广西边境线，从边贸角度，旨在以小见大，通过对广货在边贸中扮演的角色，观察中国对东盟地区的贸易发展状况。

（一）政治：不断深化的上层建筑合作

自 2002 年 11 月至 2009 年 8 月，中国与东盟各国先后签署了《中华人民共和国与东南亚国家联盟全面经济合作框架协议》（简称《全面经济合作框架协议》）、《中国—东盟全面经济合作框架协议货物贸易协议》（简称《货物贸易协议》）、《争端解决机制协议》、《中国—东盟全面经济合作框架协议服务贸易协议》（简称《服务贸易协议》）、《投资协议》等五份贸易协议。这标志着备受关注的中国—东盟自由贸易区建设的主要法律程序已经基本完成，从而确保了中国—东盟自由贸易区于 2010 年 1 月 1 日如期运转。中国与东盟六国（马来西亚、新加坡、印度尼西亚、菲律宾、泰国、文莱）已建成自由贸易区，到 2015 年，中国将与东盟另外四个成员国（越南、老挝、缅甸、柬埔寨）建成自由贸易区。中国—东盟自贸区的建成启动，使双方能够相互开放市场。我国对外贸易的平均关税为 9.8%，而对东盟平均关税则降至 0.1%，对 93% 自东盟进口的产品实现零关税，东盟也将对中国 90% 以上的进口产品实行零关税。

中国对东盟关税政策不断优化。为使双方享受到自由贸易区的好处，中国—东盟制定了"早期收获"计划，从 2004 年 1 月 1 日起对 500 多种产品（主要是《税则》第一章至第八章的农产品，还包括少量其他章节的产品）

实行降税。按照《中华人民共和国与东南亚国家联盟全面经济合作框架协议》，中国—东盟自由贸易区包括货物贸易、服务贸易、投资和经济合作等内容。其中货物贸易是自由贸易区的核心内容，除少数敏感产品外，其他产品的关税和贸易限制措施都在逐步取消。2006 年 1 月 1 日，我国对东盟所有国家的早期收获产品均已实现零关税，东盟老成员也对我国的早期收获产品给予了零关税待遇。东盟新成员较晚地实现早期收获产品的零关税，越南、老挝和缅甸、柬埔寨的早期收获产品分别于 2008 年、2009 年、2010 年取消关税。①

中国市场经济地位得到承认。在《货物贸易协议》第十四条中，东盟十国明确承认中国是一个完全市场经济体，并且承诺对中国不适用《中华人民共和国加入世界贸易组织议定书》第十五条（反倾销替代国定价条款）和第十六条（特殊保障措施条款）以及《中国加入世界贸易组织工作组报告书》第 242 段（纺织品特保条款）。自加入 WTO 以来，我国一直在努力争取国际贸易各国承认我国的完全市场经济地位。获得市场经济地位将有利于我国外贸进出口的发展。在我国对外贸易频繁遇到出口国反倾销的背景下，这一规定对我国具有特殊意义，不仅为我国企业在自贸区内争取了公平和公正的贸易竞争环境，而且也对其他国家承认我国市场经济地位起到了示范作用。

我国与东盟的合作领域不断拓宽。我国与东盟双方在农业、信息及通信技术、人力资源开发、投资、湄公河流域的开发 5 个优先领域加强合作，同时扩展到其他领域，包括银行、金融、旅游、工业合作、交通、电信、知识产权、中小企业、环境、生物技术、渔业、林业及林业产品、矿业、能源及次区域开发等。2013 年李克强总理在第 16 次中国—东盟领导人会议上提出两点政治共识和七个领域合作，他表示，中国与东盟关系已进入成熟期，合作步入快车道，正朝着宽领域、深层次、高水平方向发展。9 月 3 日，在南宁举行的第十届中国—东盟博览会上，李克强总理就将中国—东盟过去十年的合作成就形容为"黄金十年"，并表示双方有能力创造新的"钻石十年"，宣布将启动中国—东盟自贸区升级版谈判，重点将在金融、基建等方面促进全面升级合作。

（二）经济：贸易扩大，期待升级

2010 年中国—东盟自由贸易区启动后，贸易壁垒的消除为中国向东盟出

① 中华人民共和国商务部，http：//anhui. mofcom. gov. cn/accessory/201011/1288598487867. doc，2010 年 9 月。

口提供了很大的便利，促进了贸易规模的扩大。2010年，中国出口东盟贸易金额达1 382.07亿美元，同比增长30.02%，其后两年均保持平稳快速增长趋势。2013年以来，世界经济出现一些积极迹象，国际市场需求有所回升，加上稳定外贸增长政策措施成效继续显现，中国对外贸易延续了去年底以来的企稳回升态势。2013年第一季度，中国出口5 088.71亿美元，同比增长18.4%，出进口差额431.34亿美元。其中，出口东盟金额达526.53亿美元，占总出口金额的10.347%。数据详见表1：

表1 2004—2013年1—3月中国出口各国家（地区）情况

单位：亿美元

年份	2004	2005	2006	2007	2008	2009	2010	2011	2012	2013.1—3
总值	5 933.26	7 619.53	9 689.78	12 204.56	14 306.93	12 016.12	15 777.54	18 983.81	20 487.64	5 088.71
亚洲	2 955	3 664.31	4 558.36	5 680.11	6 632.95	5 685.97	7 320.66	8 991.42	10 069.63	2 716.44
日本	735.14	839.92	916.39	1 022.71	1 161.34	979.11	1 210.61	1 482.98	1 516.43	349.12
韩国	278.18	351.09	445.26	561.41	739.51	536.8	687.71	829.24	876.81	218.17
中国香港	1 008.78	1 244.81	1 553.85	1 844.32	1 907.43	1 662.33	2 183.17	2 680.25	3 235.27	1 056.05
中国台湾	135.45	165.5	207.35	234.58	258.78	205.05	296.77	351.12	367.79	97.35
东盟*	429.02	553.71	713.14	941.79	1 141.43	1 062.97	1 382.07	1 700.83	2 042.72	526.53

* 东盟：包括文莱、印度尼西亚、马来西亚、菲律宾、新加坡、泰国，1996年后增加越南，1998年后增加老挝和缅甸，2000年后增加柬埔寨。

资料来源：中华人民共和国商务部，http://zhs.mofcom.gov.cn/article/cbw/201304/20130400107526.html，2013年4月28日。

2012年，中国对东盟自由贸易区进出口的情况与特点可基本概括为：数量稳步增长，质量停滞不前。基本数据见表2：

表2 2012年中国对东盟自由贸易区各国贸易情况

国家	贸易额（亿美元）	同比增长（%）	我国向该国出口金额（亿美元）	同比增长（%）	我国自该国进口金额（亿美元）	同比增长（%）
马来西亚	948	5.3	365	31	583	-6.2
泰国	697.5	7.7	312	21.4	385.5	-1.3
新加坡	692.8	8.7	407.5	14.6	285.2	1.4
越南	504.4	25.4	342.1	17.6	162.3	46

（续上表）

国家	贸易额（亿美元）	同比增长（%）	我国向该国出口金额（亿美元）	同比增长（%）	我国自该国进口金额（亿美元）	同比增长（%）
印度尼西亚	662	9.4	343	17.4	319	1.9
菲律宾	363.7	12.8	167.3	17.4	196.4	9.2
柬埔寨	29.23	17	27.08	17	2.15	16.8
缅甸	69.7	7.2	56.7	17.7	13	-22.7
文莱	16.1	22.6	12.5	68.2	3.6	-37.3
老挝	17.3	32.8	9.4	96.8	7.9	-4.1
印度	664.7	-10.1	476.7	-5.7	118	-19.6

资料来源：中华人民共和国商务部，http：//yzs.mofcom.gov.cn/article/t/? 2，2013 年 2 月 16 日。

总体上看，2012 年中国对东盟自由贸易区进出口贸易额呈继续上升的趋势。连续 5 年成为我国在东盟国家第一大贸易伙伴的马来西亚，与我国双边贸易额为 948 亿美元，同比增长 5.3%。其中我国出口 365 亿美元，同比增长 31%；进口 583 亿美元，同比下降 6.2%。中泰双边贸易额为 697.5 亿美元，增长 7.7%。其中我国出口 312 亿美元，同比增长 21.4%；进口 385.5 亿美元，同比下降 1.3%。在东盟国家中，泰国是我国第二大贸易伙伴。第三大贸易伙伴则是新加坡，2012 年，中新双边贸易额为 692.8 亿美元，同比增长 8.7%。其中，我国出口 407.5 亿美元，进口 285.2 亿美元，分别同比增长 14.6% 和增长 1.4%。此外，中越、中印（印度尼西亚）、中菲、中柬双边贸易总额，以及我国进出口金额均较 2011 年有所上升；而对缅甸、文莱、老挝双边贸易总额有所上升，我国对这三个国家的进口金额则有所下降。中印（印度）双边贸易额、我国对印出口、自印进口较上年同期分别下降 10.1%、5.7% 和 19.6%。

但是，从出口商品的内容上看，贸易情况并不乐观。近 3 年来，中国对东盟各国出口的商品以机电产品、普通金属及制品和化工产品等为主，其中，2012 年新加坡自我国进口的机电产品超过进口总额的一半，为 61.6%。[1] 从

---

[1] 中华人民共和国商务部，http：//countryreport.mofcom.gov.cn/record/view110209.asp? news_id=33414，2013 年 4 月 18 日。

我们的实地调研可知，由于东南亚国家的客观经济状况，我国向缅甸、泰国、印度等国家的出口多以日用品、中低端机电产品为主。而又因为东盟各国分布于热带、亚热带地区，独特的地理优势使其具有丰富的资源，如水果、橡胶、矿产品等，所以我国向东盟自贸区各国进口的产品以塑料、橡胶、矿产品等为主。相对于其他市场来说，对东盟等新兴市场出口增长速度明显快于传统市场，而进口方面的增长则相对较慢。

（三）社会与文化：受地缘因素与文化多元制约

广西处在我国大陆东、中、西三个地带的交汇点，是华南经济圈、西南经济圈与东盟经济圈的结合部，是西南乃至西北地区最便捷的出海通道，也是连接粤港与西部地区的重要通道，是中国唯一与东盟既有陆地接壤又有海上通道的地区。可见，广西将成为"沟通中国与东盟关系的最便捷国际大通道"和"中国东盟合作的经济走廊"。海陆交通方面，广西是我国大西南的最佳出海处，距东南亚诸国的港口都较近，钦州港距新加坡港1 338海里，防城港距越南海防港151海里，距泰国1 500海里。现已开通至东盟国家11条国际航空线，在中国少数民族自治区中率先建成高铁。

中国与东南亚各国相互间有着深厚的传统友谊和相似的历史状况，而且规模庞大的华人也分布在东盟各国，这一分布网络成为中国和东盟在相互投资方面的重要联系和纽带。如相对于欧美等国的文化，东南亚的许多国家更容易理解和接受中国的文化，接受中国的商品，并且我国目前的劳动力成本仍保持较低水平，商品价格较低，比较容易满足东南亚国家人民的需求。但是，东南亚部分国家的国内外局势较不稳定，或者生活水平较低，如缅甸军政府政策多变，中印、中菲领土领海争端等问题，抑或越南、老挝人均消费能力较低等现实状况，会引起我国与该国贸易间的负面影响。

（四）科技：交通和生产模式的不断优化

科技发展对中国与东盟贸易合作的影响主要体现在两方面：交通和生产模式。

交通系统的完善与物流体系的现代化使边境贸易效率大大提升。在中国—东盟交通部长会议机制以及大湄公河次区域（GMS）经济合作机制下，中国与缅甸、老挝、泰国、越南等国家交通运输领域合作日益具体化，中国—东盟合力打造高效便捷的跨境立体交通运输网已迈出实质步伐。此外，国内物流行业在近两年已经实现爆发性增长，物流行业经过激烈的竞争，先进、高效的物流公司纷纷脱颖而出。由于这些公司已经积累了先进的管理经验，一旦它们介入边境贸易，跨境物流行业必然会得到高速发展。

随着中国自身经济的逐渐转型，中国与东盟的贸易合作重心也从传统农业向现代化农业及工业转变。农业方面，从中国—东盟自由贸易区建立以来，农业始终是推进双边经贸合作的先行领域和重要产业。但由于广西农业资源约束大，农业基础薄弱，与东盟农产品贸易和投资合作主要仍局限于劳动密集型的传统农业领域。近年来，国家对农业的技术支持已经初见成效，现代化农业开始有了突破性的发展。从目前来看，广西与东盟已在多个领域达成合作共识，包括杂交水稻方面的合作、农村能源领域合作、动物疾病防控领域合作、热带经济作物领域合作等。这其中均不同程度地包括了技术方面的合作、援助、交流、示范、培训和监测等内容。现代化农业的合作必然带来双边合作的深化，两国农业方面的贸易来往不管在数量还是质量方面都会有显著提升。

工业方面。近年来，中国对东盟的工业品出口结构明显优化，主要体现在机电产品和高新技术产品的较快增长。2012 年广西机械设备、电器及电子产品等机电产品出口 58.2 亿美元，同比增长 18.8%，占全区出口总额的比重由 2009 年的 32.2% 提升到 37.6%；计算机与通信技术等高新技术产品出口 15.9 亿美元，同比增长 43.6%，占全区出口总额的比重由 2009 年的 5.2% 提高到 10.1%。与此同时，服装及其附件、箱包及类似容器、塑料制品、鞋类等广西传统劳动密集型产品出口额分别下降 7.9%、47.0%、22.0%、46.6%。从出口数据来看，中国在与东盟的贸易合作中有一定的技术优势。另外，东盟内部也加强了技术合作，先后通过并执行了《东盟 2001—2020 年科技行动实施纲要》、《2012—2017 年东盟科技发展行动计划》等文件，以推进各成员国的科技发展。可以预见，在未来的中国—东盟贸易中，科技将成为主导因素。

二、老广边境看广货

（一）边境广货都是低档货?

本调研小组走访了广西凭祥等主要口岸和南宁等主要城市，以顾客身份面访了百余家商铺，其中还重点记录了五金商铺、杂货铺、音响铺、手机店、康佳专卖店、美的专卖店、三角专卖店等 12 家具有代表性的商铺面访过程。

我们面访并有效记录的商铺共 176 家，以五金类商铺，家电类商铺，电子、机械及器材类商铺数目最多，分别占 26.29%、26.29%、20.57%。

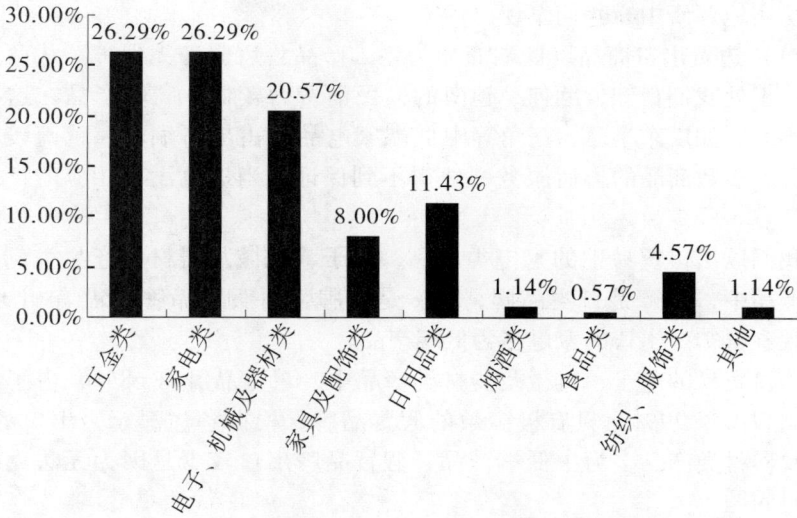

图1 面访商家类别比例

对缅甸、越南、老挝等邻近东盟国家进行出口贸易的产品种类主要有家电类产品,电子、机械及器材类产品,具体数据见图2:

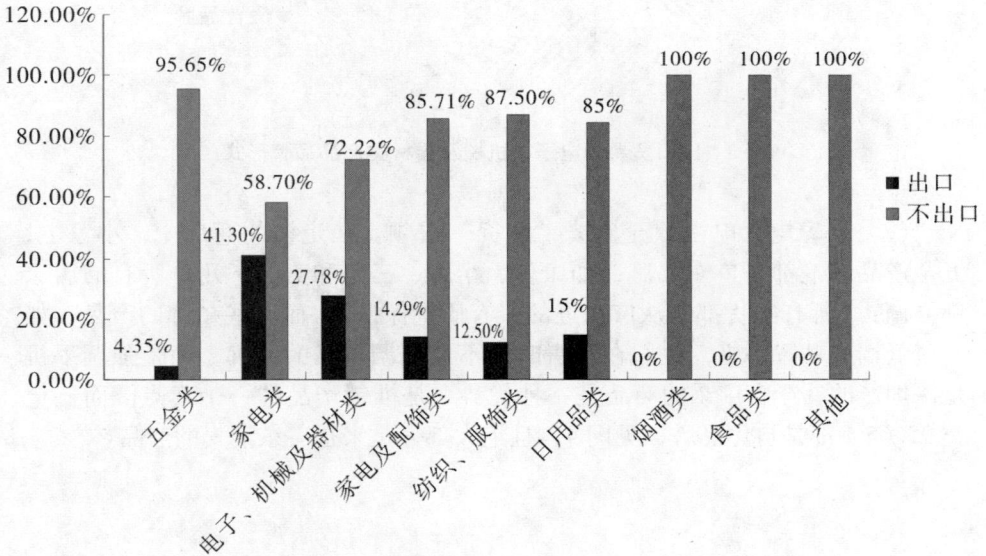

图2 各大类产品出口比例

从实地调研中，我们发现：

（1）边贸出口商品以低端商品为主，产品售后服务无保障。从商店的老板和员工处我们得知，缅甸、越南的人民消费力较低，高端产品在这些国家市场不大。如广东半球、三角等中低端家电品牌占出口缅甸、越南较大市场份额。大多数商品的售后服务一般得不到保证，当地也没有相应的售后维修和服务点。

我们以出口贸易中的家电类产品，电子、机械及器材类产品为例。在家电类产品中，45%是自主品牌，28%是贴牌，而假冒品牌也占有相当比例。根据观察得知，出口的家电多为低端产品。

出口贸易的电子、机械及器材类产品中，自主品牌有68%，占了绝大多数。贴牌占了29%，只有极少数的假冒品牌。根据备注显示，出口的电子、机械及器材类产品多为中低端产品，假冒品牌出口较少是因为无法克服的语言障碍问题。

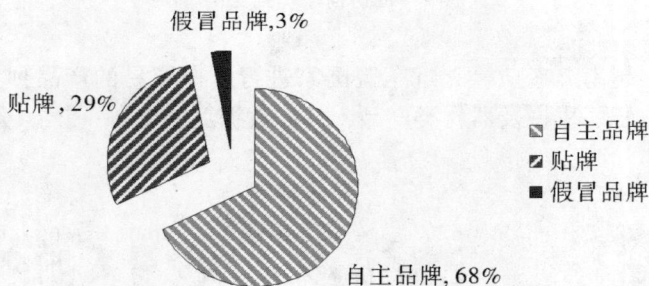

图3 出口贸易的电子、机械及器材类产品品牌形式

（2）小家电、电视、五金被"广货"占领。在走访的商店中，小家电、五金产品基本都是广东品牌，如康佳、半球、三角和美的。几乎所有的店家都强调："所有的货都是从广东进的，有质量保证。"而有些贴牌的产品，如一些低档的贴牌手机，他们在销售时则不会强调自己的品牌，而是强调手机是深圳产的，产自广东的商品是一种优势，是推销产品的一个卖点。而五金类95.65%都是自主品牌，见图4，且绝大部分是来自广东潮安的产品。

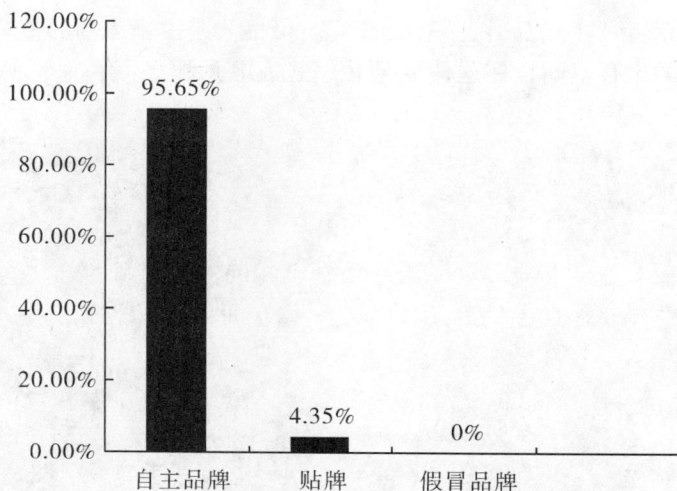

图4　五金产品品牌分类比例

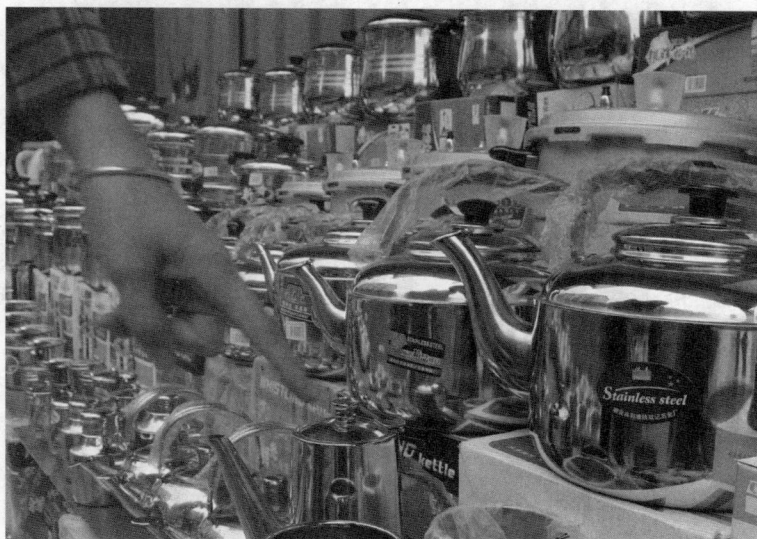

图5　潮安五金产品：五金广货在边境大显身手（2013 年 9 月 3 日，广西崇左）

（3）山寨商品频现，价格导向突出。如家电品牌"美的"，其山寨品牌并不少见。对于山寨货，不少商家声称"一般的消费者是辨认不出来的"。而这些山寨产品与正品存在三分之一甚至二分之一的价格差。相对于商品的品牌，边民更在乎的是价格。假冒品牌现象之所以在边贸中如此突出，其中一个原因是消费者"不认品牌，只认价格"。价格才是占领市场的重要因素，利润差是假货的生存空间，在这种情况下，正品几乎无法生存。

图6　山寨品牌（2013 年 9 月 3 日，广西崇左）

（4）出口贸易模式有所转变。边境省区的商家较少进行出口贸易，除了产品自身不适合东盟国家市场外，还由于出口贸易模式的转变。几年前，缅甸等东盟国通过边境地区的商铺下订单取货，境内商铺再向生产商下订单。如今，东盟国可跳过中间商这一代理环节直接向生产商取货，节约成本。而生产商也越来越多地到口岸附近开设工厂，方便东盟国商家订货、取货。

从调研小组的观察得知，边贸出口的商品仍然处于以价格战略取胜的中国制造阶段，并未形成有效的品牌观念，商品质量参差不齐。

就整体而言，以广货为代表的中国品牌在东盟边境贸易区的分析如下：

知名度低。由于出口多为杂牌或贴牌产品，品牌意识低、认知度低。由于品牌意识低，品牌名与产品的联系不强，加上语言的差别，多数产品认知度低、占有率中等。受其他国家（如泰国等）的产品竞争，加上语言不通，产品信息传递不完善，还有不明显的价格优势，中国品牌在东盟最主要边境贸易区的占有率不高、美誉度中等。由于出口多为廉价低端产品，质量有待提高，但部分商品还是比边贸国自身生产的质量稍好，所以美誉度中等、偏好度中等。中国品牌产品还是有一定的质量优势,但由于存在其他国家商品的竞争,所以边贸国没有十分强烈的偏好度,满意度中等。出口的商品基本能满足缅甸、越南等国消费者的需求,但目标消费者只认价格,不认品牌,忠诚度低。

图7　边贸地区的广货家电（2013年9月2日,广西南宁）

(二) 广货在东盟地区边贸的 SWOT 分析

1. 广货优势

广东省技术型人才密集,生产的商品科技含量高,质量有保证。如著名品牌美的因其质量和售后服务而闻名,在昆明螺蛳湾国际商贸城有多个商家经营。

广东既沿海又沿边,与东盟国毗邻,运输成本相对较少。例如华为在海外各地（如越南等）均有设厂,我们在缅甸边境调研时也留意到了多家华为、中兴手机的代理商和售卖点。

广货涉及产品范围广,价格遍及各个层次,选择多。家电行业上广货的市场占有率高,无论是高档产品还是中低档产品,都有广货的身影。

2. 广货劣势

广货边贸组织化的程度不高,同行低价竞争激烈。广东品牌各自为大,少有"广货商贸城"等大型卖场的存在,广货作为一个整体品牌的概念并不突出,同一卖场的同类广货也存在一定程度的价格竞争。

假冒商品层出不穷，给广货的形象带来了许多负面的影响。在姐告贸易区，我们随处可见某知名品牌的洗衣粉，被山寨成各种各样的相似名字，质量是不敢恭维的，但正因如此，边贸的产品很可能多是这种非原装品牌，消费者不了解真正的品牌，也不会留下深刻的印象。

3. 广货机遇

中国—东盟自由贸易区建设进程不断加快。特别是自 2004 年中国—东盟博览会在南宁落户，创办了中国—东盟商务与投资峰会以来，广西与东盟各国的贸易呈快速增长势态。广东与广西交界，交通便利，出口机会也多。

电子商务正在蓬勃发展，加上现代物流业的日益成熟，网上商城仍是未来发展的趋势。网上商城国内已经较为成熟，对于东盟贸易区的成员，可以同样利用网上平台来订货，甚至采取代购等形式。

4. 广货威胁

广货面临着来自国内浙江、北京、四川、上海、东北等地商品的挑战。以主要竞争者浙货为例分析如下："浙货品种多、价格优惠，在周边国家具有很大的市场。加之如越南等边境国国内产品需求层次偏低，一些在我国市场相对滞销的工业品在边境市场却有较好的销路。再者，浙江的义乌中国小商品城、绍兴中国轻纺城、永康中国五金城等专业商品市场货源丰富，已成为全国同类市场的龙头。活跃在边境的浙商凭借着与家乡企业及市场千丝万缕的人脉关系和方便快捷的取货渠道，具有天然的货源优势。"①

广货面临来自国际的挑战。"对于技术密集型产品，边贸国家的人更青睐欧美产品和日韩产品。""劳动力密集型产品才喜欢中国的，最典型的就是服装和生活用品，越南超市里的锅碗瓢盆基本都是中国制造的。此外，有点经济实力的人很多都喜欢中国的瓷器及一些传统工艺品。"②

在我们实地调查过程中，还发现了来自泰国产品的竞争，因为泰国语跟缅甸语相似，所以泰国附近的国家能收看泰国的电视节目，从而间接收看了广告，会有先入为主的产品观。所以广货要想渗透到该市场还有很长的路要走。

5. 小结

优势与机遇结合分析：

多在东盟自由贸易区设厂，降低成本，加强技术和人才上的交流；充分利用广货商家的资源，形成产业联盟，全方位推广广货的品牌；利用电商的

---

① 黄佳玫、骆林勇：《边境贸易浙商显身手》，《国际商报》，2006 年 5 月 27 日第 4 版。

② 凌礼：《"广货"须再上一层高楼》，《中国质量万里行》1997 年第 5 期。

发展寻找商机，做好网络推广的工作。

劳势与威胁结合分析：

在保留广东产品特色的同时，积极融入不同国家的当地文化，以便渗透市场；严格控制产品质量检测，加强对假冒伪劣产品的整治。

三、结论与建议

（一）结论

根据以上讨论，本小组成员对中国与东盟地区的边境贸易情况作出以下结论：

（1）边贸方式单一，渠道狭窄。目前边境贸易主要以货物贸易为主，是一种传统的贸易形式，通信、技术、金融等服务业的交流还处于初级阶段，限制了边境贸易的发展。多层次、多方式的综合边贸体系亟待建立。

（2）基础设施建设不完善。铁路、高速公路道路崎岖，多泥石流等自然灾害，常导致运行不畅，耗时长。运输成本增加，对货物运输有十分不利的影响。

（3）进出口商品层次结构低，附加值低。由于出口国消费者生活水平不高，出口产品多为五金类、家电类等生活必需品，即便是电子产品，也不是高技术含量的新兴产品。进口更是以资源互补型的原材料居多，没有形成产业化优势。

（4）货运渠道亟待改善。目前大多口岸货物运输渠道仅有陆路运输，鲜有海路运输，空运路线尚待开发，货运渠道单一。甚至道路、公路建设都不完善。当调研小组前往磨憨口岸时，遇上道路坍塌，只能从小路过去，耗时极长，居民也对当地道路运输设施怨声载道。由此可见，道路建设亟待改善。

（二）建议

（1）完善基础设施建设。全面改善交通状况，优先进行铁路公路建设，实现与边贸城市的有效对接。对于边民互市区域的仓储、物流等配套基础设施，应达到与边贸发展相应的高度，从而带动多行业在边贸的发展。

（2）优化进出口商品结构，形成产业化。产业结构与商品结构密切联系，而且质量是商品的第一生命力，质量不合格的产品已对边贸发展产生了负面影响。在保留传统产品的情况下，向技术密集型产品结构发展，为商品带来更高的附加值。

（3）积极开发边贸旅游、服务等非传统边贸形式。产业升级转型，是边贸发展的趋势。旅游业作为新兴的边境贸易形式，能带动交通、住宿、餐饮业等一系列重要产业的发展，为边贸发展提供重要的契机。优化产业结构，形成多元化的边贸环境能全方位促进边贸发展。

（4）积极转变出口贸易模式。在对商家的访谈中，小组成员发现，云南、广西两省边境出口贸易货源可远至浙江，这说明运输成本极高。另外，外贸跨境物流成本也十分高。调研过程中部分商家表示，出口贸易模式可减少"代理商"这一环节，越来越多的厂家在边境设厂以减少运输成本及代理成本，并方便出口。中国品牌出口贸易模式转变备受期待。

雾里看花：东盟边贸中的广货品牌传播

　　云南地处东亚、东南亚和南亚的接合部，与东盟的越南、老挝、缅甸等国接壤，通过澜沧江（湄公河）与缅甸、老挝、泰国、柬埔寨和越南相连，并与马来西亚、新加坡等国邻近，与东南亚特别是中南半岛国家之间有着较为完备的水陆空立体交通网络。在长达 4 061 公里的边界线上，有国家一类口岸 11 个、二类口岸 9 个。云南与东盟自由贸易区国家的经贸合作历史悠久，特别是改革开放以来，东盟自由贸易区国家已经成为云南省最重要的经贸合作伙伴。中国与东盟各国距离短，双方可以就近投资，从而可以在一定程度上降低经营风险、投资风险等。近年来，云南与东盟的双边贸易持续增长，双方在投资、承包工程、劳务合作等领域的互利合作卓有成效。由于独特的区位优势，随着中国—东盟自由贸易区建设的启动和西部大开发战略的全面实施，云南作为中国面向东南亚开放的前沿、中国西南的重要门户、中国与东盟的交汇点以及中国连接东南亚的桥头堡，是中国与东盟经贸合作的重要区域。①

　　云南也是一个多元文化、政治环境复杂的特殊区域。对此，可以本小组成员调研笔记为例：

　　（8 月 29 日）下午，南线成员前往打洛实地考察。打洛口岸最引人注目的是口岸前沿路排开的纪念品摊位。摊位所售商品有缅甸香烟、手镯、雕像、民族特色发簪、缅甸纸币等，价格低廉，属低档商品。由于小组成员去时正值下午，摊位生意并不如意。口岸检查站站长张洛介绍，与打洛口岸接壤的缅甸地区长期受缅甸地方势力控制，导致在政治外交与经贸往来上存在各种问题。由于是地方政府，中国政府难以与之平等交涉，中国与缅甸中央政府所签订的部分协议，地方政府也拒绝承认。这些直接造成了打洛口岸的冷落

---

① 杨迎红：《云南与东盟经贸关系发展的机遇与挑战》，《云南师范大学学报》2004 年第 2 期。

景象。站长还介绍，军政府管辖下的缅甸地区统治秩序较稳定，赌场盛行，人民生活水平高于中方，不少居民具有中国血统。南线组成员站在口岸眺望，只见一座佛教大金塔金碧辉煌，建筑物中不乏四五层高的独立住宅，隐约可见一户人家所用的疑似太阳能热水器的家电上标有"红太阳"三字。缅甸国门前同样设有摊位，站长称，是缅甸公民所设，听其叫卖，摊主似乎也粗通中文。小组成员在中方口岸前的摊位购买了一条缅甸香烟，并与在瑞丽购买的缅甸香烟作比较，仅外观上就发现了有趣现象。两处所购香烟的包装基本相同，应为同一品牌香烟，但仔细比较发现，在瑞丽购买的缅甸香烟所用拉丁字母为缅甸文的英文翻译，而在打洛所购买的香烟所用的语言除了英语外，竟还有汉语拼音标注"guogan"字样，即果敢。（记录人：张培超）

在民族内外部冲突、社会局势不稳定的大前提下，谈何边境贸易的稳定发展？而这一冲突的根源，又与东南亚地区历史性、民族性矛盾密不可分，并无短期内改善的可能。这也大大限制了包括广货在内的商贸交流，阻碍了开放性经济体的建设进程。

那么，在云南的特殊边贸市场环境下，广货的品牌传播状况如何？

一、广货：地域概念大于品牌概念

在实地走访的过程中，就广东而言，人们对其地域的辨识度比品牌的辨识度要高。在采访中，几乎所有卖广货的店家都强调："货都是从广东进的，有质量保证。"就商家而言，其营销策略极为单一：广东商品等于质量保证。

有些贴牌的产品，如一些低档的贴牌手机，他们在销售时则不会强调自己的品牌，而是强调手机是深圳产的。可见，商品产自广东对于商家而言是一种优势，是推销产品的一个卖点。

但是商品一旦走出国门，"广货"原本的强烈地域概念和品牌概念就几乎不复存在，而是笼统地贴上"中国货"的标签。在邻国边民眼中，他们只知道这些商品是中国制造。而中国边民却心知肚明，这些中国制造很可能并非大众所熟知的中国品牌，而是"山寨货"，这种情况在广货中也是如此。边贸出口的商品以中低端商品为主。大部分商店的老板和员工提到："缅甸、越南的人民消费能力不高，中低端的产品对他们来说就足够了。"像半球、三角这样的走中低端路线的小家电品牌在中国内地一些发展水平比较低的城市及缅甸、越南市场都占有比较大的市场份额。以云南螺蛳湾为例，像样的大型综合批发市场，走高端产品路线的商家并不多见。在云南的螺蛳湾，小家电、电视、五金市场被"广货"占领。在走访的商店中，小家电、电视和五金商铺的货基本是从广东购进，其中比较热销和走俏的品牌有康佳、半球、三角和美的。商家反映他们都是直接从广东拿货，但是拿货的途径并不一样。像美的这种知名度高、质量好、价格高的品牌，整个云南只有一家代理，其他都是从别的市场购入再转手卖出；而像半球、三角这种走低端路线的品牌，商店基本都是从工厂直接提货，或者由工厂直接发货。

图1　美的代理商（2013年8月25日，云南昆明螺蛳湾国际商贸城）

二、广货品牌传播有局限

一般的商家都有品牌意识，他们基本都能说出自己所卖产品的产地、品牌的优势以及相应的售后配套服务，在推销产品的时候会突出自己品牌的优势。而这种优势就是"质量"和售后服务保证。

但是由于出口贸易的形式一般都是批发、零售等低层次的方式，有些商店甚至不能做出口。在采访的商家中，做出口贸易与不参与出口贸易的比例各占一半，其中不参与出口贸易的原因是商店规模太小，只能满足零售。"自卖自夸"式营销策略并不为东南亚人民所接受，而在边境的报纸杂志也鲜有广货品牌的广告，这就是广货品牌传播途径的一大硬伤。品牌传播的资金投入不够大以及渠道不够宽，导致较为低下的传播效率。

广货品牌另一大硬伤是用户体验。在采访过程中，不少商家反映出口的售后服务一般得不到保证，因为当地并没有相应的售后配套和服务销售点。如果产品坏了，除非当地有售后服务点，一般不能维修。此外，手机等产品也有语言不通等地域问题，影响用户的产品体验。而低端的手机等电子产品更因语言设置等问题无法满足缅甸、越南、老挝等小语种语言国家消费者需求，没有出口贸易市场。

在实地调研中发现，贴牌与自主品牌产品的比例也是各占一半。贴牌产品的质量往往比不上自主品牌。广货在云南、广西两地基本以家电、服装等低技术、低成本的商品形式出现。在国内，对广货有一定的品牌认识，而一旦出了国门，广货则混迹在众多山寨货物中，不能辨别其面目，更遑论品牌了。

三、假广货冲击真广货

假冒品牌现象在边境很突出。这些冒牌产品的山寨手法有三：一是采用品牌名字，商标有所改动；二是取与品牌相近但容易混淆的名字，如"美的"山寨成"美德"；三是商标名字与品牌完全一样，后者属于高仿，一般连员工都难以辨认。我们采访到一家商店，提及此事，老板随即拿出两个半球牌电饭煲，其中一个为假货，除了商标有些许差别外，其他部分几乎难以辨认。对于山寨货，三分之二的商家提出"一般的消费者是辨认不出来的"。

图2　孰真孰假？（2013 年 8 月 25 日，云南昆明螺蛳湾国际商贸城）

拿一款国内知名的洗衣粉品牌"立白"来说，与它一字之差、商标设计类似的山寨品牌，就有四款之多。"立泉"、"立名"、"壹白"、"五白"，刚从越南回国的中国边民告诉记者，"个个都好像大牌子，但个个都是假牌子"。

图3　山寨品牌（2013 年 8 月 26 日，中老边境集市）

中国品牌的山寨现象，在手机商行里更加盛行，而作假的方式也同样广泛流行于国内三线城市的乡镇市集。比如，同样几家来自深圳的手机代理商，所供应的三款国产手机，均与真实品牌的英文名称相差 1 到 2 个英文字母。这些在中国加工制造并贴牌出厂的山寨品牌，到了边境市场，全变成了"香饽饽"。它们依靠更为低廉的商品价格，用一字之差的商标名称占据着边贸市场。假货对品牌产品已经造成了"干扰"：

由于传播过程不可能处在一种毫无干扰的空白状态，因此必然要受到来自各个方面的信息干扰，这种信息干扰就是噪音。当信息突破噪音干扰抵达接收对象，接收方在感知到信息之后所做出的举动称为反应。反应的范围很广，既可以是无法直接观察的过程（如在记忆中储存信息等），也可以是直接行为（如拨打订购电话等）。①

---

① 于宁：《城市营销研究：城市品牌资产的开发、传播与维护》，沈阳：东北财经大学出版社 2007 年版，第 157 页。

假货对于品牌产品而言，就是噪音。它打压了正品市场的价格，混淆了正品的质量和服务情况，进而影响了正品的销售和形象的构建。凭祥市委书记卢万兵说，如今广东产品在越南占有一定的市场，并通过越南转口第三国，如"美的"电风扇不但占领了越南大半个市场，在整个东盟市场都占有一席之地。但有些广东产品却因供销渠道不畅，被一些不法商人打入越南市场，影响了广货的形象。

在云南昆明的螺蛳湾国际商贸城——云南最大的批发市场、商业中心，小组成员见到了山寨"广货"。以广东家电品牌"三角"为例，整个批发中心竟有3种以上的"三角"商标。一家电批发店老板也坦陈，山寨的家电同样可以出口到缅甸等邻国去。

价格，是山寨产品唯一但是巨大的优势：这些山寨产品与正品存在三分之一到二分之一的价格差。相对于商品的品牌，边民更在乎的是价格，假冒品牌现象之所以在边贸中如此突出，其中一个原因是消费者"不认品牌，只认价格"。价格才是占领市场的决定因素，而利润差是假货的生存空间，这与边民的经济收入情况相符合。

图4 山寨手机（2013年8月25日，云南昆明螺蛳湾国际商贸城）

在云南边贸区的批发、零售市场，就体现了典型的"劣币驱逐良币"，山寨产品充斥市场。我们在电子商品区和五金制品区发现较多广东商品，但同样是鱼龙混杂的牌子，售价也很便宜，有几位卖不锈钢厨具的商家坦言，这些牌子多是贴牌货，知名品牌对自己的经销商控制得比较紧，他们无法向其拿货；知名品牌的进货价要比不知名牌子商品的进货价高出很多，所以他们也不会选择知名品牌。其中有一位商家表示，大概三年以前他还做出口生意，但是现在广东的厂家已经直接出口至东南亚的一些国家。现在贴牌商品充斥着批发市场，竞争非常激烈，商家也难以从中获利。

这些商品中有许多是来自广东的，或者仿冒广东的，这一方面体现出广货的知名度和影响力在不断提高，另一方面也可能因其质量不佳而对"广东商品"的形象造成伤害，进而影响广东商品的销售。

四、广货在东盟仍有发展潜力

中国—东盟自由贸易区的建立，减免了关税，实现了贸易的自由化和便利化，为打造区域内新的产业链、形成更多的贸易提供了有利条件。今后，双方行业合作将会加快步伐，根据不断发展的开放形势加强对接、合理分工，从而提高中国与东盟产品的生产力和在国际市场上的竞争力。

中国与东盟相互开放市场，对双方在信息产业、人力资源开发、交通等一系列领域合作提出了越来越迫切的要求。全面而深入的领域合作是双方经贸合作新发展的重要保障。第二份《落实中国—东盟面向和平与繁荣的战略伙伴关系联合宣言的行动计划》于2011年实施，这是一份全面规划双方从2011年至2015年合作的重要文件，将推动双方领域合作进入一个新的发展阶段。

随着双方经济往来的发展，单纯的货物贸易已经满足不了企业需求。没有进行出口贸易，一部分原因是产品自身不适合缅甸、越南、老挝等东盟国家市场，另一部分原因是出口贸易的模式转变。螺蛳湾五金店商家表示，2010年前，缅甸等东盟国通过他下订单取货，他再向内地生产商下订单。如今，东盟国可直接向生产商取货，节约成本。更有甚者，生产商把厂址设到口岸附近，方便东盟国商家下订单及取货。

广西广东商会会长陆洁雯认为："东盟自由贸易区建成后，广西自然是'近水楼台先得月'。而对于在桂粤商来说，既有广西得天独厚的区位优势，又有与广东联系紧密的资源优势，占尽了天时地利。"① 市场大了，商机多了，但市场的新变化，迫切要求企业家无论是在发展理念、市场战略上，还是在经营手段上，都要跟着改变。

但是，这其中隐藏着的投资风险和法律风险，也不得不引起粤商们注意。"东盟国家大部分地区经济不发达，中国企业在这些地区投资，弄不好很容易陷入经济困境。另外，东盟自由贸易区刚建立，各种贸易法规法则尚未完善，加上东盟一些国家的法律法规并不完备，贸易双方如发生纠纷，调解缺乏法律依据，难以得到法律保障。如果企业事先能注意到这些风险，就能够在贸易过程中临危不乱，有条不紊地逐一面对解决。"②

五、结论与建议

（一）结论

根据以上讨论，本小组成员对广货在东盟地区的品牌传播状况作出以下结论：

（1）边贸品牌意识薄弱。许多企业只注重短期发展，没有对自己进行品牌保护，也少有品牌的概念，对于边贸商品只停留在最传统的交易层面。在品牌日渐重要的发展趋势下，不走品牌化道路的企业很难得到长期发展。

（2）假冒商品在边贸中大行其道。假冒伪劣商品占到出口商品的一部分，其产品质量不敢恭维，价格虽低，但是售后服务缺乏，易让消费者对中国品牌有曲解，对于边贸长期的发展有不可小觑的负面影响。

（3）缅甸、老挝、越南三国消费需求低。"中国品牌"形象遭殃。缅甸、老挝、越南三国目前消费水平较低，需求层级处于低层，目前消费仍由价格驱动且品牌认知度不高。因此出口东盟的中国品牌多为低端品牌，其中有不少贴牌甚至假冒伪劣品牌。一方面，由于消费者对品牌需求极低而导致假冒伪劣品牌得到了生存空间；另一方面，由于伪劣品牌的大肆横行，对消费者造成了"中国品牌"是"伪劣品牌"的品牌认知这一恶性循环。

---

① 吴哲：《中国—东盟自贸区倒计时 广东货物大有潜力》，《南方日报》，2009 年 10 月 27 日 A16 版。

② 吴哲：《中国—东盟自贸区倒计时 广东货物大有潜力》，《南方日报》，2009 年 10 月 27 日 A16 版。

（二）建议

（1）针对不同的出口国进行差异化战略。对工业化水平低的边贸市场，加强在其边贸城市的设厂投资，降低成本，形成价格优势。对于较为发达的东盟国家，加强技术、服务等产业的联系，形成人才的交流。在形成不同的差异化战略之后，会使东盟的贸易发展进一步层次化和具体化，从而获得更多贸易机会，扩大影响力。

（2）打击违法产品，整肃市场环境。在边贸地区，山寨产品、假冒产品比比皆是，其影响力已经构成了对品牌产品的威胁。这些违法产品的存在既不利于品牌的建设，也损害了消费者的利益，打击违法产品必须成为持久的市场行为。

（3）建立起广货的品牌意识。在调研中，小组成员发现，广货在西南边境地区仍有巨大影响力。广货对于当地消费者而言，仍然是有质量保证的。但是，广货是一个地域品牌概念，而在市场中，消费者所接触到的是具体品牌的产品。广货中，能像"美的"这样，自身具备足够鲜明品牌形象和突出品牌影响力的广东品牌并不多见。至于对东盟出口，则所有广货都被包含在"中国货"中，失去品牌辨识度。因此，从长远看，建立广货的品牌意识无疑是至关重要的战略举措，这一举措可从两方面理解：一是培养若干有国际品牌影响力的具体品牌，二是打造"广东生产"的地域品牌。两者缺一不可。

参考文献

［1］董国昌、王海全、梁坚：《打洛镇四举措推动富民兴边》，《云南日报》，2010年7月28日第10版。

［2］董加相：《关于金融支持中老边境磨憨经济开发区建设的思考》，《时代金融》2013年第1期。

［3］贺霜虹、杨定华：《桥头堡国家战略背景下云南加快发展边境贸易的SWOT分析》，《云南财经大学学报》2010年第5期。

［4］李继云：《云南省边境贸易与地区经济增长关系的研究》，《管理学刊》2013年第1期。

［5］《欣欣向荣的打洛镇》，《云南经济日报》，2005年2月4日第3版。

［6］《磨憨—磨丁蓄力突破》，《云南日报》，2013年2月21日第7版。

报道选集

◇牵手东盟第十载，民间边贸新观察◇

——行程 5 820 公里，走访 5 大国家级一类口岸，零距离观察中缅、中老、中越民间边境贸易现状

文/王悦、郑仰芝、张培超

2013 年 9 月 3 日上午，第十届中国—东盟博览会、中国—东盟商务与投资峰会开幕大会在广西南宁国际会展中心拉开帷幕。

中国国务院总理李克强、缅甸总统吴登盛、柬埔寨首相洪森、老挝总理通邢、泰国总理英拉、越南总理阮晋勇、新加坡副总理张志贤……中国和东盟十国政要、商界精英、专家学者以及媒体记者共赴大会，共同见证中国与东盟十国牵手十年的阶段性成果。

国家总理李克强出席本次开幕大会，无疑是大会开幕前最受中国媒体关注的焦点之一。与之相对，外国媒体则把更多目光放在首次出任中国—东盟博览会主题国菲律宾的身上。在开幕式前不久，菲律宾总统阿基诺作出了不前往南宁的决定——这与两国近日在南海主权问题的争端不无关系。

中国—东盟博览会自第四届开始建立"主题国"机制。主办方试图通过这一机制，给予主题国以更多的机会来展示其国家形象、各方面发展成就，从而吸引更多商机。按照既定的轮值办法，第十届博览会主题国由菲律宾出任，本届博览会开幕式也将由菲律宾部长级官员主持，菲律宾领导人还将出席主题国"魅力之城"开馆仪式，以及同期举办的中国—东盟商务与投资峰会等。除此之外，按照惯例，大会还将举办菲律宾领导人与中国企业家座谈会、国家推介会、专场推介会等主题国系列活动，以此为菲律宾企业赢得更多商机。

过去十年间，根据自贸协定，中国对东盟十国进口的 90% 以上的产品实现了零关税，而东盟六个老成员国（文莱、印度尼西亚、马来西亚、菲律宾、新加坡、泰国）也对由中国进口的 90% 以上的产品实现了零关税。事实上，自中国—东盟博览会举办首届至今，这一大会就被外界看作是中国与东盟十国关系的"晴雨表"。

中国与东盟十国的合作历程，转眼已走过十载光阴。自温家宝到李克强，接连两任国家领导人都给予中国与东盟关系特别的关注与政策的支持。这些

年来种种迹象表明，高速发展中的中国同时为周边邻国经济带来可观甚至丰厚的福利，关注中国与东盟国家之间的民间边贸往来现状，尤其具有时代意义与参考价值。

2013年8月底至9月初，恰逢第十届中国—东盟博览会、中国—东盟商务与投资峰会开幕之际，记者依次前往中国边境五大国家级一类口岸（瑞丽、畹町、打洛、磨憨、友谊关），零距离观察中国与缅甸、老挝、越南三大紧密接壤的邻国之间的民间边境贸易现状，试图记录边贸往来千年历史最前端的新迹象。

◇陆上货运动脉，未来永远比现在畅通◇

自昆明到芒市，有两种选择：一是飞机，二是汽车。若遇淡季，两者价钱差不多，但后者需要在路上花更多时间。这条公路，便是东起上海，西至瑞丽的320国道。沿着公路在地图上画一条线，可以横穿整个中国。

从芒市到瑞丽，也有两种选择：乘坐机场外排队等候的拼客出租车，或者去客运站等几十分钟一趟的公共汽车。而两者的价格相差不多。出发前，出租车司机会告诉你，若无雨水和塞车等因素影响，从芒市到瑞丽最快只要一个多小时。但是上车后便会发现，这条蜿蜒在茂密山林与筑路工地间的320国道，并没有想象中的宽敞，只是一条双排车道的公路而已。往来不息的车流使得路况时常拥堵，车队中有大小不一的客运汽车，更多的则是长短不同的运输货车。谈话间，天气说变就变，暴雨会在烈日下倾盆而降，道路两旁屡见山体滑坡的泥石流。

这就是320国道的最西段，并行在道路一侧正在施工中的高速公路，显露着它应有的"国道"身份。说起对这条路的抱怨与期盼，常年往来于芒市机场与瑞丽市内的司机雷师傅，与任何一位做着同样客运生意的德宏人没什么不同。从"落寞的滇缅公路"到"热闹的320国道"，每一个瑞丽司机的嘴里，都有一部有关公路的口述史。

就在十年前，雷师傅还是一个"拉货去缅甸的大车司机"，形容第一次进入缅甸的印象，是"两旁满山血一样红的罂粟花"。雷师傅表示，当时所走的路并非320国道，而是今天依然平躺在山顶上的滇缅公路。这条在战时依靠人力筑起的传奇公路，七十年后依然如卧龙一般俯瞰着山下不断变化的一切。

"可惜一有了新路，就很少有人走老路。"滇缅公路的落寞是瑞丽市地方经济规划的必然结果。作为云南省内除迪庆州之外，唯一一座没有高速公路的城市，瑞丽的发展长期受制于交通已是不争的事实。对此，瑞丽市商务局副局长金宇告诉记者："（高速公路）按计划明年底全部通车，届时 320 国道的运力将大幅增加，去昆明所需的时间也会大大减少。"

国道途经之地，有一处名叫"瑞丽江"。七十年前，远征军正是跨越此江，远赴缅甸战场与日作战。在瑞丽江的东岸，瑞丽姐告口岸与缅甸木姐镇依靠一座修建于 1989 年的跨江大桥紧密相连，这里是国境线内的陆路终点，也是敞开国门通往缅甸的运输起点。

从景洪市前往与老挝交界的磨憨口岸时，我们体验到了沿途的艰险。在自景洪出发之前，西双版纳州商务局口岸办主任丁卫彬和工作人员廖超便向记者描述了到磨憨交通的两种景象：一是自驾游渐成热门，内地不少人经磨憨出境，往东南亚自驾游，在磨憨出境的车辆数最多时单日竟达数万；二是由于山雨，景洪往磨憨的小磨公路的一段桥梁出现险情，若要去磨憨，必须绕远路、走山路。

小磨公路是昆（明）曼（谷）国际大通道在我国境内的最后一段。为了前往磨憨，记者只能改道 213 国道老公路，从孟仑再上小磨公路，体验到了在昆曼国际大通道前往磨憨口岸的艰险。行车时间也由原来的 2 个小时变成 3 个多小时。213 国道老公路中也出现多处山泥倾泄或路面坍塌，沿路皆是山路，九曲十八弯。路窄、弯多、弯急、坡陡……汽车从这条路上开过时，坐在汽车里的我们随着弯道频频摇来晃去，难以坐稳，无一不提心吊胆。经过了约三个半小时的车程，我们才终于到达磨憨口岸。

磨憨党政综合办公室工作人员高娴向记者描述了磨憨的未来图景："中国将与老挝合作，共同建设'中国磨憨—老挝磨丁跨境经济合作区'。"高娴口中的"跨境经济合作区"将包括物流基地、商贸基地、加工基地和现代服务基地等，囊括了从食品加工到高尔夫球场在内的众多元素——磨憨的现在，可远远比不上未来。

单就交通而言，与越南谅山接壤的凭祥要幸运得多。2000 年，凭祥还是一个小县城，边民住的还是土房。凭祥市商务局党总支部纪检组长王天来引用当地人的顺口溜来形容当年的凭祥："一条路，两排树，来到凭祥没吃住。"而此时的凭祥却道路顺畅，政府还投入 1.4 亿元建 600 亩的货场，完善口岸的配套设施，同时发展旅游业，而这些项目都在有序进行中。

◇边境线上的中国品牌，"只知道是中国制造"◇

走出国门的中国商品，近乎占据着西南邻邦的大部分市场。国境线上尚有边民居住的区域，多半是"靠天吃饭"的农业社会，日常生活用品里充斥着他们无法辨识的中国品牌。五金、小家电、棉纺织品，以及随处可见的摩托车，除了成片的农田与低矮的房屋，邻邦的生活环境可以说无处不是"中国制造"。

在打洛口岸边防检查站站长张洛带领下，记者远眺国门之外的缅甸。记者却意外地发现，一户人家所用的疑似太阳能热水器的家电上竟标有"红太阳"三字。

有趣的是，在邻国边民眼里，他们只知道这些商品是中国制造；而中国边民却心知肚明，这些中国制造并非大众所熟知的中国品牌。

拿一款国内知名的洗衣粉品牌"立白"来说，与它一字之差、商标设计类似的山寨品牌，就有四款之多。"立泉"、"立名"、"壹白"、"五白"，刚从越南回国的中国边民告诉记者，"个个都好像大牌子，但个个都是假牌子"。

中国品牌的山寨现象，在手机商行里更加盛行，而作假的方式也广泛流行于国内三线城市的乡镇市集。比如，同样几家来自深圳的手机代理商，所供应的三款国产手机，均与真实品牌的英文名称相差 1 到 2 个英文字母。

这些在中国加工制造并贴牌出厂的山寨品牌，到了边境市场，全都变成了"香饽饽"。它们依靠更为低廉的商品价格，用一字之差的商标名称占据着边贸市场，给两国边民带来的却是近似于真品的品牌体验。

在云南昆明的螺蛳湾国际商贸城——云南最大的批发市场、商业中心，记者见到了山寨"广货"。以广东家电品牌"三角"为例，记者竟在批发中心见到 3 种以上的"三角"商标。一家电批发店老板也坦陈，山寨的家电同样可以出口到缅甸等邻国。而当问起这些山寨广货为何能在境外大行其道时，老板笑答："便宜。"

◇做"两头"生意的广东商人，认定"边境商机无限"◇

常年居住在边境线上的广东商人，在当地人的印象里是只做"两头"（石头、木头）生意的精明人。"广东建材"、"广东木艺"，都是瑞丽街上常见的招牌。

傍晚的宝石街上，名车的车主多以外地人居多，"浙江人、湖南人，再就是广东人"。市中心不乏广东菜馆，但雷师傅说，"广东人更爱吃水果蔬菜，还有就是各种野味"。

今年 49 岁的邓志文，是广东佛山人。1993 年，随朋友来到瑞丽，从此便"下定决心在这里做红木生意"。正是由于这里"靠近木材原产地，原料丰富且成本较低"，使得邓志文在瑞丽一做就是 20 年。

对于他来说，初期艰难的创业史，同时也是一部血泪史。最初他同四位合伙人过境到缅甸原始森林，亲手砍伐木材，借助大象搬运下山，再运回国内出售。这期间，因为森林瘴气与水土不服，五人中一位久病不愈的合伙人，最终撒手人寰。

现如今，邓志文开起了第四家红木专营店，还在畹町建起了自己的厂房，在远离家乡的边境城市瑞丽，他已是小有名气的外来企业家。

20 年来，边境贸易的最大风险，始终是邻国变幻莫测的对外政策。不久之前，缅甸政府突然决定封关，暂时停止向中国出口红木原材；加之近年来木材原料过度砍伐造成的原材枯竭，使得红木价格骤然飙升，市场遇冷。面对现状，邓志文不敢大意："要是十月份还不开关，就得考虑去缅甸建厂。"

邓志文尝试着各种努力。几天前，他随一支由 38 位瑞丽市领导组成的考察团，回到了故乡佛山，试图通过招商引资让更多广东同乡来瑞丽发展。"边境商机无限"，邓志文常把这句话挂在嘴边，他自己也愿做最好的例子。而德宏州委宣传部副部长、文化产业办公室主任杨宏成则有一幅瑞丽边境文化产业发展的宏伟蓝图：红木文化与玉石文化是瑞丽的代表，一旦将看不见的"文化"转化为可持续发展的"产业"，那么，瑞丽无疑将成为一座镶嵌在边境线上华美如翡翠的繁荣城市。

采访实录

被访者 1：昆明旧螺蛳湾五金店老板，女，约 35 岁

访问者：邹倩

时间：2013 年 8 月 24 日

问：您店里的货主要产自哪里？

答：都是广东潮安的。

问：为什么不用其他地方的货源？

答：这个质量好，其他的质量差，没人买。

问：价格怎样？

答：进货价贵点，赚得也少点。

问：您做出口生意吗？

答：没有，只有当地人来买。

被访者 2：昆明旧螺蛳湾五金店老板，女，约 30 岁

访问者：邹倩

时间：2013 年 8 月 24 日

问：我看您店里的货都是潮安产的（贴着潮安标签），不卖其他地方产的吗？

答：潮安的质量好，我们都卖潮安产的。

问：产自浙江、重庆的不好吗？

答：浙江货一般是塑胶类的，重庆的也有，但较少。潮安离得近，拿货快，一个电话要货，很快就送过来了。

问：拿货价格怎样？

答：价格较贵，但是畅销。销售时价格可以定高点。

问：您做出口生意吗？

答：不做，都是当地人买。

被访者 3：昆明新螺蛳湾杂货店老板，男，约 40 岁

访问者：王悦

时间：2013 年 8 月 25 日

问：您店里的货都是产自潮安的吗？

答：大多数是。潮安的比较畅销。

问：顾客会挑有"潮安产"标签的买吗？

答：当然，潮安的质量一般很好。回头客都买潮安货，潮安货要贵点，因拿货价高。

问：您做出口生意吗？

答：几年前做，现在不做了，都做当地人生意。

问：为什么不做出口生意了？

答：几年前有挺多缅甸人过来拿货，现在他们都不来了，而是直接向生产商拿货，之前我们也是从生产商订货再转给他们的，现在他们聪明啦。

问：这些电磁炉是产自哪里的？

答：产自哪里不知道，牌子是云南的，贴牌的，这些都是。

问：为什么卖贴牌产品？

答：总比卖杂牌的好，名牌进货太贵。

被访者4：昆明新螺蛳湾音响店老板，男，约45岁

访问者：王悦

时间：2013年8月25日

问：我看您招牌上写着"出口缅甸"，具体是什么情况呢？

答：我店里的很多货是出口缅甸的，看这些音响，都是他们常买的牌子。

问：这些货是哪个地方的牌子？

答：这是我自家的牌子。我这家店开了十几年，这些都是我的牌子，老顾客都知道。

问：您自家工厂生产的吗？

答：不是，我哪有这么大规模。这个牌子是我这家店的名字，我是叫别人生产，拿过来，贴上我自家的牌子，这个牌子可有名气了！

问：缅甸人怎么提货？

答：网上下订单。我把照片和信息给他，他看中了告诉我商品号、买多少，我直接发货就行了。

问：他们不需要先过来看货，确定一下质量吗？

答：质量不会有差别啊。一开始过来看，看好了下订单，熟悉之后就直接在网上下订单了。我家信誉很好的，放心。

问：近几年，出口销量有变化吗？

答：变少了。有些人直接从生产商拿货，好像还有一些生产商直接把工厂设到口岸附近。他们不用经过我们来拿货，现在我的顾客都是老顾客。

被访者5：昆明新螺蛳湾手机店老板，男，约20岁

访问者：崔嘉祺

时间：2013年8月25日

问：您店里的货是从哪里进的？

答：深圳。

问：为什么进深圳的货？

答：便宜，近啊。

问：这些牌子买的人多吗？

答：比较多。这么便宜的手机，一百多一个，随便什么牌子都可以，不是很重要。

问：您做出口生意吗？

答：想做却做不了。我的手机是中文，他们怎么看得懂？没人买啊。

被访者6：昆明新螺蛳湾家电商铺老板，女，约50岁
访问者：李雪琳
时间：2013年8月25日

问：您店里的货销量比较好的是哪几个牌子啊？
答：半球、皇冠、王牌。
问：您店里的货都是广东牌子吗？
答：不全是。我店里的货哪里的牌子都有，浙江的、广东的，很多的。
问：浙江货跟广东货有什么区别？
答：广东货跟浙江货的价格差不多，质量比浙江货好一点。
问：为什么不考虑进广东著名品牌如"美的"的货？
答：拿不了货啊。我们买浙江货、广东货，都是直接打电话向代理商拿货，美的这种牌子，我们这边没有代理商，它在这直接开专卖店了。
问：您做出口生意吗？
答：不做，没人向我们这种散店拿货的。他们都是直接向生产商或到大型店拿货。

深度访谈1
访谈对象：瑞丽市商务局副局长　金宇
访谈人：朱磊、王悦
访谈地点：云南瑞丽
访谈时间：2013年8月26日

朱：您能不能简要介绍一下目前瑞丽边贸的大概情况？
金：瑞丽目前在全省乃至全国是对缅甸最大的口岸，也是云南省的标杆陆路口岸。在口岸考核的四项指标——货运量、货值、人流量和车流量中，瑞丽在云南省都是排名第一，2012年对缅甸贸易货值达19.97亿（美元）。今年1月到7月的增长更为迅猛，货值接近16亿（美元），车运量127万吨。
朱：出口商品主要有哪些？
金：中国传统的商品，如机电、家电、建筑材料、化工、棉纺织、石蜡、摩托车、汽车等。汽车、摩托车去年出口64万辆，其中小卡车比较多。北京现代已准备在这边设厂。重庆云翔已经与瑞丽签署合作协议，年产100万辆

摩托车，10万辆内销，90万辆出口。通过缅甸的商品还辐射到南亚，如印度、孟加拉国，我们出口贸易顺差占了1/4左右。

朱：瑞丽口岸主要针对哪个国家或者地区？

金：瑞丽作为全国第一批开放口岸，主要贸易对象就是缅甸。经过多年的发展，目前在我国是重要的陆路口岸。关于瑞丽边境的建设主要有两点，一是打造成重要的国际陆路口岸，二是建立中缅经济文化交流中心。

王：针对瑞丽口岸，当前有什么特殊的政策吗？

金：瑞丽的边境贸易具有特殊性。这里的海关管理实行"境内关外"的特殊监管。2000年由国务院批准瑞丽建立姐告贸易区。这对瑞丽来说是比较有利的政策措施。出口货物超出了海关的监管范围，还未出境，就可以完全享受国家的税收补贴等政策。进口货物也是一样，入境未入关的商品是不用向海关申报的。一般的边境口岸只要一出海关就需要向第三方海防进行申报，对企业来说压力比较大。"境内关外"的政策对企业来说可以规避风险，比较有利。

王：刚才说到出口商品，那么近几年从瑞丽出口的商品类型有没有发生改变？

金：有一点。因为我们贸易的具体情况受缅甸政策的限制。举个例子，我们的摩托车出口增长如此快速，是因为缅甸境内放开市场，于是需求量马上增大。今年最突出的一点是高科技产品，如手机出口量增长很大。我们所有出口商品的变化是与缅甸市场需求的变化联系在一起的。以前，缅甸电力紧缺，没有通讯部，一部手机卖几万元人民币，一部被淘汰的80年代的工具车在缅甸都可以卖到几十万元人民币，其实那车已经基本报废了。现在缅甸市场越来越好，需求量肯定会很大。缅甸有接近600万人口，市场很大。属于很有发展潜力的国家。缅甸对境外投资的限制很大，前几年有出台《境外投资法》，这几年有企业尝试走进去，但是进不去，合作项目比较少。

王：缅甸政策经常变化吗？

金：这两年相对很稳定。以前口岸的生意很难做，现在缅甸的政策是"稳定地开放"，越来越开放。以前缅甸的口岸不受地方政府管辖，直接由缅甸商务部负责，地方政府管不了，现在有适当的放权。以前是商人没有说话权，都是政府说了算，现在都是商人掌握话语权。

王：重庆的摩托车在这里投资建厂，本省的或者其他省份的企业在瑞丽建厂多不多？

金：这个是商务部在管。重庆在这里投资建厂是重点项目，其他的（投资）肯定也很多，因为瑞丽现在是三大重点开发开放区之一。在中国通往印度洋的三条通道中，瑞丽是最经济、最安全的。明年年底一定要全部通车，省里下了命令。这个是杭瑞高速，目前还差 100 多公里就能竣工。

朱：昆明的货物运输在陆路上主要通过 320 国道，但 320 国道的建设并不完善？

金：瑞丽口岸的战略地位很重要，但目前云南省内除了迪庆以外，只有瑞丽没有高速公路。瑞丽最需要的是火车，我们设定的是以后火车出境后连接泛亚铁路西线。但目前有一个优势，我们在打造水陆联运大通道，这条线打通了，才是让瑞丽实现爆发式发展的关键点。

朱：云南跟缅甸有几个通关口岸？

金：云南省内的一类口岸有 11 个，二类口岸有 20 多个。

朱：瑞丽出口量所占的份额大概是多少？

金：瑞丽对缅甸贸易所占的份额大概是德宏州的 80%，占全省的 60% 以上，占全国的 20% 左右。

深度访谈 2
访谈对象：磨憨经济开发区党政综合办公室文秘　高娴
访谈人：王悦
访谈地点：磨憨经济开发区管委会
访谈时间：2013 年 8 月 30 日

王：您能否介绍一下磨憨经济开发区的基本情况？

高：磨憨位于云南省最南端，与老挝磨丁口岸接壤，是我国通向老挝重要的国家级口岸和通往东南亚最便捷的陆路通道。昆曼公路从这里通向老挝、泰国、越南、马来西亚等国家。磨憨距离景洪 181 公里、昆明市 701 公里、距老挝南塔 62 公里、琅勃拉邦 285 公里、万象 680 公里，距泰国清孔口岸 228 公里、"金三角" 283 公里、曼谷 1 098 公里，经老挝乌多姆赛省向东 216 公里可到达越南奠边府。区位优势十分突出，是我省建设的"桥头堡"、前沿阵地。

磨憨口岸在 1992 年 3 月被国务院批准为国家一类口岸，在 1993 年 12 月中老两国正式开通磨憨—磨丁国际口岸。云南西双版纳磨憨经济开发区成立于 2006 年 9 月，原称为磨憨边境贸易区（2001 年 5 月根据省政府姐告现场办公会精神挂牌设立）。2007 年 11 月和 2011 年 6 月，曾两次对磨憨经济开发区的管理区划进行调整，磨憨镇划归开发区管理后，辖区总面积 755 平方公里，总人口近 3 万。

目前，磨憨经济开发区是西双版纳州委、州政府正处级派出机构，行使的是县级经济管理权限和部分州级审批权限，实行三块牌子（云南西双版纳磨憨经济开发区、磨憨边境贸易区、磨憨进出口贸易加工园区）、一套人马管理。

王：磨憨的发展情况怎么样？

高：中国磨憨—老挝磨丁为国家批准的云南省三个跨境经济合作区之一。去年4月份，省委秦光荣书记视察时指出要把磨憨建设成为昆曼国际大通道战略中的重要口岸、中国面向西南开放的重要门户、中老战略友好合作先行区。今年，省委、省政府提出率先推进中老跨境经济合作区，8月5日下发了《云南省人民政府支持西双版纳州磨憨跨境经济合作区建设的若干政策》，从财税、投融资、产业、土地、公共服务、行政管理及人才机制建设等方面支持磨憨跨境经济合作区的发展。另外，我州民营企业获得老挝磨丁经济专区的经营权，更加有利于跨境经济合作区的快速推进。

王：磨憨经济开发区的建设如何？

高：小磨公路已建成通车，昆曼公路也已全线贯通，这都极大地促进了磨憨的对外贸易。2012年，磨憨口岸流量增幅在全省20个口岸中排名第一，已成为全省20个口岸中第二大贸易口岸。现在国家批准磨憨享有第三国人员落地签证权，开通了西双版纳至老挝琅勃拉邦边境旅游环线，也促进了当地旅游业的发展。

我们将拓宽园区发展空间，磨憨镇划归园区后的规划面积增加至755平方公里，在勐腊县勐满镇建设磨憨进出口加工园区勐满工业园。未来几年还将建设物流、商贸、加工等基地，努力把磨憨建成云南"桥头堡"和前沿阵地。

深度访谈3
访谈对象：佛山籍红木家具商人　邓志文
访谈人：邹倩
访谈地点：云南瑞丽
访谈时间：2013年8月27日

邹：请介绍一下当前红木家具的生产现状。

邓：瑞丽的红木产业发展前景还是不错的，我们从缅甸、老挝这些地方进口原材料，在瑞丽这边加工，再卖出去。

邹：在瑞丽，从事红木家具行业的人多吗？红木行业发达吗？

答：从事这一行的人不少，主要是浙江、福建人，广东人比较少，做得规模最大的是浙江人。红木行业在瑞丽的发展前景不错，有能力的师傅，都被挖走了，我给一个师傅开了500元一天的工资，可他还是走了。我这里的一个普通文员的月工资都有4 000元左右。

邹：请谈谈瑞丽的红木行业对边贸的影响。

邓：在边贸中，红木行业主要体现在原材料上。我们的原材料大部分都是从缅甸、老挝这些国家进口的，然后在瑞丽加工，再销售到内地。我们的客户有上海的、北京的等等，他们都来瑞丽，挑红木家具。

邹：红木家具的生产过程是怎样的？

邓：目前家具的设计图纸仍为人工手绘，相对来说比较落后。红木家具制作采用中国传统卯榫工艺，厂内木匠各司其职。一般制作过程是，先由设计师完成设计图纸，写出"开料单"，工匠凭借开料单选择合适木材，也就是"开料"过程。开料后制作印模，可凭借印模进行批量化生产。

邹：这样一个生产过程，主要的局限性在哪里？

邓：目前生产过程的主要关卡在于"画图"，设计师画一张图可能需要八个小时，耗时长并且保存性差。几个月后再翻出来图纸就很难看清楚了。这样的话，我们生产的规模就会受到限制。目前需要改善这种生产模式，至于方法仍在探索中。

邹：您认为理想的生产状态是什么？

邓：希望能用到先进的计算机技术，将传统家具的图纸数据化，永久保存起来，这样就能无限复制，做家具时就不会受到工匠设计能力水平的制约，产量才能上去。我很希望能做到这一点，成为红木产业的第一。

邹：您厂里的工人都来自哪里？

邓：我厂里的工人哪里的都有。有瑞丽本地的，有我从广东带过来的，有些师傅是福建的，还有的工人是缅甸的。

邹：为何聘用缅甸工人？

邓：缅甸工人的工资低，比中国工人低很多。但是缅甸工人的工作态度比较懒散。

邹：最近有什么加强边境与家乡经贸联系的举动吗？

答：有的。我前几天刚回了一趟佛山，瑞丽的领导班子也去了，目的就是为了招商引资，让佛山的商人到瑞丽来，并吸取佛山发展经济的经验。

邹：您对瑞丽经济发展的印象是什么？

邓：我在瑞丽待了20年，可以说我见证了瑞丽的发展。20年前我来的时候瑞丽一穷二白，现在瑞丽充满活力，真是天翻地覆！

深度访谈4

访谈对象：出租车司机

访谈人：王悦

访谈地点：自芒市往瑞丽途中，第一辆出租车上

访谈时间：2013 年 8 月 26 日

问：往瑞丽的路，不好开啊？

答：是啊！路很糟糕！高速还在修，修了很多年都没修好。

问：没有高速公路，对瑞丽发展是不是有很大影响？

答：瑞丽虽有很多国家一级口岸，却没有高速。这条国道就是瑞丽和外界唯一的通道。缅甸产玉石，这些玉石经过瑞丽再销往全国各地。向缅甸出口的货物也很多，每天这么多车，全国各地的车都有，都走这条国道、这条山路，没有高速对瑞丽的发展影响很大。

问：瑞丽有哪些行业比较兴盛啊？

答：第一个肯定是玉石，就是翡翠，还有红木家具。有代表性的就这两个。

问：瑞丽的翡翠很有名吧？不知道质量怎么样？

答：有名！瑞丽虽然不产玉石，但是缅甸产。缅甸的玉石都在瑞丽加工，再销往全国。你说对瑞丽影响大不大？翡翠分 A、B、C 货，真玉石是 A 货，B 货就是有真玉石也有假的成分在里头，C 货就是人工玉石。你们要买就买 A 货。瑞丽的翡翠，和内地相比，少了中间价，还是很值得买的。

问：瑞丽的旅游业怎么样？

答：旅游业一般般，和（西双）版纳不能比。因为瑞丽还没有开发这方面的资源，而且你也看到了，交通就靠一条国道，没有高速。到瑞丽做生意的人比较多，买翡翠、家具的人比较多。

问：在瑞丽广东的商品多不多？

答：和其他地方没有什么差别吧。

问：广东的企业或者商人多吗？

答：多。广东人在瑞丽几乎都是做红木家具、玉石雕刻生意。

问：中国货出口到缅甸，受不受欢迎啊？

答：缅甸人穷，买不起好的东西。所以中国的东西出口到那边的，都是比较差的东西，很便宜，便宜就有市场！

问：政府有说高速公路什么时候修好吗？

答：政府说今年会修好，但我看没那么容易！这条国道，塌方很多，这边的地质太复杂了，修条路不像内地那么简单。

问：瑞丽人的生活条件怎样？

答：还是很不错的。老板很多，都是做翡翠、红木生意的，收入肯定比较高啦！

深度访谈5

访谈对象：出租车司机

访谈人：崔嘉祺

访谈地点：自芒市往瑞丽途中，第二辆出租车上

访谈时间：2013年8月26日

问：来德宏做生意的外地人多吗？

答：多，广东过来的也多。广东商人多做手艺活，如石雕、玉雕、木材。广东人开饭店的也很多。他们爱吃水果蔬菜、野味，像熊掌、眼镜蛇、野猪肉之类。外地人开的车大多是好车。

问：缅甸的情况怎么样？

答：滇缅公路就在我们头顶的山上（芒市往瑞丽途中），相较而言，缅甸更加繁华。缅甸国内的路多为私人修建，然后进行收费，因此滇缅公路更繁华。像路上卖西瓜、菠萝，大都是缅甸过来的，一斤六七块。

问：瑞丽对缅甸的出口情况怎么样？

答：缅甸境内不稳定，跟他们做生意也不稳定。缅甸有一些军阀小头目，华人华侨比较有钱。缅甸的经济很落后，以前缅甸人买个手机要上万元，现在华为在缅甸做得不错。

问：芒市和瑞丽现在发展得怎么样？

答：发展挺快的，房价的话还是瑞丽更高。德宏景成集团的老板是景颇族的，是云南第一个买劳斯莱斯的，也是第一个买私人飞机的老板。

问：芒市到瑞丽的交通状况似乎不太好？

答：这里前几天还封路，因为出现泥石流。这里附近在修高速公路，起点是上海，终点是姐告。上海至昆明段为G60沪昆高速（2 730km），昆明至瑞丽为G56杭瑞高速（杭州—瑞丽）中的一段，目前龙陵至瑞丽段还在建设中。

深度访谈6

访谈对象：出租车司机

访谈人：张培超

访谈地点：广西南宁

访谈时间：2013 年 9 月 3 日

问：师傅，这几天在实行交通管制吗？

答：是，管制。堵啊，不敢走那边。你看上面，直升机（直升机在天空盘旋）！

问：为什么要管制呢？

答：东盟博览会啊，每年都是这样的。

问：这边（博览中心附近）的楼都很新呀，南宁有老城区吗？

答：你们要去的地方（指火车站附近），那一片就是老城区！以前南宁的城区很小，由几条主干道围起来那么大。以前有句话说，打的，绕南宁的市区走一圈就 20 块。你看现在 20 块在南宁能走多远？（笑）

问：走一圈 20 块？什么时候的事？

答：我刚来的时候，90 年代初。我一来这边就开出租车，一直到现在。刚来时这边什么都没有，这条路当时还是土路，2004 年左右才修好，成了柏油路。

问：南宁发展很快啊！靠的什么呀？

答：一个是旅游。南宁旅游还行，前几年联合国还颁了一个什么奖。还有房地产，哪里都一样，都靠这个对吧。另外，东盟博览会吸引了很多外资。

问：广西的外贸很繁荣吧？

答：广西和越南接壤。以前有个口岸叫友谊关，不知你们听过吗？现在友谊关成景点了。凭祥市负责两个国家间的往来。全国各地运货物去越南的车，就从凭祥出去。越南穷点，但是比缅甸好。越南也是社会主义国家，比较稳定。

问：那都出口什么货物？广东货多不多？

答：出口货物的种类很多，如机器，那边的技术差点。广东货有家电。

问：在这边做生意，特别是外贸，广东的企业多不多？

答：不太清楚。广东老板好像有一些。因广西和广东语言相通，都说白话。

问：中国和越南在经贸上的关系怎样？

答：这几年比较稳定，都做生意。

问：从越南进口的商品主要是什么？

答：主要是原材料，还有小商品，越南的拖鞋很有名，（笑）还有咖啡豆、饼干、水果。

调查感言

无疑，这十天的旅程是难忘的。

边陲热带风光以及异国风土人情给这次旅程增添几分神秘色彩。这里依旧欠缺开发，带点地方主义，但商机无限、生气勃勃，满足了旅人对边境的一切幻想。同时，随着东盟自贸区的启动与发展，这里逐渐成为商人的投资热土。外地商人的热忱冲击着"有点缓慢"的边境城市，推动着边境经济。

也许在不久的将来，我们曾踏过的土地、采访过的商业街会进驻更强的品牌，出现更繁华的地标。这里政策更加开放，蕴含着无限的发展潜力，只等有魄力的人来开发。

——崔嘉祺

本次活动走访了滇桂两省，在中国边境零距离观察与缅甸、老挝、越南三国的贸易情况，总行程五万多公里。途中遇到各种困难，人生地不熟、水土不服、舟车劳顿、采访被拒、现场调研没获得预期结果等不如人意之事，更让我们深深体会到调研之辛苦。

感谢学院给了我们这次机会可以走出去，看到更广阔的世界，从不同的角度，真正地做了一次深度调研。

通过实地调研，与各口岸相关人员深度访谈后，对东盟成员国老挝、越南、缅甸在中国边境贸易的情况有了更深的了解，同时意识到本次调研活动的必要性。只有真真正正踏在那片土地上，通过眼睛去看，与第一现场的人沟通，亲身去感受，才能确立调研结果，深度挖掘，而非在教室里。

——邹倩

这次调研很有价值。不但结识了五位志同道合的小伙伴，还留下了一段无与伦比的经历。我们横跨云南和广西，体验了缅甸、老挝、越南边境的风土人情，各有特点的异国文化让我们更深入地了解不同国境的边境贸易情况。更重要的是，我们了解到中国品牌在边境贸易中的品牌意识并不强，更不用提广货。所以广货要想在境内外打响品牌，任重而道远。回想起来，印象最深的还是 24 小时的长途车，像赶鸭子一样的吃饭时间，想上厕所时的无助。无论如何，我们都熬过来了，带着经历与回忆，还有友谊。

——李雪琳

一路上，我们见识了不少平日里难得一见的场景，比如"长相各异"的缅甸香烟。

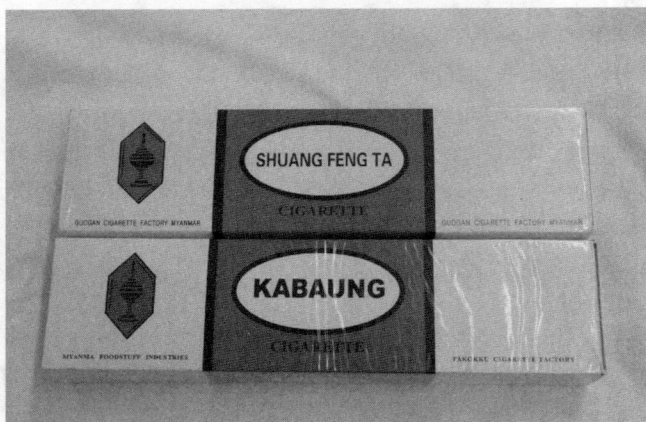

"不一样"的缅甸香烟

一路上，我们也见识了不同的面孔：有辛苦创业二十载的异乡人邓志文，远在家乡万里之外，秉承广东商人的拼搏本色创下一片天；有热情好客的壮族同胞，一顿酒席上劝客人们饮下24瓶酒；有私越国境线强行乞讨的缅甸小孩，让远道而来的广东女生们顿时失色……

我们也在一路的磕磕碰碰中获得成长。一行人中，不少人是第一次坐卧铺火车，第一次坐21个小时的大巴，第一次为自己规划行程，第一次到国境线上。

一行人走过了5个口岸，一路上零距离观察了中国与缅甸、老挝和越南的民间边境贸易现状，更收获了不少思考。

——张培超

云南、广西的边境地区风景很美，有着跟繁忙的广州完全不同的安静和悠闲。这里的人都很淳朴，正因如此，所谓的名牌到了这里普遍辨识度很低，冒牌货、贴牌货比比皆是。这也跟当地的经济发展水平密切相关，这里地处边境，且东南亚与我国相邻的大部分国家发展比较缓慢。所以，这里还有很大的发展空间，等待着政策的眷顾和开发。

还记得在瑞丽口岸的时候，有一位当地的领导跟我们分享当年他刚到瑞丽时的感受。"泱泱大国，到这里就过不去了。"那位领导感叹道。听到他这样的感叹，我更能够感受到我国疆土的辽阔了。我们跋涉千里，才终于来到这里，与邻国相望。我国国土辽阔，还有许多像瑞丽、凭祥这样的边境地区在等待开发和利用。

——郑仰芝

组长手记

花费十天时间、历经千里行程，"边贸万里行南线组"七人团队，途经两大省（云南、广西）、三邻国（缅甸、老挝、越南）、四个国家级口岸（瑞丽、打洛、磨憨、友谊关），并且参加第十届中国南宁"东盟博览会"，可谓是"走过边贸之路，领略异国风情，感悟千百年中国品牌（制造）辐射东盟的厚重历史"。

越南、老挝、缅甸是与我国紧密接壤的重要邻国，探寻其近百年来与中国的边贸往来和中国品牌对东盟各国的强大辐射力，是南线组此行的重要目的。实地调研、多方求证、深度走访、切身感受发生在国境线两侧的边贸往来现状，使得南线组在本次"边贸万里行"中收获颇丰。

距离南线组调研结束，转眼快两个月了。汇总资料、整理报告、筹备演讲、上台展示，一切进展顺利，并广受好评。回首这一程的付出与收获，全队六人深刻体悟到这是一次圆满而不留遗憾的调研之旅。所谓最完美的"旅行"并非说走就走，而是说到做到。

我一直好奇是怎样的际遇，让我们能够在"边贸万里行"的团队里相识相知，这让我在回来后的这么多天里时刻难以忘怀，却也百思不得其解。我作为一名"奔三"的研究生，能与五位优秀而且智慧的师弟师妹同行，是缘分，是无可替代的友情；能成为总负责朱磊老师队中的一员，更让我收获颇丰，是幸运，亦是荣幸。

最后，要感谢学院领导和老师给予我们此次宝贵的锻炼机会，在实践中发现真知，在行走中感悟真实，在相识中体会真情，这正是理想的教学实践，是先进教学模式的一次成功探索，愿我们此行所得能给予后来人启迪与发现。

——王悦

西藏篇

摘要

随着广东产业结构不断优化升级，广货的内涵也不断演变，并且随着2009年4月6日"广东产品全国行"系列活动首站在西安的举办，"广货全国行"正式启动。

近年来西藏经济实现跨越式发展，居民消费水平得到极大提高，作为我国的边境省份，其边贸的发展也引人注目。此次调研主要是基于广东省大力推广"广货全国行"的背景，通过对西藏地区以及西藏边境贸易的调查，了解西藏消费市场、对外贸易的基本情况，西藏地区消费者的品牌意识、网购习惯，消费者和经销商对广货的印象，并为广货品牌进入西藏地区，在西藏地区更好拓宽销售渠道，以及提高广货品牌在西藏地区及对外贸易中的影响力和地位提出意见和建议。

本篇分为四大部分，第一部分为调研背景，介绍西藏经济快速发展和居民消费水平不断提高的现状，为广货进入西藏和西藏边境贸易提供了很多机遇；第二部分为西藏地区消费者和经销商情况的调查；第三部分为以樟木口岸为例对西藏边境贸易的调查；第四部分为调查结果以及对广货在西藏地区和西藏边境贸易中的发展提出的意见和建议。本次调研通过问卷及访谈收集数据，用统计软件进行分析，调研结果分为消费者、经销商及边境贸易三部分，分析了西藏地区消费者的品牌意识、网购习惯及对广货的态度，从经销商角度分析了广货在西藏地区的发展和地位，还分析了在西藏地区及边境贸易中广货的总体情况。最后根据分析结果对广货品牌在西藏地区及边境贸易中的发展提出了策略和建议。

关键词： 广货　西藏地区　品牌　调研

西藏篇　目录
CONTENTS

◇广货：西藏地区经济快速发展的"助推器"◇

一、西藏：跨越式发展　高品质消费 …………………………… 216
（一）经济总量不断提高，增长率排名靠前 …………………… 216
（二）居民消费水平得到极大提升 ……………………………… 217

二、广货与西藏对外贸易 ………………………………………… 218
（一）西藏发展边境贸易的区位优势和历史 …………………… 218
（二）对外贸易是西藏经济发展的重要组成部分 ……………… 219
（三）中尼经贸洽谈会 …………………………………………… 222

◇西藏地区广货消费现状扫描◇

一、调研概述 ……………………………………………………… 223
（一）调研目的 …………………………………………………… 223
（二）调研对象及调研地点选择 ………………………………… 223
　　1. 调研对象 ………………………………………………… 223
　　2. 调研地点 ………………………………………………… 225
（三）调研方法及数据处理 ……………………………………… 226
　　1. 调研方法 ………………………………………………… 226
　　2. 数据处理 ………………………………………………… 227

二、消费者的广货意识 …………………………………………… 227
（一）品牌意识及调研产品分类 ………………………………… 227
　　1. 品牌意识 ………………………………………………… 227
　　2. 调研产品类别及分类依据 ……………………………… 228
　　3. 消费者调研假设 ………………………………………… 230

（二）西藏地区消费者品牌意识调研结果及分析 ················ 230

    1. 西藏地区消费者整体品牌意识不强，民族与对品牌的态度
       显著相关 ··· 230

    2. 随着产品技术含量的增加，消费者对品牌的关注程度越来越高
       ··· 233

    3. 饮料品牌在西藏地区品牌知名度高，低卷入度—感觉型产品
       认牌购买倾向与学历显著相关 ····················· 234

    4. 牙膏品牌的回忆较为集中，年龄和学历与低卷入度—思考型
       产品认牌购买倾向显著相关 ······················· 235

    5. 高卷入度—感觉型产品认牌购买倾向普通较高，运动鞋品牌
       平均回忆个数较多 ······························· 236

    6. 性别和学历与高卷入度—思考型产品认牌购买倾向有显著
       差异，回忆手机品牌相对集中 ····················· 237

三、消费者接触广货的渠道 ······························· 238

四、消费者网购广货的经验 ······························· 239

  （一）网购比例大，但网购品类相对单一，电子商务市场空间大 ····· 239

  （二）西藏地区消费者网购原因 ························· 240

五、消费者对广货的态度 ································· 241

六、经销商对广货的认知、评价和经营行为 ················ 242

  （一）广货无处不在，并获六成经销商认可 ·············· 242

  （二）山寨当道，假货比正品更畅销 ···················· 243

  （三）小型经销商进货时重点考虑价格和质量 ············ 243

  （四）部分经销商会网上订货，对广告的作用不看好 ········ 244

——◇樟木口岸——西藏边贸的缩影◇——

一、樟木：国家一类陆路通商口岸 ······················· 247

二、樟木边民互市的萧条与边境贸易的繁荣 ················ 248

（一）聂拉木边境贸易市场日渐萧条，广货品牌多"杂牌" ········ 248

（二）边境进出口贸易额不断上涨，广货出口多小商品品牌 ········ 249

三、樟木口岸的职能转变与广货面临的挑战 ·················· 250

——◇探寻广货品牌在西藏地区及边境贸易中的未来◇——

一、本地化：与西藏地区文化相结合 ·················· 252

二、品牌化：从区域性综合产品概念转变为区域性企业品牌的集合体 ··· 253

三、电商化：加快电子商务推广，建设完善的物流服务 ·················· 253

四、渠道优化：寻求产销网络的优化，积极参与商品交易会 ·········· 254

采访实录 ·················· 256
调查感言 ·················· 258
组长手记 ·················· 259

广货：西藏地区经济快速发展的"助推器"

西藏线作为此次边贸调查的一条特殊线路，有着特殊的意义。调研小组在前期及中期调查过程中针对西藏地区展开了因地制宜的计划安排。与其他线路不同，西藏线调研分为两个部分，一是西藏地区消费者和经销商对品牌和广货的认知情况调查；二是边境贸易中广货的情况调查。本文作为开篇主要论述了在"广货全国行"下开展西藏地区调研的背景因素，并开启了其后的关于西藏地区消费者、经销商、樟木口岸调查的详细报告。

一、西藏：跨越式发展　高品质消费

（一）经济总量不断提高，增长率排名靠前

改革开放，特别是西部大开发以来，西藏经济呈现快速发展的势头。2013 年上半年西藏全区生产总值为 329.59 亿元，增长 12%，在西部 12 省（区、市）中位列第四[①]。

2006 至 2010 年四年间，西藏地区的国内生产总值翻了近一番。2009 年，西藏国内生产总值达到 441 亿元人民币，是 2005 年的 1.8 倍，年平均增长率达到 12.4%。2011 年西藏自治区全年地区生产总值为 605 亿元，增长 12.6%。2012 年 GDP 总量为 695.58 亿元，较 2011 年增长 14.81%，在全国排名第四[②]。

从数据上看，西藏经济一直在持续快速发展，这促进了西藏地区人民生活水平的提高，给广货进入西藏地区提供了机会和动力。

---

① 人民网，http://xz.people.com.cn/n/2013/0913/c138901-19516946.html，2013 年 9 月 13 日。
② 根据国家统计局数据库资料整理。

（二）居民消费水平得到极大提升

消费一直是拉动经济增长非常重要的一驾马车。经济的发展提高了居民的消费水平，居民的消费又拉动了经济的进一步增长。2013 年上半年，全区累计实现社会消费品零售总额 130.92 亿元，同比增长 14.9%①。居民消费价格指数同比上涨 2.9%。其中，城市上涨 3%，农村上涨 2.9%。

旅游业的蓬勃发展，不仅带动了当地居民收入的增长，加快了当地经济的发展，也为广货进入西藏地区发展提供了空间。西藏游客和当地居民越来越追求高品质的生活和消费品。到过西藏拉萨的人都会惊喜地发现，这里已不像从前那样闭塞落后，而处处是人流涌动的商场、超市。拉萨百货、百益超市、乐百隆广场、八廓街商贸街等多个主体商业繁华区在流通服务行业上发挥着各自的作用。近年来，国家出台了一系列扩大内需的政策措施，西藏自治区积极推进城乡市场体系建设，现代流通体系初步建成，城乡消费快速增长，年均增速一直以两位数呈现。② 如今，随着 6 080 个农家店，93 个商店配送中心和 35 个乡镇商贸中心的新建或改造，西藏自治区农家店在县、乡、村的覆盖率分别达到 100%、87%、69%。拉萨、山南、阿里三地率先实现农家店县乡村三级全覆盖③。

第三产业在西藏 GDP 中的比重一直处于上升趋势。④ 2002 年突破 50%后，2003 年达到 51%，2005 年达到 57%。西藏第三产业中的旅游、通讯、邮电、现代商业等行业发展迅猛。据西藏自治区发展和改革委员会统计，2005 年，西藏第三产业实现增加值 142.5 亿元，比上年增长 14.2%。2013 年西藏自治区第三产业比重达 53.70%。西藏独特而神秘的自然资源和人文资源，吸引着众多海内外游客的眼球。如今，随着交通、通讯等基础设施的进一步完善，旅游业成为西藏第三产业中发展最快的产业之一。据西藏自治区统计局的数字显示，2002 年至 2006 年西藏自治区社会消费品零售总额增长幅度连续攀升，年分别增长 8.8%、9.2%、9.3%、15.7%、22.7%，整个消费品市场货源充足，有效供给不断增加，商品质量不断提高，满足了城乡居民不同消

---

① 中华人民共和国商务部驻成都特派员办事处网站。

② 中国经济网，http://district. ce. cn/newarea/roll/201309/16/t20130916_1507633. shtml，2013 年 9 月 16 日。

③ 《西藏消费市场发展扫描：开农家店补贴 1 万元》，中国西藏新闻网，http://www. chinatibetnews. com/news/2013/0915/1301490. shtml。

④ 新华网，http://www. xinhuanet. com/chinanews/2006 - 01/17/content_ 6067648. htm，2006 年 1 月 17 日。

费层次的需求。第三产业所创增加值已占经济总量的一半以上，西藏的产业结构再度提升，形成"三二一"的产业结构，并一直保持这样的格局，地方经济的发展已步入健康发展的轨道①。

二、广货与西藏对外贸易

（一）西藏发展边境贸易的区位优势和历史

西藏自治区位于中国西南边疆地区，有 22 个边境县，分别与缅甸、印度、不丹、尼泊尔等 5 个国家及克什米尔地区接壤。中国的内陆边境线有 4 000 多公里在西藏境内②。西藏发展对外经济贸易有着悠久的历史，历史上南亚各国来西藏经商的人数也十分可观。直至 20 世纪 50 年代，西藏的尼泊尔、印度商人约 828 户，占西藏商户总数的四分之一强。

边境贸易是西藏对外贸易中最古老的形式。历史上形成的较大的口岸和边境贸易市场有 27 个，还有 200 多个民间贸易互市点。边境地带的民间贸易，主要是边民之间互通有无及边境小商贩之间的交易。西藏边境贸易在 20 世纪 80 年代以后，有了较快发展。随着边境地区实施更加开放的政策，樟木、吉隆、定日、普兰、达隆、亚玛荣、亚东等传统口岸进一步焕发了活力，一批季节性边民互市点也发挥了搞活边境贸易的作用，边民互市逐渐成为西藏边境贸易的主要组成部分。1985 年，边民互市贸易额为 2 400 万元（人民币，下同），1986 年边民互市贸易额增加到 6 000 万元，大大超过国营边境进出口贸易额（2 876 万元）。而且，仅边境进出口贸易额便占了西藏全部进出口贸易额的一半以上③。

20 世纪 90 年代，西藏边境贸易更上一个台阶。1992 年 7 月，亚玛荣口岸举办交易会，受到国内外客商的广泛关注，共开辟交易摊位 600 多个；紧接着 8 月份，浪卡子县举办了首届边境贸易会，一时边境贸易成为西藏经济发展和扩大开放的热点。当年西藏边境贸易总额达到 3 亿多元。与边民互市迅速发展的形势相呼应，边境地方贸易也获得较快发展，据外贸部门统计，

---

① 王文长：《西藏经济》，北京：五洲传播出版社 2005 年版。
② 《日益发展的对外贸易》，中国西藏网——西藏百科，http：//www. tibet. cn/xzbk/xzjj/djtsdmy/201206/t20120611_1751870. html。
③ 《日益发展的对外贸易》，中国西藏网——西藏百科，http：//www. tibet. cn/xzbk/xzjj/djtsdmy/201206/t20120611_1751870. html。

西藏边境进出口贸易总额，1992 年为 5 829 万元，1993 年为 7 760 万元，1994 年达到 10.5 亿元，创下西藏边境进出口贸易总额的年度最高纪录，此后虽有回落，但 1996 年也达到 9 715 万元。

西藏边贸的出口商品主要有布料、棉制品、日用陶瓷制品、日用工业品、胶鞋、大头鞋、活畜、羊毛、皮张、盐巴等，进口商品主要有大米、食油、红糖、烟叶、布、染料、马鞍、首饰、日用品、手表等。具体到不同国家，进出口商品结构也有所不同。总体原则是"经济互补、互通有无"。

（二）对外贸易是西藏经济发展的重要组成部分

我国是一个幅员辽阔的国家，有着漫长的陆地边境线。据统计，我国与邻国有着 2.2 万多公里的陆地边界，而民族地区的国境线就有 1.9 万公里，民族地区的边境贸易占了我国边境贸易的大多数。同时，边境贸易是促进民族地区经济发展的重要途径。从 20 世纪 80 年代开始，我国实施了沿边开放政策，民族地区的边境贸易得以迅速发展，成为民族经济的重要组成部分①。在研究其他民族地区的问题时，对于边境贸易的考查和研究是不可忽视的组成部分。

中国西藏实控边境线为 3 800 多公里，分布 312 条对外通道，其中常年性通道 44 条，季节性通道 268 条②。就南亚两国来说，中尼边界线长 1 415 公里，通道 184 条；中印边界线长 2 000 公里，通道 105 条（包括锡金邦 8 条、克什米尔地区 12 条）；中国不实控边境线长 600 公里，通道 18 条。长期以来，各国边民间进行着"互通有无，调剂余缺"的互市贸易。截至目前，西藏自治区在边界地区共有面向南亚两国的 27 个边贸市场和 4 个边境口岸（其中普兰县的"唐坎市场"为中、尼、印三边市场），初步形成了以樟木、普兰、亚东为重点的边贸格局③。目前，据统计边境贸易已成为西藏对外贸易中一个极其重要的组成部分，是西藏对外贸易中的一个新的增长点。所以，边境贸易的发展不仅能够推动西藏经济的发展，促进农牧业结构的调整，而且还能促进特色经济的开发，激活农牧区市场，增加农牧民收入。

边境贸易的发展是西藏市场发育的重要组成部分。边境贸易市场成为边

---

① 中国西藏信息中心，http：//www. tibet. cn/info/people/t20050228_ 11743. htm，2002 年 6 月 28 日。

② 刘再营：《西藏边境贸易的优势、问题及对策》，《西安社会科学》2011 年第 6 期。

③ 李涛、王新有：《中国西藏与南亚邻国间的边贸研究：现状、问题与前景》，《南亚研究季刊》2011 年第 2 期。

境地区经济消除封闭状态、发展市场经济、带动产业结构调整的重要力量，有效地改善了边境国家双边的贸易环境，疏通了贸易渠道。边境贸易的发展，也促使边境地区农牧民走出自给自足的藩篱，增强商品意识和市场观念，使传统的自给自足的家庭农牧业逐步转化为以交换—出售—盈利为目的的商品化农牧业，开辟了增加家庭经济收入的新途径。在边境贸易的发展过程中，非农产业也获得了相应发展，工业、交通、建筑、服务等第二、第三产业的综合发展，成为边境地区经济结构的基本特点，一些传统民族手工业也重新焕发了生机和活力，边民的基本生活需求不仅通过边境贸易得到解决，而且收入水平也迅速提高，生活质量得到有效的改善。从樟木口岸立新村的夏尔巴人到普兰、仲巴、吉隆等边境互市点的农牧民，都直接体验到边境贸易带来的利益。

表1 西藏边境贸易口岸、市场分布情况

地区	陆路边贸口岸	边贸市场		
		印度	尼泊尔	不丹
阿里	普兰口岸	日土县3个 普兰县1个 噶尔县1个	普兰县3个	
日喀则	樟木口岸 吉隆口岸 日屋口岸 亚东口岸	亚东县3个 岗巴县1个	仲巴县4个 萨嘎县1个 吉隆县3个 定日县3个 定结县2个 聂拉木县2个	亚东县1个

资料来源：李涛、王新有：《中国西藏与南亚邻国间的边贸研究：现状、问题与前景》，《南亚研究季刊》2011年第2期。

表2 西藏自治区边境贸易情况表

单位：万美元

年份	边境进出口总额	出口总额	进口总额
2001	8 111	7 612	499
2002	6 141	5 658	483
2003	7 757	7 241	516

（续上表）

年份	边境进出口总额	出口总额	进口总额
2004	9 052	8 563	489
2005	12 220	11 581	639
2006	17 618	17 158	460
2007	24 892	24 585	307
2008	23 949	23 675	274
2009	24 878	24 526	352
2010	50 055	49 765	290
2011	93 033	92 420	613

资料来源：西藏自治区统计局、国家统计局西藏调查总队编：《西藏统计年鉴（2012）》，北京：中国统计出版社 2012 年版。

西藏边贸已从"互通有无，调剂余缺"的边民互市贸易逐步发展成个人、集体乃至国家间大型经贸合作的多层次的"兴边富民"边贸格局，成为自治区的一项支柱产业。

在此基础上，西藏边贸取得了较大进展。1990 年西藏的边贸额为 4 026 万元人民币，是 1978 年的 6.7 倍，"九五"期间边境贸易进出口额达到 2.35 亿美元，比"八五"期间增长了 3 倍。2000、2006 和 2007 年的边贸额同比增长均高达 40% 以上，2009 年达到 40 202 万美元，是 2000 年的 3 倍多①。2010 年前两季度，西藏边境小额贸易额达到 3.1 亿美元（其中进口 221.1 万美元，出口 30 709.9 万美元），同比增长 101.6%，占全区外贸进出口总值的 62%。据拉萨海关统计，② 2012 年，西藏外贸进出口总值突破 30 亿美元大关，达 34.24 亿美元，与 2011 年相比增长 152.02%，高出全国增长水平 145 个百分点，创历史新高，增幅居全国第一。

2013 年上半年，西藏自治区外贸进出口总值达到 17.33 亿美元，比去年同期增长 70.58%③。主要出口商品为日用小百货和各类纺织品，主要出口口岸为广东省境内各沿海口岸和西藏自治区内樟木口岸；主要进口商品为飞机、

---

① 卢颖：《发展中的西藏边境贸易——西藏边贸局长边巴访谈录》，2002 年 6 月 28 日。

② 中国西藏新闻网，http://www.tibetol.cn/html/2013/xizangyaowen_0226/30.html，2013 年 2 月 26 日。

③ 中国西藏网，http://info.tibet.cn/news/xzxw/shjj/201308/t20130806_1916081.htm，2013 年 8 月 6 日。

铜佛、装订器等，主要进口口岸为天津口岸和樟木口岸。随着中国西藏—尼泊尔交通运输、物流仓储能力的提升和贸易条件的持续改善，以及在世界经济缓慢复苏的大背景下，我国出口企业拓展南亚市场的力度不断加大，西藏边境小额贸易一直保持比较稳定的良性增长态势。

（三）中尼经贸洽谈会

创办于 1985 年的中国西藏—尼泊尔经贸洽谈会是西藏与尼泊尔之间最重要的经贸交往活动之一，每两年一届，在西藏和尼泊尔轮换举办，至今已成功举办了 13 届。洽谈会已从单纯的经贸合作拓展到文化交流、经济论坛、旅游推介等多个领域。

经过中尼双方工商界的共同努力，第十四届中尼经贸洽谈会实现商品销售额约 1 000 万元人民币，较 2009 年实现净增长 300%；达成进出口贸易合同和意向协议金额达 3 893 万美元，较 2009 年实现净增长 86.54%；签订经济合作项目合同 16 份，签约金额达 2 800 万美元，较 2009 年实现净增长 75.99%[①]。其中日喀则地区参展企业实现销售额约 175 万元人民币，达成进出口贸易合同和意向协议金额达 2 270 万美元。

---

① 中国西藏网，http://www.tibet.cn/news/xzzw/shjj/201309/t20130910_1928669.htm，2013 年 9 月 10 日。

西藏地区广货消费现状扫描

本文着重阐述西藏地区广货的消费现状，分两个部分：消费者和经销商。消费者调查的基本情况，包括调研目的、对象、地点、方法和数据处理。其后对品牌意识、媒介接触、网购情况、对广货态度四个方面的调查结果进行了分析。做生意离不开"买卖"二字，一方买，一方卖。经销商作为直接买卖活动的枢纽，在西藏地区经济贸易中扮演着相当重要的角色。为了摸清西藏地区经济贸易的基本情况，对拉萨市内的超市和批发市场的经销商进行了访谈和问卷调查。考虑到样本的多样性，我们同时还走访了西藏的第二大城市——日喀则的超市、化妆品店、手机店等。

一、调研概述

（一）调研目的

基于广东省大力推广"广货全国行"的背景，以及在西藏地区经济快速发展和消费者消费能力不断提升的前提下，通过对西藏地区消费者和经销商的调查，了解西藏地区消费者的品牌意识、网购习惯、对广货的印象及态度等基本情况，为广货品牌进入西藏地区，在西藏地区更好地拓宽销售渠道，以及提高广货品牌在西藏地区的影响力和地位提出建议和意见。

（二）调研对象及调研地点选择

1. 调研对象

（1）消费者。

西藏地区消费者选取拉萨市内的居民作为调研对象，着重通过调查问卷和访谈的方式了解消费者的消费情况、对品牌的态度及对广货的态度。

据资料显示，拉萨城乡居民收入不断增长。根据对城镇住户的抽样调查，城镇居民收入大幅增加，消费水平不断提高，城镇居民人均可支配收入15 114

元，比上年增长 8.4%；城镇居民人均总支出 14 371 元，消费支出 11 083 元，比上年增长 6.12%；农村居民人均纯收入 4 149 元，比上年增长 11.18%①。

对调查群体采取问卷和访谈相结合的方式，访问员亲自监督问卷的填写，并针对一些具体问题展开详细的沟通和访谈。消费者调查共发放问卷 100 份，回收问卷 100 份，有效问卷 92 份。针对经销商共发放问卷 35 份，回收 31 份，有效问卷 31 份。

表 1　消费者样本构成情况

内容	项目	频次（次）	百分比（%）
性别	男	44	47.8
	女	48	52.2
年龄（岁）	18 以下	7	7.6
	18～25	37	40.2
	26～35	31	33.7
	36～45	11	12.0
	46～55	6	6.5
	55 以上	0	0
学历	小学、初中	18	19.6
	高中（高职、中专）	28	30.4
	大学专科、本科	40	43.5
	研究生	6	6.5
民族	藏族	41	44.6
	汉族	43	46.7
	其他少数民族	8	8.7

（2）经销商。

经销商主要选取拉萨市批发市场、小型批发商和拉萨百益超市的经理作为调查对象，同时对日喀则的超市、化妆品店、手机店等经销商也进行了访问调查。表 2 是经销商样本构成情况。

---

① 拉萨市人民政府门户网站，http：//www.lasa.gov.cn/Item/12735.aspx。

表2 经销商样本构成情况

内容	项目	频次（次）	百分比（%）
性别	男	21	67.7
	女	10	32.3
经营时间（年）	3 以下	7	22.6
	3 ~ 6	7	22.6
	6 ~ 9	1	3.2
	9 以上	16	51.6
经营类型	畜产品	2	6.5
	服装或布料	4	12.9
	食品	6	19.4
	箱包	3	9.7
	日常用品	10	32.2
	电子产品	6	19.4

百益超市于 1992 年创立，是西藏最大的连锁超市。百益连锁超市在西藏、四川、海南等地区快速拓展，现在西藏地区拥有门店 836 家，四川地区 25 家，海南地区 20 家，总营业面积超过 28 万平方米。我们对百益超市值班经理柳女士进行了访谈调查。

2. 调研地点

拉萨是此次西藏地区调研的主要地点，在拉萨市区选取超市、批发市场等对超市经理、消费者和经销商进行了访谈和问卷调查。拉萨是西藏自治区首府，西藏第一大城市，位于西藏自治区东南部，于 1960 年设市，现辖 8 县（区）、64 个乡（镇、办事处）、269 个村委会（社区居委会）。2011 年末，全市户籍人口 57.61 万[①]。

调研小组还去了日喀则进行访问调查，因为日喀则是西藏第二大城市，总面积 3 875 平方公里，城市建成区面积 18 平方公里，规划面积 24 平方公里，总人口 9.87 万，其中城市人口 3.75 万。居民中藏族人口占 97%，另有汉、回、满等 13 个民族。

---

① 拉萨市人民政府门户网站，http：//www.lasa.gov.cn/Item/12735.aspx。

（三）调研方法及数据处理

1. 调研方法

由于考虑到西藏地区的特殊性，调研小组决定采取问卷调查与访谈相结合的方法，更加灵活、具体地了解想要调查的内容，获取更多的资料和信息。

（1）问卷调查法。给消费者和经销商发放问卷，对消费者基本情况（性别、年龄、学历、民族等）、购物重视因素、不同品类的品牌重视程度、网购情况、媒介接触及对广货的态度等方面做调查；对于经销商，主要了解其经营商品类型、对广货的态度及广货的销售情况。

图1　调研小组成员做问卷调查

（2）访谈法。由于考虑到问卷调查的局限性和在西藏地区实施的困难性，我们将访谈法作为此次调查的重要调研方法。不仅有针对超市经理、海关工作人员进行的较为正式的访谈，还针对消费者采取了问卷和访谈相结合的方法，相互补充和配合，更加全面和具体地了解西藏地区居民的消费情况以及他们对品牌和广货的态度。

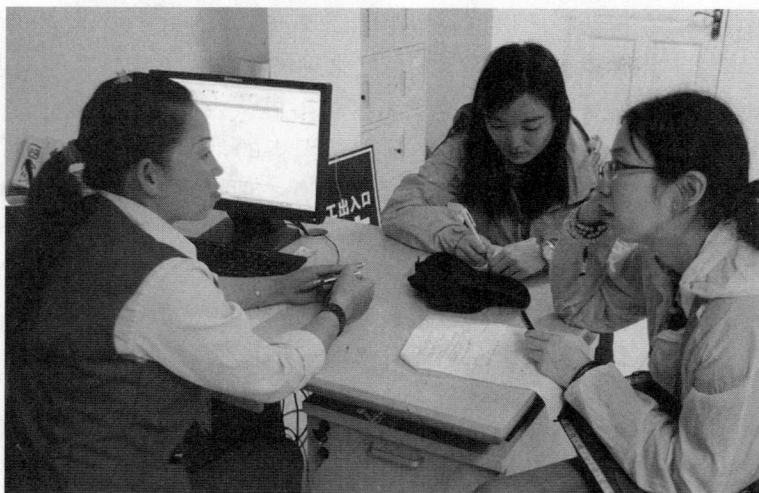

图2　调研小组成员访谈百益超市经理

（3）观察法。观察法是调研小组在西藏地区开展调研的一个主要调研方法，主要是对拉萨、日喀则、樟木口岸地区的超市、专卖店及批发商铺、零售商店的商品、经营状况进行观察，着重查看广货品牌具体有哪些，涉及什么品牌，再结合访谈详细询问广货的进货及销售渠道。

2. 数据处理

本调查所得消费者数据资料均在计算机上用 SPSS18.0 软件处理。对性别、年龄、学历、民族分布、购物考虑因素和首要考虑因素、广告媒介接触方式、不同产品类型认牌购买倾向、网购习惯等采用频率分析进行处理。对于性别、学历、民族差异问题，进行卡方检验、对应分析。

二、消费者的广货意识

（一）品牌意识及调研产品分类

1. 品牌意识

品牌意识是指在消费者记忆系统中品牌名字与产品类别的联系强度，或者说，是指消费者再认或回忆出一个品牌是某产品类别的一个成员的能力①。根据这一定义，品牌意识可以从两个角度来理解：其一，从品牌的角度来说，品牌意识实际上也就是所谓的品牌知名度，指再认或回忆出品牌的消费者的数量；其二，从消费者的角度来说，品牌意识指的是消费者再认或回忆出的品牌数量。不过，对于品牌意识，社会上还有一种理解，即对品牌的重视程度，对品牌越重视，说明品牌意识越强②。我们在西藏地区的调研主要侧重于消费者对品牌的重视程度。

2. 调研产品类别及分类依据

在消费者品牌意识的调研中，调研小组根据此次调研的目的和产品的不同卷入度选取了四类产品——饮料、牙膏、运动鞋、手机，主要依据 FCB 广告公司对品牌意识研究中提出的 FCB 方格图。下面介绍一下卷入度和 FCB 方格。

卷入度，英文为 involvement，在我国又称"涉入度"、"介入度"和"关涉度"。卷入度研究于 20 世纪 60 年代出现在营销领域。1965 年，卡拉格曼（Harbert E. Krugman）在关于广告媒体卷入度的研究中正式定义了"卷入度"概念，他认为受测试者把说服刺激内容与自己的生活内容，或者在意识上明确地将刺激内容与个人生活内容进行对照时，每一分钟说出的字数就是他们的卷入度③。

卷入度的概念目前出现在国内外许多领域中，社会学、心理学、营销学、消费者行为学等领域都对其有不同的理解，人们普遍接受的观点是卷入度中的"个人关联"（personal relevance），认为"个人关联"是卷入的本质。个人关联是指消费者的需求、目标和价值观与产品之间的关系所决定的消费者所能感知的相关程度。

在广告研究领域中，卷入度是指广告信息与广告受众之间的关系，即广告受众直接接收到广告信息后，广告对其产生的影响以及受众对广告的反应。

本文所指的卷入度是产品卷入度，是产品与消费者需求和价值的关系，即消费者对产品的关注与感知程度。

FCB 方格。1980 年 FCB 公司 Vaughn 和同事开发了一个广泛用来描述消

---

① Aaker, D. A., *Managing Brand Equity: Capitalizing on the Value of a Brand Name*, Free Press, New York, 1991, p. 60.

② 陈依依、朱琳、黄合水：《少年儿童品牌意识研究》，《广告大观》（理论版）2006 年第 6 期。

③ Harbert E. Krugman, The measurement of advertising involvement, *Public Opinion Quarterly*, 1966/67, Vol. 30, No. 4, p. 58.

费者购买决策行为特征的工具。根据购买者"高卷入度—低卷入度"和"思考（认知）—感觉（情感）"两个维度构成了四个方格矩阵，每一方格内分布不同的产品，同时每一方格的购买者都有着不同的购买决策行为和特征。

"高卷入度—思考型"商品，是指投资大、风险高的商品（如房产、大型家具等），消费者对此类商品极为重视，并在购买决策中需要参考诸如价格、属性、功能、实用性等大量信息。

"高卷入度—感觉型"商品与个人价值有着较密切联系，同样得到消费者的重视，但在购买决策时消费者往往注重整体心理感受或自我价值的表现，而不是细节信息。此类商品如珠宝首饰、时尚产品等。

"低卷入度—思考型"商品包括家居产品、日常服装等，消费者在购买前往往对这类商品的关注较少，因为该类商品带来的风险小，无须对信息进行深度加工。品牌忠诚对这类商品的重复购买起着重要作用。

"低卷入度—感觉型"商品，主要是指那些满足个人最基本需要的商品，如香烟、饮料等。这类商品不涉及功能、属性的差异，都能满足消费者基本生理需求。

表3　FCB方格

高卷入度—思考型 思考型人 学习—感觉—行为	高卷入度—感觉型 感觉型人 感觉—学习—行为
低卷入度—思考型 行动型人 行为—学习—感觉	低卷入度—感觉型 反应型人 行为—感觉—学习

该模型通过引入"卷入度"这个因素把传统一个维度的消费者决策过程解释往前推进了一步，在现实中有着广泛的应用，"FCB广告公司也将这些模型作为广告设计的依据"。

本文根据以上FCB商品分类表选择了四类商品，分别是饮料、牙膏、运动鞋、手机，作为西藏地区消费者"低卷入度—感觉型"商品、"低卷入度—思考型"商品、"高卷入度—感觉型"商品和"高卷入度—思考型"商品。

表4 卷入度商品列表

商品名	高卷入度/低卷入度	思考型/感觉型
饮料	低卷入度	感觉型
牙膏	低卷入度	思考型
运动鞋	高卷入度	感觉型
手机	高卷入度	思考型

3．消费者调研假设

在针对西藏地区消费者的调研中，调研小组通过调研问卷了解到样本消费者的基本信息、购物关注习惯、广告接触媒介、不同品类产品品牌回想率和品牌意识、网购习惯、对广货的态度等几方面内容。同时，补充访谈调查进一步了解了消费者的品牌意识强度以及对广东品牌的印象和认知。这一部分调研小组提出三个假设：

假设1：西藏地区消费者对品牌的态度与他们所属的民族相关；

假设2：不同性别、年龄、学历和民族的消费者对不同类别的产品的认牌购买倾向有所不同；

假设3：不同性别的人选择网购的原因存在差异。

（二）西藏地区消费者品牌意识调研结果及分析

1．西藏地区消费者整体品牌意识不强，民族与对品牌的态度显著相关

在问卷调查中我们可以看到，质量和价格在消费者购物时首要关注因素中排名前两位，两者比例总和达到63.1%（见图3）。品牌因素没有作为首选因素得到较大的关注。当消费者被问及"您在平时购物中最关注的三个因素是什么"时，大部分人都会关注质量这个因素。在调查中有86人选择关注质量这一因素，占全部人数的93.5%；有77人也会关注价格因素，占全部人数的83.7%（见图4）。可见西藏地区消费群体比较理性，看重产品的质量和价格，同时也反映出西藏地区消费者的品牌意识较薄弱。考虑到西藏地区的消费水平，价廉物美的商品会成为消费者的首选。

在与消费者的访谈中，调研小组了解到，大部分西藏地区的消费者表示"不会在意品牌"，只要质量还可以，价格合适就会买。尤其是对于藏民，由于民族风俗的影响他们在购物时更加洒脱，对价格也不会过多关注。他们表示"只要自己喜欢就好"。

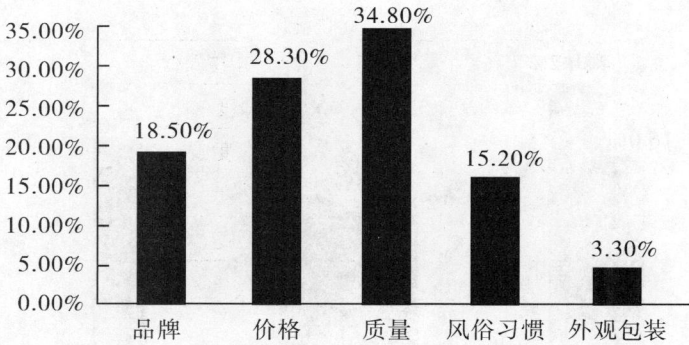

图3 购物首要关注因素

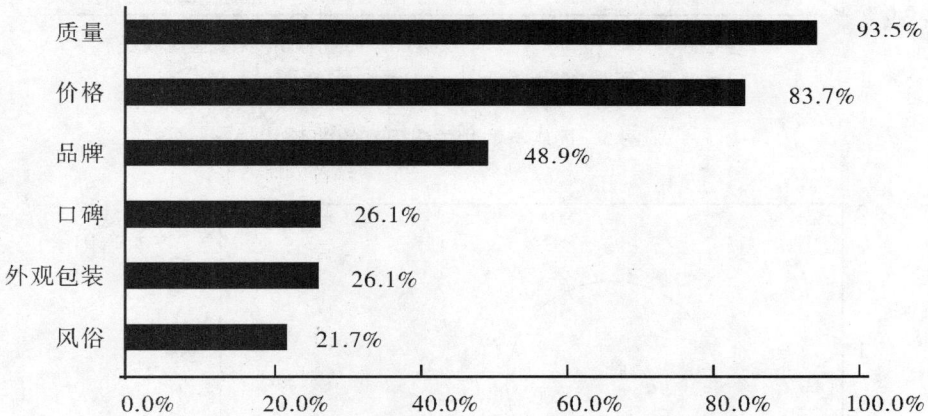

图4 购物关注三个因素

通过民族与购物关注因素柱状图和对应关系图（见图5、图6），我们可以看出，藏族消费者相对于汉族人更加不在意品牌。民族与购物对应分析可得，$\chi^2 = 22.406$，$df = 2$，$P = 0.013 < 0.05$，有显著差异。这证明了我们所作的假设1，不同民族关注的因素有所不同。

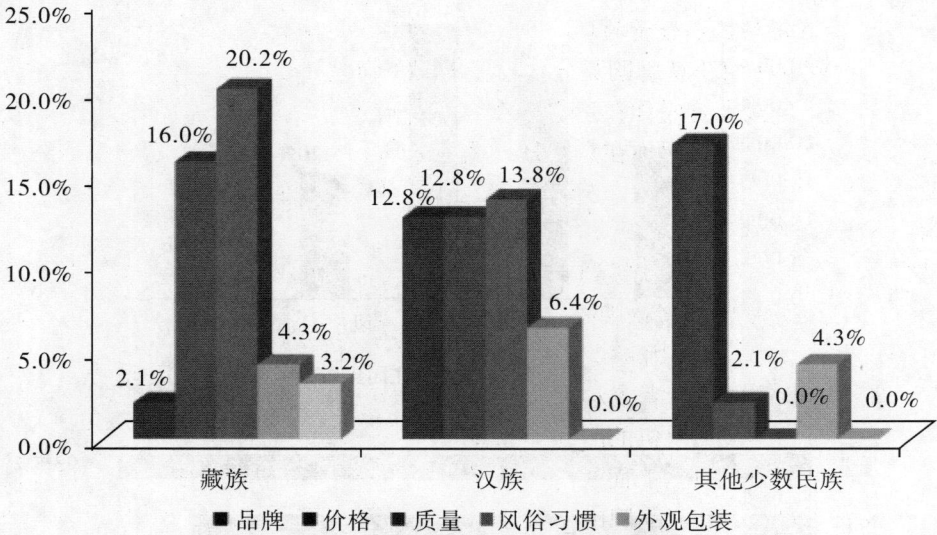

图5　民族与购物关注因素的关系

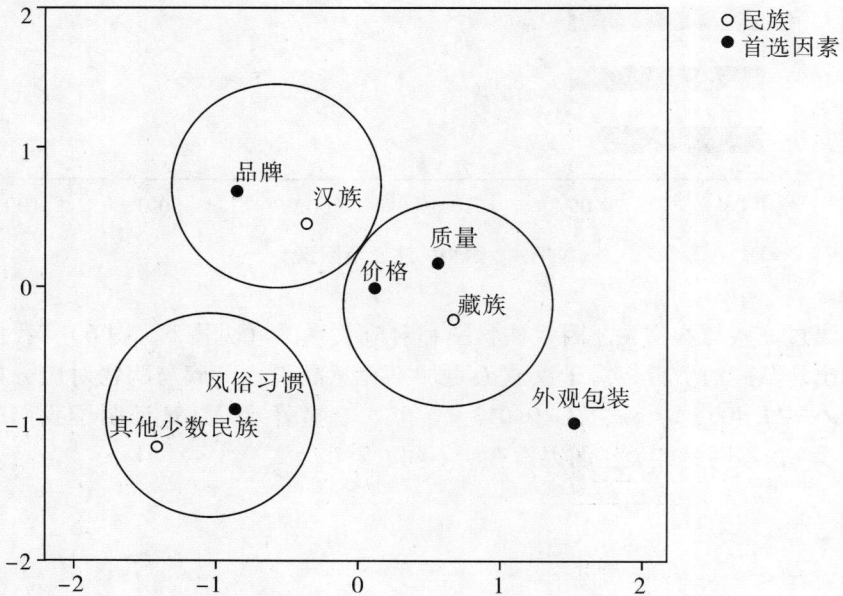

图6　民族与购物关注因素对应关系图

2. 随着产品技术含量的增加，消费者对品牌的关注程度越来越高

调查问卷中对于认牌购买分别设置了四个问题："买饮料时你在意它是什么牌子吗"、"买牙膏时你在意它是什么牌子吗"、"买运动鞋时你在意它是什么牌子吗"、"买手机时你在意它是什么牌子吗"。选项有五个，分别是非常在意、比较在意、无所谓、比较不在意、不在意，分别赋值为5分、4分、3分、2分、1分。

调查结果发现，从饮料到手机，消费者对品牌的重视程度逐渐增加（见图7）。西藏地区消费者认牌购买倾向的平均值为饮料3.2、牙膏3.5、运动鞋4.07、手机4.59。采用频率分析进行统计，则分别有33.7%、54.3%、76.1%、94.6%的消费者表示在购买时会"非常在意"或者"比较在意"饮料、牙膏、运动鞋和手机的品牌（见图8）。

从总体上看，虽然上面我们提到藏族消费者品牌意识不强，但问及具体产品及购买时是否在意品牌的时候却没有消费者说"不在意"。因此，西藏地区消费者潜意识里还是有认牌购买的倾向，而且随着产品技术含量的增加，对品牌的关注程度也越来越高。

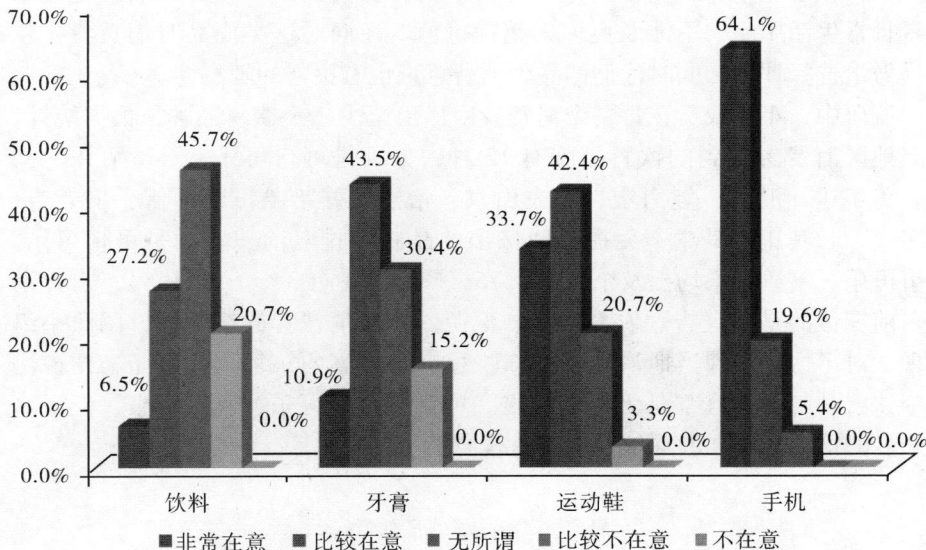

图7　消费者对不同产品品牌的在意程度

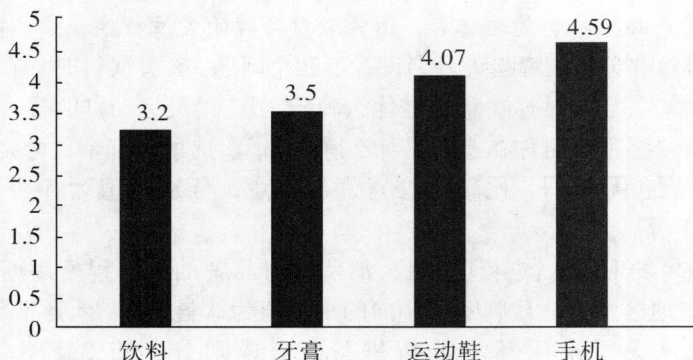

图8　消费者认牌购买得分

3. 饮料品牌在西藏地区品牌知名度高，低卷入度—感觉型产品认牌购买倾向与学历显著相关

调研小组选取了饮料作为低卷入度—感觉型产品进行调查。低卷入度—感觉型商品主要是那些满足个人基本需求的商品，这类商品往往在功能、属性上不存在明显差异，更多的是一种简单的目标性满足。这类商品往往是消费者日常生活用品，不涉及更多的精神价值，在面对这类商品时消费者比较容易做出选择评判，同时他们的品牌消费意识也有很强的随意性。

调研中，小组成员让每一个消费者回忆出至少三个饮料品牌，根据统计，西藏地区消费者提到的饮料品牌有13种，分别是可口可乐、百事可乐、雪碧、美年达、汇源、健力宝、农夫山泉、怡宝、娃哈哈、康师傅、王老吉、加多宝、和其正。其中，无提示回忆出的品牌中排名前三位的是可口可乐、百事可乐、雪碧，平均提及个数是4.75，广东品牌有3个（见表5）；有提示排名前三位的是王老吉、农夫山泉、汇源。在与消费者的访谈中，调研小组发现，对于饮料品牌当地消费者的知晓程度是很高的，每个人都能随便说出几个饮料品牌，并且都是无提示回忆。可见像可口可乐、农夫山泉、汇源这类知名的饮料品牌在西藏地区也具有较高的知名度。

表5　饮料品牌回忆列表

无提示回忆	有提示回忆
可口可乐	王老吉
百事可乐	农夫山泉
雪碧	汇源

我们分别将学历、年龄、民族与"购买饮料是否在意品牌"做对应分析，其结果如下：

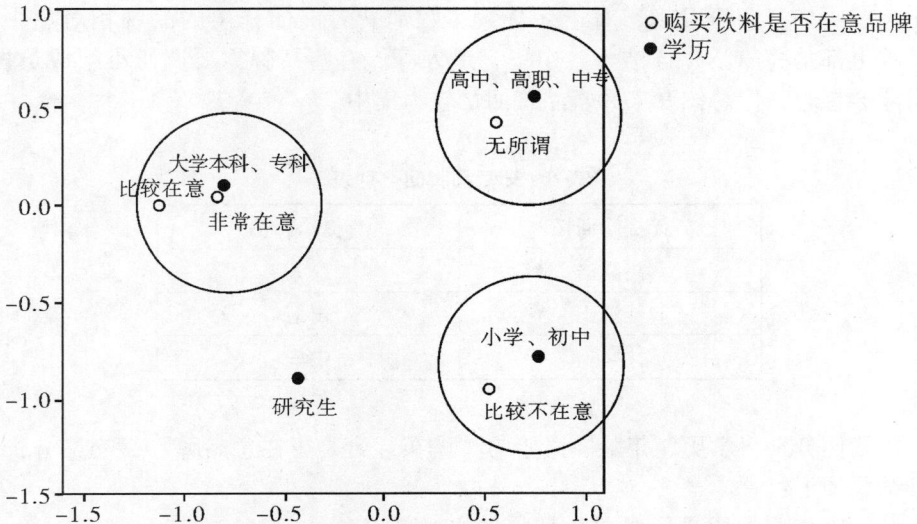

图9　学历与"购买饮料是否在意品牌"对应关系图

在对学历和饮料认牌购买倾向的对应分析中，卡方 $\chi^2 = 38.651$，$df = 12$，$P = 0.000 < 0.05$，有显著差异。因此，购买饮料时是否在意品牌与其学历有关系。

在对年龄、民族与饮料认牌购买的卡方检验中，P 值分别是 0.615 和 0.511，均大于 0.05，可见对于饮料这类低卷入度—感觉型产品，文化程度对于品牌的影响相对较大。文化程度越高，对这类产品的认牌购买倾向越明显。

4. 牙膏品牌的回忆较为集中，年龄和学历与低卷入度—思考型产品认牌购买倾向显著相关

调研小组选取了牙膏作为低卷入度—思考型产品进行调查。低卷入度—思考型商品包括大多数食物、家居用品、服装、耐久性日用品等，消费者在购买前往往对这类商品有一定的了解，商品的相关信息会对消费者产生比较重要的影响。但这类商品在正常情况下所带来的风险较小，因此消费者无须对商品信息进行更深入的学习研究。同时，这类商品功能性较强，消费者可能形成较强的品牌倾向而进行重复购买。

调研中，小组成员让每一个消费者回忆出至少三个牙膏品牌，根据统计，西藏地区消费者提到的牙膏品牌有 7 种，分别是佳洁士、高露洁、黑人、黑妹、田七、中华、云南白药。其中，无提示回忆出的品牌中排名前三位的是高露洁、佳洁士、中华，平均提及个数是 4.15；有提示回忆出的品牌有黑人、田七、中华。调研发现，对于牙膏大多数消费者能回忆出的品牌相对集中，基本上都是高露洁、佳洁士、中华、黑人等。有些品牌需要调研小组成员提示才会想起，但总体看来牙膏品牌回忆较为集中。

表6　牙膏品牌回忆列表

无提示回忆	有提示回忆
高露洁	黑人
佳洁士	田七
中华	中华

我们分别将学历、年龄、民族与"购买牙膏是否在意品牌"做交叉分析，其结果如下：

学历与购买牙膏是否在意品牌的交叉统计中，$\chi^2 = 20.172$，$df = 9$，$P = 0.017 < 0.05$，存在显著性关系。年龄与购买牙膏是否在意品牌的交叉统计中，$\chi^2 = 23.049$，$df = 12$，$P = 0.027 < 0.05$，存在显著性关系。民族与购买牙膏是否在意品牌的交叉统计中，$P = 0.151 > 0.05$，不存在显著性关系。结果显示，牙膏这类低卷入度—思考型的产品，认牌购买倾向与学历和年龄有显著关系，知识水平高和生活经验多的人会对这类产品的品牌表现出更大的重视程度。

5. 高卷入度—感觉型产品认牌购买倾向普遍较高，运动鞋品牌平均回忆个数较多

调研小组选取了运动鞋作为高卷入度—感觉型产品进行调查。高卷入度—感觉型商品与个人价值有着较为密切的关联，也受到消费者更多重视。消费者会根据个人主观判断标准来选择，同时这类商品将给消费者带来较强的个人心理感受和情感满足。如珠宝首饰、鞋子、手表等商品都是高卷入度—感觉型商品。

调研中，小组成员让每一个消费者回忆出至少三个运动鞋品牌，根据统计，西藏地区消费者提到的运动鞋品牌有 14 种，分别是361°、阿迪达斯、耐克、李宁、鸿星尔克、匡威、回力、安踏、匹克、乔丹、特步、哥伦比亚、

鸵鸟、探路者。其中无提示回忆出的品牌中排名前三位的是耐克、阿迪达斯、361°，平均提及个数是5.36；有提示回忆的品牌有李宁、安踏、匡威。调研小组发现，运动鞋消费者普遍会看重品牌，并且对国外和国内的知名运动鞋品牌回忆率较高，能回忆出来的品牌个数也较多。

表7　运动鞋品牌回忆列表

无提示回忆	有提示回忆
耐克	李宁
阿迪达斯	安踏
361°	匡威

我们分别将性别、学历、年龄、民族与"购买运动鞋是否在意品牌"做对应分析和交叉分析，发现在运动鞋这类产品上，性别、年龄、学历与民族对品牌在意程度上没有显著差别。在前面也提到，对于运动鞋这类产品，西藏地区消费者的认牌购买倾向平均得分为4.07。因此从整体上来说，不论是何种群体，对这类产品的品牌意识都是比较强的。

6. 性别和学历与高卷入度—思考型产品认牌购买倾向有显著差异，回忆手机品牌相对集中

调研小组选取了手机作为高卷入度—思考型产品进行调查。高卷入度—思考型商品一般是指投入较大、风险较高的商品，如房产、汽车、大型家具、电器设备、教育、保险等，消费者对这类商品十分重视。这类商品不是即时性购买的，消费者会反复关注商品的价格、属性、功能、实用性等大量信息。消费者一方面会带有客观的标准，另一方面在信息处理时会主动将商品与自我相联系，并将商品当成自我的一个参照。这类商品给消费者带来的不只是功能满足，更多的是个人价值的体现。考虑到西藏地区的消费情况和针对所有消费者的适用性，本次调查将手机作为高卷入度—思考型产品进行考察。

调研中，小组成员让每一个消费者回忆出至少三个手机品牌，根据统计，西藏地区消费者提到的手机品牌有14种，分别是三星、苹果、诺基亚、华为、小米、OPPO、联想、海尔、中兴、索尼、HTC、黑莓、魅族、步步高。其中，无提示回忆出的品牌中排名前三位的是三星、苹果、诺基亚，平均提及个数是5.12；有提示回忆的品牌有华为、OPPO、小米。在无提示的状态下，调研小组发现，消费者大多脱口而出的是三星、苹果、诺基亚。对于国产品牌，在调查者的提示下，消费者对华为、小米等手机也有较高的回忆率。

表8　手机品牌回忆列表

无提示回忆	有提示回忆
三星	华为
苹果	OPPO
诺基亚	小米

我们分别将性别、学历、年龄、民族与"购买手机是否在意品牌"做交叉分析，其结果如下：

性别与购买手机是否在意品牌的交叉统计中，$\chi^2 = 6.276$，$df = 2$，$P = 0.043 < 0.05$，存在显著性关系。学历与购买手机是否在意品牌的交叉统计中，$\chi^2 = 17.373$，$df = 6$，$P = 0.008 < 0.05$，存在显著性关系。年龄与购买手机是否在意品牌的交叉统计中，$P = 0.141 > 0.05$，不存在显著性关系。民族与购买手机是否在意品牌的交叉统计中，$P = 0.333 > 0.05$，不存在显著性关系。通过调查结果可以看出，手机这类产品在整个认牌购买倾向中的得分是4.59，可以认为西藏地区消费者对于手机品牌是非常重视的。随着电子产品市场的不断发展，对这类产品品牌的态度也会因性别和学历显示出一些差别，男性和高学历的人会更加重视手机的品牌，因为它不仅是一个通信工具，也是身份的象征。

三、消费者接触广货的渠道

西藏地区消费者接触电视广告最多，新媒体也逐渐发挥其作用。

从调查问卷来看，西藏地区消费者对品牌广告的接触渠道主要是电视，占总体的65.2%；报纸杂志反而不是最重要的传播渠道；同时，互联网广告也在一定程度上起着作用。可见，在传统的传播渠道中，电视仍然是有效的传播渠道，报纸杂志的弱势与当地的文化水平以及语言障碍有一定的关系，新媒体传播已经在起作用。

由于藏民独特的风俗和文化，电视广告有时候对藏民的吸引力并不强。在访谈中，一位在西藏待了多年的酒店老板表示，藏民们很少会关注国内的一些明星，他们更喜欢了解印度、尼泊尔的歌星影星，很多可能是我们听都没听说过的。所以，电视广告虽然有明星坐镇，对他们却毫无吸引力。

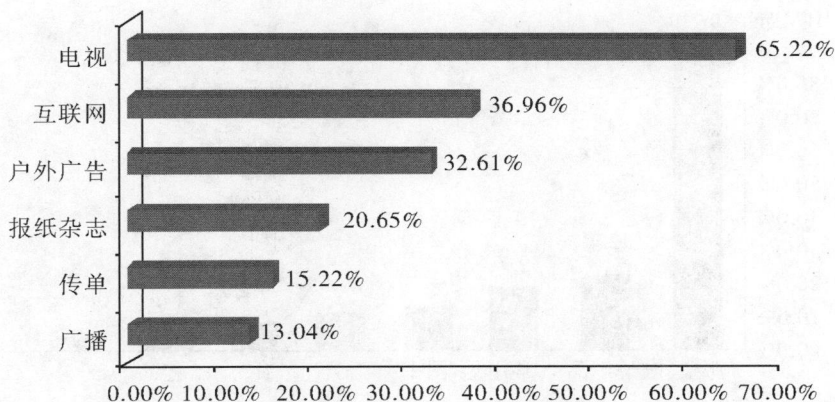

图 10　广告媒介接触

四、消费者网购广货的经验

（一）网购比例大，但网购品类相对单一，电子商务市场空间大

由图 11 可以看出，高达 83% 的被访者都会选择网购。由图 12 的数据发现，选择网购的人中 96% 都是在网上买衣服，其他商品的购买比例相对比较小，购买品类比较单一。

通过对消费者的访谈我们进一步了解到，大多数人网购是通过淘宝与天猫，当有购买电子产品的需求时，则会选择京东商城。在物流选择上，国内几大快递公司的辨识度都较高，其中对深圳顺丰速递的印象主要是比其他快递更快，更有受访者表示快递用顺丰虽然贵一些但是可以快很多。由此可见，西藏地区较为偏远，虽然电子商务和物流正在不断发展，但是电子商务环境还不成熟，消费者网购品类较为单一，电子市场还有很大可开发的余地。

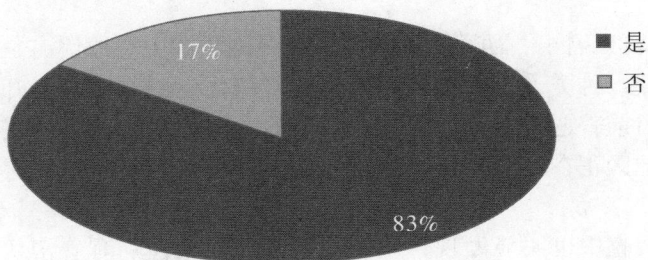

图 11　网购比例

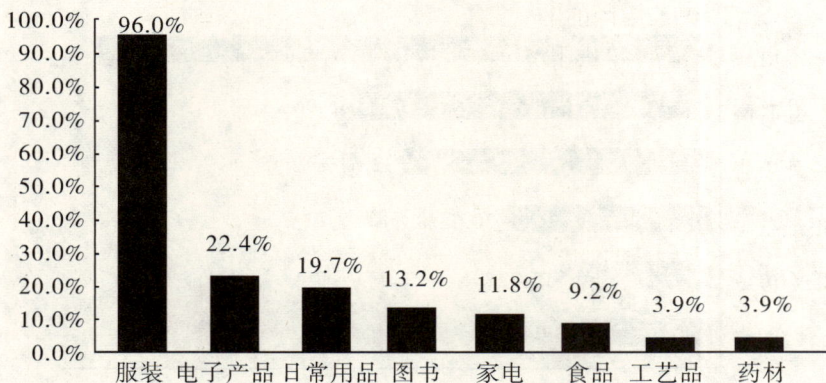

图12　网购产品

（二）西藏地区消费者网购原因

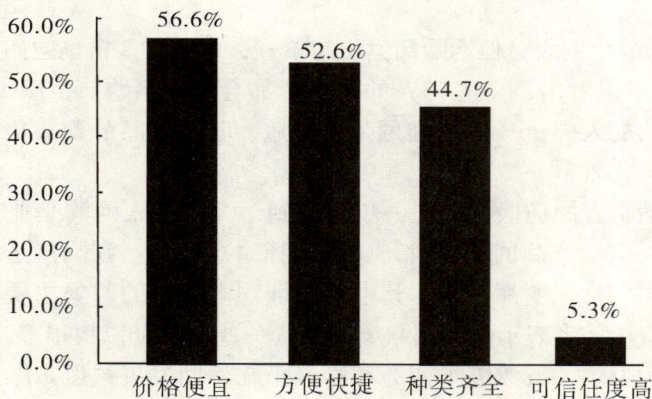

图13　网购原因

由图13可以看出，西藏地区消费者选择网购的主要原因有三个：价格便宜、方便快捷、种类齐全。但是觉得网购可信任度高的消费者却很少，这也是电子商务目前普遍存在的一种现象。随着电子商务的不断发展，这种情况在较发达的地区正在逐渐改善，相信西藏消费者也会不断提高对网购的信任程度。

我们在调查中也明显发现，选择网购原因与其性别有着密切的关系。一般男性更多地关注方便快捷这一网络购物特有的属性，而女性则更加看重价格和种类。

在对性别和网购原因的卡方检验中，$\chi^2 = 31.737$，$df = 3$，$P = 0.000 < 0.05$，可见，性别与选择网购的原因显著相关。这证明了我们之前提出的假设3。

五、消费者对广货的态度

广货概念认知不足，广东产品认可度高。我们在调查问卷中要求被调查的消费者说出至少三个广货品牌，我们发现，大多数消费者对于广货这一概念并不清楚。多数消费者甚至经销商在选购商品时根本不会去考虑商品的产地。作为整体概念传播的广货在西藏地区消费者中认知度并不高。

当调研者将广货概念详细解释后，消费者根据提示想到的广货品牌受到前面问题的影响较大，所以主要集中在王老吉、华为、怡宝等之前提到过的品牌。消费者对广东的服装、家电品牌等也有很高的认可度，对美的、格力、格兰仕等著名的广东品牌基本上给予很高的评价。

在调研者提示引导下，消费者了解广货概念之后对"您对上面您写出来的品牌有什么感觉"作出的选择如图14所示，绝大多数消费者对广货品牌给予了很高的认可度。而且有消费者表示，广东产品在质量、品牌影响力上明显比浙江等地方好很多。

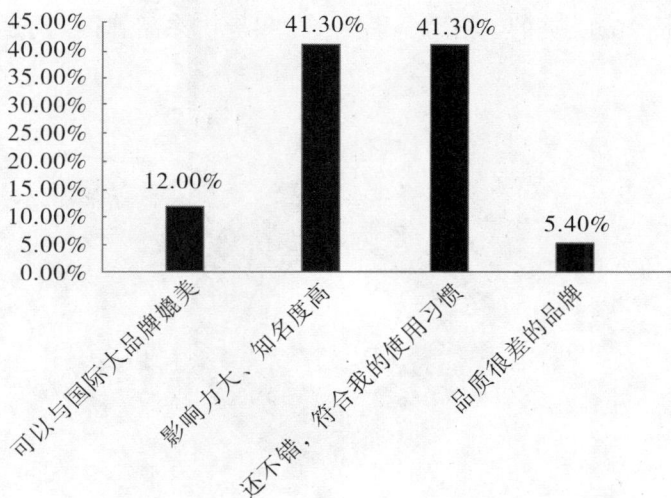

图14　对广货的感觉

六、经销商对广货的认知、评价和经营行为

（一）广货无处不在，并获六成经销商认可

西藏地区制造业并不发达，在走访过程中调研小组发现，这些商品主要来自浙江、广东、福建等几个省份。虽然"广东制造"充斥在各类商品之中，但这并不意味着广货在各领域都占有优势地位。

在服装、鞋类、玩具、食品方面，广货略逊浙江、福建产品一筹，但在家电、电子产品、日化等方面，广货则处于竞争优势。尤其在电子产品、小家电方面，广货质量优势明显，具有良好的口碑。拉萨、日喀则市内多个手机店店主告诉调研小组，他们销售的手机基本都是从深圳进的货，多数国产机都是广东生产的。

在与拉萨市百益超市经理柳女士访谈过程中，她说道："超市的许多商品都是广东产的，卖得很好。"拉萨市内某批发市场日用品店店主王先生还说："从广东进的货质量明显好些，即使价格贵一点，卖得也不错。"

问卷调查的最终统计结果也印证了以上观点，超过八成的经销商在销售来自广东的商品（见图15），超过六成的经销商认为自家经营的广东商品是畅销的（见图16）。美的、格力、华为、中兴等广东品牌得到了经销商的广泛认可。

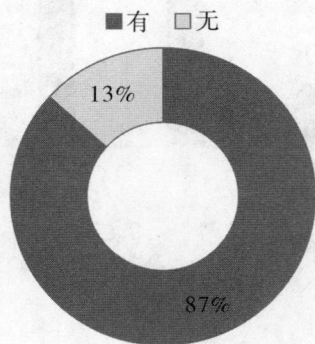

■有 □无

13%

87%

图15 经营产品是否有广货

■畅销 ■一般 □不畅销

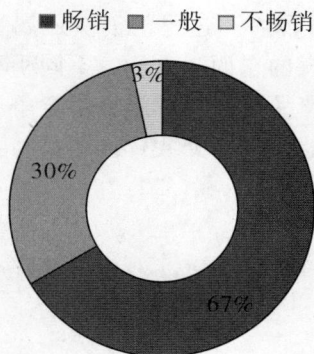

图16　广货在销售中的表现

另外，由于西藏地区经济发展水平相对较低，在家电、日用品等批发市场中，一些中小品牌占据着十分重要的地位，如在家用电器中内地较少见到的普雪、双喜等品牌，在拉萨和日喀则市场分布较广，而且有专卖店。

（二）山寨当道，假货比正品更畅销

在走访过程中，调研小组发现一个现象，许多销售低端服装、鞋类和箱包的商店里竟然有阿迪达斯、耐克、LV等高端品牌。这些商品做工粗糙，价格低廉，必是假货无疑。随后，调研小组又发现山寨商品不仅出现在服装、鞋帽、箱包等领域，西藏地区的家电、灯具、电子产品等也有山寨货。不少店家在出售二线品牌产品的同时，也会向需要的客户推荐山寨名牌，如假方太、假美的、假华为等。

经销商也直言不讳道，比如手机，很多消费者因为买不起正品就会买一个山寨手机，他们认为功能都差不多。调研小组认为，这其实在一定程度上反映了当地居民潜在的品牌意识，但是受购买力和鉴别力的限制，一方面西藏地区许多居民消费不起正品，另一方面部分消费者无法区分真假品牌。所以山寨商品在西藏地区有相当大的生存空间。

（三）小型经销商进货时重点考虑价格和质量

小型经销商在进货时主要考虑的因素是质量和价格，其中质量占70%，价格占64%。品牌的关注度依然很低，只占28%（见图17）。在访谈中调研小组发现，经销商真正重视的是市场需求，即产品的销量，他们更愿意进一些销量好的产品。同时，经销商还认为受消费能力的限制，当地消费者对价

格的关注度很高，很少关注品牌。这里的消费还属于比较初级的阶段，消费能力较低，所以更喜欢便宜的东西。再者，不同于品牌专卖店和商场，批发市场的商品多属于中低端产品，相互之间价格竞争更激烈，因此进货时价格与质量是他们首先要考虑的，对于少数日化用品与食品，经销商在进货时会考虑品牌。

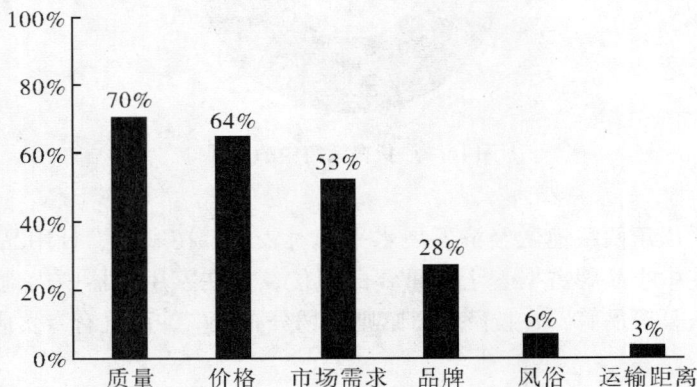

图17　小型经销商进货主要考虑因素

（四）部分经销商会网上订货，对广告的作用不看好

在进货渠道方面，西藏地区经销商进货渠道多元化，通过网络订货的商家所占比例较小。问卷调查统计结果显示，经销商了解其销售产品的渠道，25%是通过本人到进货地去实地走访生产厂家，38%是通过亲戚朋友介绍，20%会通过互联网订货（经营日化用品的比较多）。

最后，调研小组还对当地的商品推广传播方式进行了调研。出乎意料的是，部分经销商认为广告的作用是有限的，人际传播的影响较大。调查问卷结果显示，58%的人认为电视广告对品牌推广有帮助，35%的人认为其他的方式，如人员推销、人际传播对品牌推广有帮助。据了解，当地经销商认为，当地人尤其是藏民很少阅读报纸杂志，有的甚至很少看电视，加上语言文字的障碍，所以在电视、报纸、杂志做广告还不如招几个业务员为其拓展业务效果好。西藏地区商品的推广传播主要靠售货员推销或者口碑。

从上面的统计数据和调研结果我们发现，不论是问卷调查还是访谈，当问及在购物时是否重视品牌时，大多数消费者都表示无所谓。尤其是在访谈中，大多数消费者不会重视产品的品牌，他们主要考虑质量和价格两个因素。但是当我们设置了四个具体的产品品类，再次问及他们是否会关注品牌时，即便是饮料产品也没有人选择"不在意"。

在广告媒介接触方式方面的调查和访问中，我们发现西藏地区消费者还是比较依赖电视，接触的广告信息基本都来自电视媒介，但是互联网在广告媒介接触中逐渐发挥着重要的作用。

通过以上信息，我们得出以下结论：

第一，西藏地区消费者目前普遍品牌意识还不强，但其潜在的品牌意识却很强。一旦给予其合适的引导，就会激发他们对品牌的重视程度。

第二，重视品牌在电视媒介的广告投放。随着电子商务日益流行和在西藏地区的发展，互联网上的广告投放也不应该被忽视。

第三，当地藏民十分注重本地的文化与地域的风俗，同时西藏有自己的语言与文字，与内地的文化差异较为明显，因此如果企业和品牌想在西藏宣传，则需要融入当地文化。

第四，西藏地区电子商务市场相对比较广阔，物流产业也在不断发展。目前西藏地区的网购品类还很单一，其他品类产品进驻西藏还有很大的市场空间。

樟木口岸——西藏边贸的缩影

边境贸易在西藏经济中扮演着重要角色，本次调研希望通过对西藏边境贸易及进出口贸易现状的实地考察，再结合政府等部门的数据，了解整个西藏地区的边境贸易现状以及广货在西藏边贸中所处的地位，以期为广货品牌进入西藏地区市场提供准确的建议。根据林德的偏好相似理论，两个国家的需求越相似，这两个国家之间的贸易量越大。平均收入水平是影响需求结构的最主要因素，两个国家的平均收入水平越接近，两个国家的需求结构就越相似①。对西藏地区边境贸易的考察，更易于我们了解西藏地区及其周边国家的需求结构，为广货品牌未来进入西藏市场提供可靠数据。

此次调研，我们选取的日喀则是西藏地区内唯一一个一类陆路通商口岸，同时它也是中国与尼泊尔贸易的最大陆路通商口岸——樟木所在地。在樟木的调研中，我们不仅走访了当地的经销商、消费者，还对当地与边贸业务紧密联系的物流公司、外贸公司，以及樟木口岸的海关工作人员进行了采访，获得了较多的第一手资料，通过此次的实地调研，发现了一些西藏边境地区及边境贸易中存在的现象与问题。

（1）聂拉木边境贸易市场经销商。

聂拉木边境贸易市场一共有 80 多家商铺，其中在营业的只有 27 家。调研小组走访了所有 27 家商铺。访谈提纲以消费者调查问卷为样本，结果发现在边境贸易市场中从事贸易的时间基本集中在 3~6 年，市场主要销售的商品有衣服、箱包、鞋子、小家电、床上用品、手机等，其中箱包、手机、小家电主要产自广东。

（2）聂拉木海关工作人员。

调研小组主要与拉萨海关聂拉木海关通关科三位工作人员（一位科长、两位科员）举行了座谈会。通关科主要是根据审单中心指令办理进出口货物

---

① 斯戴芬·伯伦斯坦·林德（Staffan B. Linder）：《论贸易和转变》，1961 年。

的接单审核、征税业务；按规定权限和程序核扣、收取、退还保证金，征收滞纳金、滞报金、监管手续费及催缴税费等；进行实物验估、送检等作业；负责相关走私、违规案件的税款稽核工作；办理预归类审核业务；负责进出口报关单结汇证明联、出口报关单退税证明联的签发工作；按规定审核本关区进出口贸易统计数据，定期编制统计报表；负责进出口报关单及随附单证的管理和归档；办理本关区减免税审批业务。

一、樟木：国家一类陆路通商口岸

樟木是现今西藏唯一的国家一类陆路通商口岸，年商品交易额已突破 2 亿元，对内辐射西藏及相邻省区，对外辐射尼泊尔及毗邻国家和地区，是西藏目前最大的边贸中心口岸。樟木距加德满都 127 公里，距拉萨 776 公里，是中尼公路必经之地，是中尼两国进行政治、经济、文化交流的主要通道。

现樟木口岸已经是中尼两国之间边境贸易的重要口岸，该口岸每年贸易额占西藏自治区边境贸易总额的 90% 以上。同时作为中尼贸易的主要口岸，中尼贸易 95% 以上是通过樟木口岸进出的。根据拉萨海关 2011 年第一季度统计数据显示，樟木口岸的进出口值为 1.33 亿美元，增长 62.2%，占同期西藏自治区进出口总值的 79.6%。其中进口 135.3 万美元，出口 1.32 亿美元，分别增长 14.9% 和 62.8%[1]。从中可以看到，樟木口岸的贸易占全区贸易很大比例，并且在快速增长中。

樟木口岸与尼泊尔的贸易主要有三种类型，分别是边民互市贸易、边境小额贸易以及一般贸易。边民互市贸易，是指边境地区边民在边境线 20 公里以内、经政府批准的开放点或指定的集市上，在不超过规定的金额或数量范围内进行的商品交换活动[2]。边境小额贸易，是指沿陆地边境线经国家批准对外开放的边境县（旗）、边境城市辖区内（简称"边境地区"）经批准有边境小额贸易经营权的企业，通过国家指定的陆地边境口岸，与毗邻国家边境地区的企业或其他贸易机构之间进行的贸易活动[3]。一般贸易是指中国境内有进出口经营权的企业单边进口或单边出口的贸易，按一般贸易交易方式进出口的货物即为一般贸易货物。

---

① 拉萨海关：《拉萨海关统计专报》2011 年第 5 期，http://lasa.customs.gov.cn/publish/portal182/tab34921/module80348/info298046.htm。
② 国务院：《关于边境贸易有关问题的通知》，《边境贸易有关政策法规汇编》，2003 年。
③ 国务院：《关于边境贸易有关问题的通知》，《边境贸易有关政策法规汇编》，2003 年。

二、樟木边民互市的萧条与边境贸易的繁荣

（一）聂拉木边境贸易市场日渐萧条，广货品牌多"杂牌"

边民互市在樟木口岸曾经是十分繁荣的边贸类型，在中尼友谊桥附近的聂拉木边贸市场是中国境内中尼人民开展贸易的重要场所。整个市场有80多家商铺，为中方边民经营，主要货物有纺织品、日用品、家用小电器等等。现在，边贸市场的经营状况则不甚乐观，80多家商铺仅有27家在营业，虽然8月并非贸易旺季，但从市场现场来看，许多商铺已经倒闭或者弃置。在采访过程中，商铺店主纷纷表示边贸市场生意已经很难做，并且有退出打算，可以说，此边贸市场已经变得萧条。从数据来看，2013年1—7月份樟木口岸边民互市贸易总量5 482吨，贸易值5 267万元，与去年同期相比分别增长69.6%和29.7%。其中，进口量3 643吨，进口值3 930万元，分别增长85.6%和70.6%，出口量1 839吨，出口值1 337万元，分别增长44.8%和下降23.9%[1]。虽然贸易吞吐量以及贸易总值有所增长，但是我们可以发现，出口贸易值与去年同期相比降幅较大。

通过此次的调查，我们总结了樟木边贸市场萧条的原因主要有以下几点：①国家税收政策较为严格，税收较重，导致了商铺店主成本增加；②人民币升值、尼币的贬值给货物出口造成了一定的压力；③边贸市场刚建立时大客户较多，而如今大客户都已转移到广东等地进行直接贸易，不再进行边民互市的贸易；④收款困难，导致店主们资金紧张。

同时，我们了解到广货在此表现并非上佳。在贸易中，大部分的小家电以及手机来自广东地区，但无论是在经销商还是消费者的眼中，他们都没有广货的概念，甚至没有品牌概念。可以说不管是与樟木相邻的尼泊尔人民，还是樟木边民，品牌意识都很弱，也可以说没有品牌意识。价格是他们购买时考虑的第一要素。这与边境地区包括邻国的收入水平与消费能力是有一定的相关性。

据调研小组观察，市场上售卖的商品都是质量很差的小商品。其中有一家手机店主告诉调研者，卖给尼泊尔人的手机都是二手的手机，不光是山寨，而且是假冒伪劣，尼泊尔人用后回头率不高。

---

① 西藏政府门户网站，http://www.xizang.gov.cn/bjmy/69543.jhtml。

（二）边境进出口贸易额不断上涨，广货出口多小商品品牌

相比萧条的边境贸易市场，反观樟木口岸，却是另一番景象。排起长龙的尼泊尔卡车正等待着过关，把中国的货物运往自己国家。调研小组从樟木口岸的物流公司经理处了解到，这些货物都是经过青藏铁路和川藏公路运上来的，内地的货物通过物流公司在樟木口岸过关检验出口到尼泊尔，或途经尼泊尔到印度。物流公司人员表示，很多火车是从广东过来的，很多衣服、鞋子都是广东生产的。

我们在聂拉木海关了解到，一般来说，来自尼泊尔的运货卡车都是边境小额贸易，或者是一般贸易。樟木的边境小额贸易一直占中尼双边贸易的主导地位，并且增长势头迅猛。但是边境小额贸易看不出货物的产地，海关的统计资料只显示是拉萨运输到樟木口岸。因此，调研组没有获取广货在樟木口岸出口的比例和数目。

据拉萨海关统计，2011 年第一季度，中国西藏自治区与尼泊尔的边境小额贸易达 1.31 亿美元，同比增长 62.3%，占西藏自治区与尼泊尔双边贸易总值的 98.4%。其中，进口 74.8 万美元，减少 16.2%；出口 1.3 亿美元，增长 63.2%[①]。边境小额贸易主要集中在樟木口岸。同时，樟木的边境小额贸易也是西藏地区对外贸易增长的主要动力。在樟木口岸，以 2011 年第一季度为例，主要出口商品为服装纺织品和机电产品，其中，出口服装纺织品 8 127.7 万美元，增长 80.3%；出口机电产品 1 583.9 万美元，增长 30.6%；两者合计占同期边境小额贸易出口总值的 74.4%。主要进口商品为纺织品和机电产品，二者合计进口 42.9 万美元，占同期双边边境小额贸易进口总值的 57.4%[②]。樟木口岸作为西藏最大的外贸口岸，承担了西藏地区 80% ~90% 的进出口贸易。樟木口岸主要是出口尼泊尔百货（衣服、鞋子、家电等）、机电（如发电机）、基建（板材、水泥等），其中有 80% ~90% 是百货。只要是符合规定的中国品牌都可以出口，361°、李宁、华为手机等都有出口到尼泊尔，或转运印度。樟木口岸的进出口贸易呈逐年上升趋势。中国对尼泊尔的贸易顺差相差非常大。2012 年中国出口尼泊尔 17.39 万吨货物，而尼泊尔出口中国的只有 3 000 吨，主要是铜制品、手工艺品等。

---

① 拉萨海关：《今年一季度西藏与尼泊尔双边边境小额贸易突破 1 亿美元》，http://lasa. customs. gov. cn/publish/portal182/tab34921/module80348/info298030. htm。

② 拉萨海关：《今年一季度西藏与尼泊尔双边边境小额贸易突破 1 亿美元》，http：//lasa. customs. gov. cn/publish/portal182/tab34921/module80348/info298030. htm。

如今，尼泊尔的商人已经不再重视樟木口岸的边贸市场，而是转到生产商所在地进行贸易，直接与当地生产商对接，这也进一步解释了为什么我们看到聂拉木边境贸易市场呈现出一片萧条的景象。

三、樟木口岸的职能转变与广货面临的挑战

通过对聂拉木边贸市场的走访和与当地物流公司、海关的座谈，我们发现：

（1）以樟木口岸为例，作为其边民互市主要场所的聂拉木边境贸易市场已经日渐萧条。虽然它的萧条存在多种原因，但在现代化运输、国际化电子商务发展的大背景下，这种二级批发商确实面临着一定的窘境。但是调研组认为这是边境贸易发展的一个趋势，边境贸易趋向直接对接、大型化、物流化。我们认为，边贸市场依然将作为边境线附近居民互通有无、调剂余缺的市场而存在，但已经不是边境贸易以及国内企业向外扩张的重点市场了。

（2）作为西藏边境贸易主要形式的边境小额贸易依然十分繁荣，通过樟木口岸我们可以观察到，樟木口岸正在由一个贸易口岸向一个流通口岸转变。作为中尼贸易的唯一陆路通道，樟木口岸每日货物吞吐量是十分巨大的，但是只起到货物的流通作用，而整个交易的实现过程则不在樟木，甚至不在西藏地区，尼泊尔商人已经可以通过贸易公司与厂商自行联系并交易，这同样得益于现代化科技的发展所带来的便利。

（3）通过调查我们发现，其实广东地区的货物数量是很巨大的，这说明广货无论是在边境还是在边境贸易中都是十分有市场的，但是广货品牌并不多见，大多数都是半成品的服装和鞋子。边贸市场里有质量十分低劣的广货产品，这严重损害了边贸中广东产品的形象。尼泊尔人消费能力虽低，但假冒伪劣产品还是影响了广货在边境贸易中的形象和销售。

从边境小额贸易的繁荣发展以及我们在海关了解的情况来看，即使中国西藏地区及尼泊尔人民消费水平比较低，品牌意识比较弱，但是广货还是需要打造自己的品牌形象以获得长期的生存与发展。西藏地区人民品牌意识薄弱的原因是复杂的，除了经济原因外，还与文化以及品牌在西藏地区的宣传和推广有关。广货品牌要在西藏地区以及边境有所发展，必须在当地进行大力的推广和宣传；同时，推广和宣传必须很好地结合当地的文化与风俗，因为西藏文化的特殊性再加上藏民对自身文化的高度认同，必须要"投其所好"才能达到宣传效果。

另外，还要注重广货品牌形象的打造。从现阶段来说，由于经济危机、

人民币升值等各种问题，一直作为外贸大省的广东需要另寻出路，许多厂商已经开始关注国内市场。在国内市场，找准自己的定位是重要的，广货品牌的转型，需要从品牌形象的打造开始。我们认为，广货品牌适合走"平民品牌"的路线，既要有质量保证，又在价格上有优势，这本身就是广货品牌的特点。

现在无论是国外经销商还是国内经销商，他们选择了解生产厂商的途径都是通过各种交易会。因此，广货品牌应该以"广交会"等商品交易会为依托，并积极参加各大城市商品交易会或展会，来获取更多的交易机会。

广东省应该加快电子商务的推广，同时建设完善的物流服务，辐射全国，以更好地为广货品牌走向全国打下更坚实的基础。

探寻广货品牌在西藏地区及边境贸易中的未来

对西藏及其边境贸易的调查是非常有价值的，也应该是广货西进的一个重要战略地点。前面我们介绍了此次调研活动的背景，西藏地区消费者和经销商的调查结果，并对樟木口岸的调查结果进行了详细的描述和分析。通过分析，我们既看到了西藏地区及边境贸易中存在的机会，也发现了很多问题。我们应该清晰地认识到西藏地区的机会和不足，让广货在开拓西藏市场及边贸中发挥更加重要的作用。

一、本地化：与西藏地区文化相结合

从边境小额贸易的繁荣发展及我们在海关了解的情况来看，即使中国西藏地区及尼泊尔人民消费水平比较低，品牌意识比较弱，但是若想长期依靠出口销售质量低劣、价格低廉的杂牌、无牌产品，不仅厂家赚取的利润较少，而且消费者也会因为质量问题对这类产品丧失信心，这样广货就很难取得长足的发展。可以预见，随着西藏地区及周边国家经济的发展，更多的消费者还是倾向于购买质量可靠、价格适中的品牌货，广货还是需要打造自己的品牌形象，才能获得长期的生存与发展。

现阶段，西藏地区人民品牌意识薄弱的原因是复杂的，除了经济原因外，还有文化，以及品牌在西藏地区的推广问题。广告建立起一个无处不在的视觉意象系统以控制和支配人们的消费。因此，广货要在西藏地区以及边境有所发展，商家必须先做好品牌在西藏地区的宣传和推广工作。

广告绝对不能忽视传统文化艺术提供的资源，大多数广货的广告都融入了汉族的文化元素，而这恰恰与西藏地区的文化不相适应。藏文化是一个相对独立的文化系统，西藏地区人民的衣食住行、宗教信仰都十分独特。广货品牌要想打入西藏地区，在做品牌宣传和推广时必须很好地结合当地的文化与风俗。具体来说需要做到以下两点：

一是品牌文化元素与民族文化元素的契合。品牌是一种文化，品牌文化包含许多文化元素，这些元素与西藏地区的文化元素契合点越多，就越能受其认可和欢迎，如果相抵触就会受到其抵制。广货在西藏地区进行品牌推广时，应主动挖掘或创造品牌文化内契合藏文化的元素，用符合当地日常生活和文化的形式呈现出来。

二是民族感情是品牌传播的"心"。品牌传播一定要重视民族感情这一因素。一个民族，无论人多人少，历史是否悠久，他们都对本民族有着深深的自豪感。藏民对自身文化有着很高的认同度，广货在进行品牌推广的时候要充分考虑到西藏地区人民的民族感情，通过"投其所好"达到自己的传播目的。

二、品牌化:从区域性综合产品概念转变为区域性企业品牌的集合体

自 2008 年以来，受经济危机、人民币升值等各种问题的影响，一直依赖外贸出口的广东需要另寻出路，许多厂商已经开始关注国内市场。

倾销的时代已经过去了，现在市场的竞争是品牌之间的竞争。消费者在选购商品时更注重品牌所蕴含的影响力，产地对他们已经不再重要。开拓国内市场，找准自己的定位是十分重要的，广货品牌的转型，需要从品牌形象的打造开始。长期以来，许多广东企业的品牌意识淡薄，安心扮演着全球代工厂的角色。而部分广东企业塑造品牌形象较为单薄，多注重对产品功能的宣传，未能成功塑造其品牌文化形象。广东企业在塑造自身品牌形象时，应充分发掘自身的文化内涵，可与产品特性和企业发展历史结合，也可以联系岭南文化，打造一个有特色的品牌形象。

三、电商化：加快电子商务推广，建设完善的物流服务

在出口经济持续受阻的大背景下，广东企业将目光转向了国内市场，但在短时间内要求企业自建渠道，在人才、时间等软硬件上继续大力投资，对许多企业来说是不小的负担。而蓬勃兴起的电子商务恰好提供了最好的解决途径。截至 2012 年 11 月 30 日，淘宝、天猫年成交额已突破 1 万亿元，2013年国内电子商务市场交易额达到 10 万亿元。广东的中小制造企业是网络销售市场的生产主力军及货源地，要进入内销市场，花最少的钱最快打开市场，首选就是电子商务。

当前广东的经济特点，对于发展行业垂直的电子商务有较大的优势，广东企业在充分利用阿里巴巴、淘宝等现有的电子商务平台的基础上，还可以

自行筹备建设行业性的电子商务平台。

另外，电子商务不仅指网络销售，还指企业生产管理的信息化、网络化、一体化。企业内部的员工通过内联网进行沟通，提高工作效率，节约管理环节的开销，降低企业的成本。广东企业可以借机升级企业的内部生产管理系统，实现现代化办公。

最后，现代化的物流是实现电子商务必不可少的因素。在物流方面，广东已有顺丰快递这样的行业龙头，还应加大力度完善物流系统，扩大领先优势，为发展电子商务提供保障。

四、渠道优化：寻求产销网络的优化，积极参与商品交易会

分析西藏地区和边境商家的进货渠道，我们不难发现，如何设计企业的生产网络和分销网络，对品牌的成长关系重大，尤其在国内条块分割依然比较严重的情况下，产销网络的合理分布，是企业长远的战略性选择。广东企业要抓住机会，实现跨区域扩张，合理分布生产区域，这样既能获得当地政府的支持，减少开拓成本，又可以拉近品牌与当地消费者的距离，提高品牌在当地的认同度，还可以节约运输成本。企业在选择分销网络时，要注意采用真正的、严格意义上的总经销、总代理制，根据不同商品在一个城市或者一个地区选择一家或几家作为销售该商品的固定渠道，这样既可以制止假冒伪劣商品混入市场，又可以形成风险同担、利益共享的联合体，有利于广货顺利进入各个区域市场。

另外，现在还有相当一部分国外经销商或者国内经销商，依然会通过各类交易会选择了解生产厂商。因此，广货品牌应该以"广交会"等商品交易会为依托，并积极参加各大城市商品交易会或展会，来获取更多的交易机会。

参考文献

[1] 辞海编辑委员会：《辞海·经济分册》，上海：上海辞书出版社 1984年版。

[2] 杨清震：《中国边境贸易概论》，北京：中国商务出版社 2005 年版。

[3] 李灿松等：《近年来中国边境贸易研究的问题与发展趋势》，《资源开发与市场》2011 年第 27 卷第 3 期。

[4] 朱庆刚：《我国边境贸易发展分析与对策》，《中南民族学院学报》（哲学社会科学版）1996 年第 1 期。

[5] 刘秀玲等：《边境经贸与民族地区生态环境发展论》，北京：民族出

版社 2006 年版。

［6］卢秀璋：《从西藏边贸和亚东口岸的历史与现状看我国与南亚各国贸易发展的前景》，《西藏研究》1994 年第 3 期。

［7］德吉卓嘎：《当前西藏边境贸易经济的状况与对策》，《中国藏学》2011 年第 4 期。

［8］西藏自治区统计局、国家统计局西藏调查总队编：《西藏统计年鉴（2012）》，北京：中国统计出版社 2012 年版。

［9］迈克尔·R. 所罗门等：《消费者行为学》（中国版），北京：中国人民大学出版社 2009 年版。

［10］狄方耀等：《西藏经济学导论》，拉萨：西藏人民出版社 2006 年版。

［11］李竹青、石通扬：《少数民族边区边境贸易研究》，北京：中央民族大学出版社 1994 年版。

［12］高磊等：《基于消费者视角的品牌意识的研究》，《企业导报》2011 年第 9 期。

［13］IUD 中国政务舆情监测中心：《"广货全国行"开拓大省关系新模式》，《领导决策信息》2012 年第 22 期。

［14］舒尔茨：《品牌策略》，台北：五南图书出版公司 2003 年版。

［15］支庭荣：《传播学研究方法》，广州：暨南大学出版社 2008 年版。

［16］许涤新：《政治经济学辞典》（下册），北京：人民出版社 1980 年版。

采访实录

◇拉萨市百益超市经理访谈实录◇

Q：您好，请问贵姓？

A：我姓柳。

Q：我看超市的生意挺不错，你们在拉萨有很多分店吧？

A：我们百益超市隶属于百益集团，是拉萨最大的连锁超市。

Q：那你们超市的商品都是集团统一进购的了？

A：对，我们集团有专门的采购部，他们负责从拉萨市内各个品牌的代理销售商那里进货。

Q：所有的品牌商品都能在拉萨市内的代理销售商那里拿到？

A：国内的一线品牌都有吧。当然，有些商品在拉萨没有代理商，我们只能去成都或者兰州进货，像水壶之类的日用品就是从成都、兰州订的货。还有部分生鲜食品，拉萨本地没有的，我们也是从成都空运过来的。

Q：你们在采购商品时主要考虑哪些因素呢？

A：首先，肯定要考虑市场的需求，顾客喜欢什么，我们就采购什么。其次，采购部在进货时，会考虑该品牌的质量、美誉度等因素。从外地进货的话，我们主要还是考虑运输距离、成本问题。

Q：你们有从广州进货吗？

A：太远了，我们不会直接在那边进货。我们主要是从兰州和成都进货。

Q：你们超市的主要客户群有哪些？

A：拉萨本地的常住居民、暂住居民，还有游客，1—6月份游客会多些。不过最主要的顾客还是那些常住居民。

Q：这些顾客各自的消费习惯怎样？比如，汉族人跟藏族人的消费习惯一样吗？

A：当然不同啊。简单来说，我觉得藏族人比汉族人要大方，在买东西时更舍得花钱，不会斤斤计较。不过这也得看个人的经济水平，有钱可以买贵的，没钱就只能买便宜货咯。

Q：这边年青一代跟中老年人的消费习惯有什么不同？

A：这边的年轻人跟内地的消费观念差不多，中老年人会更传统一点。

Q：他们买东西的时候会挑品牌吗？

A：挑啊，肯定挑啊。拉萨市内的人挺注重品牌的。

Q：你们要想在超市内推广某个品牌的商品，一般会怎么做呢？

A：就是搞促销啊，安排几个促销员招揽顾客，在卖场显眼的地方做堆头，再贴一些海报就差不多了。

◇樟木口岸聂拉木海关访谈实录◇

Q：樟木口岸出口货物的类型有哪些？

A：有机电类货物，如发电机、板材、水龙头、基建等；还有日用百货，如衣服、裤子、鞋子、电器等。

Q：近几年樟木口岸的进出口贸易额、税额大概是多少？

A：樟木口岸的进出口贸易额呈逐年上升趋势。中国对尼泊尔的贸易顺差非常大。2012 年中国出口尼泊尔 17.39 万吨，而尼泊尔出口中国的只有 3 000 吨，主要是铜制品、手工艺品等。具体的数据，你们可以通过拉萨海关的网站查询，我们会在网站上公布数据。

Q：您估计出口尼泊尔的货物有多少是通过樟木口岸出口的？

A：80% 到 90%，也有从广州、深圳出口的。

Q：中国出口尼泊尔的产品有多少是有品牌的，那种有名的品牌，比如特步、美的等有从这里出口的吗？

A：海关一般不记录这些，报关单上一般记录的可能是某个牌子，也可能是厂商的名称，还有货物的用途、材料、成分等，有时并不会显示货物的牌子。不过只要是符合规定的中国品牌都可以出口，361°、李宁、华为等都有出口到尼泊尔，或转运印度。

Q：从樟木出口的货物有什么标准？有什么限制？

A：一般的货物都是没有问题的，一些受知识产权保护的牌子也可以出口，但是如果查到假冒牌子就要被扣下来，一般就是看品牌、用途、材料、成分等，当然，需要有正规的过关手续。

Q：国家对樟木口岸的政策怎样？

A：一般来说，樟木口岸有两种边境贸易模式，分别是边境小额贸易和一般贸易，这两项占了樟木口岸边境贸易的 90% 以上。其中有 80% 是边境小额贸易，这与边民贸易政策有所区别，一般贸易是以美元结汇的。国家对樟木口岸还是很支持的，现在也发展得不错。

Q：广东的产品在这出口的比例有记录吗？

A：正如我前面所说，报关材料里并不包含产地这一项，只有从哪里运过来，有时候会显示产地，但是有些货物是从拉萨中转，有可能写的就是拉萨，所以这一项我们并无统计。

调查感言

或许在这次活动之前我对西藏是向往的，那种向往来自于游记上那些圣洁的文字和被洗礼过的心灵，来自网络图片上清澈的羊湖和纳木错。从西藏归来，我对那里依然是向往的，这种向往是来自我的内心。此次活动给我留下很深刻的印象，甚至对于我的人生也具有很重大的影响。西藏是一个有魔力的地方，但是更大的魔力是我们小队9个人朝夕相处的感情。我相信，我们这份用心的调查给我们带来的不仅是知识，更是感恩。

——罗晓艺

一个高效的团队在做事的时候能达到事半功倍的效果。我们小组成员各有特长、效率高、配合默契。在这半个月的行程中大家不仅完成了任务，还享受了美景，我们的调研之旅非常愉快。

——易婷

从8月份出发去西藏至今已经过去两个月了，仿佛西藏的那些景、那些人、那些事还历历在目，从出发时的兴奋到回来后的感慨，无论是调研还是欣赏美景，都觉得这一切特别宝贵，这一路走来会成为人生中最美丽的回忆。

——兰忠伟

趁着好时光，任何的感言，似乎讲究的都是有感而发，或许是因为间隔太久，抑或是觉得在西藏的时间太短，讲到感言时，总觉得脑袋空空。但唯一可以肯定的是，西藏之于我永远都是一个美好的地方。对于这次的调查，唯有勇气二字可以解释，因为有一颗向往西藏的心，更重要的是有踏上这片土地的勇气。这一次，对我来说是一个开始，而非结束。

——姚婷婷

人们说，到了西藏，心灵就会受到极大的洗礼。这次调研，让我强烈感受到了一种返璞归真的解脱。不仅因为那为人熟知的雪域高原蔚蓝纯净的天空、清新洁净的空气、藏民们虔诚的信仰，更因为这次调研过程中所切身感受到的藏民们淳朴的消费文化。

——黄敏

在西藏的日子我们做得最多的事不是调研也不是玩，而是坐车，有时候是白天赶车，晚上到了驿站放下行李就出门调研，半夜回来还得开个集体会议，总结一天的收获，安排第二天的任务。那时候，我每天最大的感受就是睡不够、玩不够、吃不够。说到底其实就是时间、经费有限，只能带着许多的遗憾回到广州。不过现在回想起那些日子，留下的只有怀念和感动。

——张柳静

组长手记

8月15日，这是值得纪念的一天。那一天，我们小组六个学生成员聚齐，坐上开往拉萨的火车，踏上传说中的天路，我想那一刻我们所有人的心情都是激动而兴奋的。

8月16日我们到达西宁，8月17日晚正式到达日光之城——拉萨。也是那一晚，我们西藏小组九个人终于团聚在了一起，正式开启了西藏线的调研之旅。

我想我们的组合是一个和谐而又高效的组合。两位老师，一位记者，六个学生，齐心协力。四位帅哥、五位美女同舟共济。

西藏是一个特殊的地方，从拉萨到日喀则，从日喀则到樟木，我们一路都在车上。沿途的美景让我们流连忘返，车中的欢声笑语让我们至今怀念。整个团队在调研过程中表现出极强的凝聚力，每个人都在认真地完成分配的任务，同时又不忘在整个团队中发挥着维系和谐与团结的作用。

我作为组长真的很感恩每一个人带给我的感动。也许，我们很难再一起旅行，但是这次记忆是永恒的。

这一路走来，我们看到了布达拉宫的壮阔，见到了朝拜者的虔诚，体会到了羊卓雍错的圣洁，也感受到了青藏高原的阳光与蓝天。但这些都没有我们小队一路走来心手相连的那份感情真切，是因为有了这份情感，西藏才真正走进我们的心灵。我们一路邂逅彩虹，也邂逅了很多美丽的心灵……

希望大家的未来都前程似锦，希望大家都会永远记住我们这次难忘的旅行。

——罗晓艺

图书在版编目（CIP）数据

品牌中国梦·广货行天下：边贸万里行大型调研报告/朱磊主编；李苗，莫智勇，陈桂琴，叶培森副主编.—广州：暨南大学出版社，2014.12
（新闻传播实践教学丛书）
ISBN 978 - 7 - 5668 - 0978 - 0

Ⅰ.①品…　Ⅱ.①朱…　②李…　③莫…　④陈…　⑤叶…　Ⅲ.①边境贸易—研究报告—中国　Ⅳ.①F752.8

中国版本图书馆 CIP 数据核字（2014）第 059983 号

出版发行：暨南大学出版社

地　　址：中国广州暨南大学
电　　话：总编室（8620）85221601
　　　　　营销部（8620）85225284　85228291　85228292（邮购）
传　　真：（8620）85221583（办公室）　85223774（营销部）
邮　　编：510630
网　　址：http://www.jnupress.com　http://press.jnu.edu.cn

排　　版：广州市天河星辰文化发展部照排中心
印　　刷：佛山市浩文彩色印刷有限公司

开　　本：787mm×960mm　1/16
印　　张：17
字　　数：325 千
彩　　插：4
版　　次：2014 年 12 月第 1 版
印　　次：2014 年 12 月第 1 次

定　　价：43.00 元